本专著得到教育部人文社会科学研究规划基金项目(18YJAZH080)、教育部人文社会科学研究青年基金项目(17YJCZH071)、陕西省科技厅软科学研究计划(2018KRM001)和陕西省财政厅高等教育专项项目(2050205)的资助

经济管理学术文库·管理类

若干典型驾驶行为影响下的城市道路交通流建模与仿真

Urban Road Traffic Flow Evolution Based on Typical Driving Behavior

姬 浩／著

图书在版编目（CIP）数据

若干典型驾驶行为影响下的城市道路交通流建模与仿真/姬浩著．—北京：经济管理出版社，2018.12

ISBN 978-7-5096-6228-1

Ⅰ.①若… Ⅱ.①姬… Ⅲ.①城市道路—交通流—交通模型 ②城市道路—交通流—系统仿真 Ⅳ.①U491.1

中国版本图书馆 CIP 数据核字（2018）第 280022 号

组稿编辑：杨国强
责任编辑：杨国强　张瑞军
责任印制：黄章平
责任校对：赵天宇

出版发行：经济管理出版社
　　　　　（北京市海淀区北蜂窝 8 号中雅大厦 A 座 11 层　100038）
网　　址：www.E-mp.com.cn
电　　话：(010) 51915602
印　　刷：玉田县昊达印刷有限公司
经　　销：新华书店
开　　本：720mm×1000mm/16
印　　张：14.25
字　　数：177 千字
版　　次：2019 年 3 月第 1 版　2019 年 3 月第 1 次印刷
书　　号：ISBN 978-7-5096-6228-1
定　　价：68.00 元

·版权所有　翻印必究·

凡购本社图书，如有印装错误，由本社读者服务部负责调换。
联系地址：北京阜外月坛北小街 2 号
电　话：(010) 68022974　　邮编：100836

前　言

随着汽车保有量持续快速增加，我国已经全面进入汽车社会，但驾驶人尚未形成良好的驾驶习惯，普遍存在"抢行、随意变道、随意停靠、慢速行驶"等驾驶行为，这些行为往往成为诱发交通瓶颈和加剧交通拥堵的重要原因。针对这些驾驶行为特征进行深入研究，构建符合实际交通特征的交通流模型，不仅可以丰富交通流理论，而且对于缓解交通拥堵具有重要作用。为此，本书运用元胞自动机理论，在对城市道路中高架桥入口处车辆抢道行为、出租车停靠行为、清洁车作业行为和新手驾驶行为特征刻画的基础上，构建元胞自动机交通流模型，分析四类驾驶行为影响下的固定和移动交通瓶颈特征及城市道路交通流演化规律，同时还分析了事故车辆影响下的城市交通交通流演化规律，研究结果可为规范驾驶人驾驶行为、优化道路交通管控提供理论支持和决策参考。本书的主要创新性工作包含以下五个方面。

（1）建立高架桥入口处驾驶人抢道行为影响下的城市道路交通流模型并分析交通流演化规律。针对城市道路高架桥入口处驾驶人忽略安全的抢道行为影响下的固定交通瓶颈问题，首先，考虑城市交通中未明确将道路划分为超车道和行车道的现实，提出三车道环境下左道优先规则；其次，针对高架桥入口处驾驶人忽略安全的强制换道行为，构建包含理性强制换道规则、抢道区右车道主动抢道规则和中间车道被动抢道规则的元胞自动机三车道交通流模型。本部分研究，一方面克服了 Pedersen 等和 Karim 等的三车道元胞自动机交通流模型中将车道划分为超车道和行车道的限制；另一方面相比于 Pedersen 等和 Karim 等的模型中考虑安全的换道规则，提出了更能体现复杂城市交通环境中驾驶人忽略安全的非理性强制换道规则，即抢道规则。仿真分析和实测交通数据分析结果都充分揭示了抢道区右车道上桥车辆抢道行为会提高本车道车流量，但对中间车道和左边车道车流会产生显著干扰，加剧瓶颈效应，使道路整体车流量下降的交通流演化规律。研究结果可为城市交通管理部门规范驾驶人驾驶行为和提高城市道路通行效率提供重要参考。

（2）建立出租车停靠行为影响下的城市道路交通流模型并分析交通流演化规律。针对现实城市交通中出租车随意停靠和定点停靠行为诱发的固定交通瓶颈问题，提炼出租车两种停靠行为及驾驶人驾驶行为特征，建立了出租车随意停靠规则、定点停靠规则、出租车换道规则、出租车更新规则和普通车辆被停靠出租车阻碍时的强制换道规则，以此构建两种停靠行为影响下的元胞自动机交通流模型。上述模型，突破已有考虑车辆停靠行为的城市道路交通流演化相关研究中车辆（如公交车）到站必须停靠的限制（Zhao 等），分别针对我国城市出租车常见的随意停靠情形和定点停靠情形，建立适用性更强的无站点按需随意停靠规则和固定站点按需定点停靠规则。仿真分析结果充分揭示了出租车随意停靠行为会诱发"多个、位置随机、短时"的交通瓶颈，而定点停靠行为则诱发"单个、位置固定、长时"的交通瓶颈以及道路交通流演化规律，研究结果可为出租车运营部门合理制定出租车管理机制提供理论依据。

（3）建立清洁车作业行为影响下的城市道路交通流模型并分析交通流演化规律。针对以往"移动瓶颈"研究中宏观模型不能体现个体车辆微观行为，实测研究受客观因素影响存在数据不完整情形以及微观仿真研究多针对高速公路环境下的不足,本部分研究围绕城市清洁车作业行为诱发的移动交通瓶颈问题,建立体现清洁车慢速、占用路面作业行为的更新规则、普通车辆换道规则和普通车辆被作业清洁车阻碍时的强制换道规则,同时针对城市常见的两车道和三车道交通环境,构建元胞自动机交通流模型。一方面以往混合交通流研究中慢车换道规则和更新规则不适用于清洁车作业时的换道和更新情形;另一方面相比于 Pedersen 等和 Karim 等针对高速公路三车道环境下均质交通流的研究,本部分研究构建了能充分体现更为复杂的城市单向三车道环境下的混合交通流模型。仿真分析和实测交通数据分析结果都充分揭示了清洁车作业行为对两车道交通流影响更大,三车道环境下清洁车位于左车道对道路交通流整体的影响要略高于清洁车位于中间车道的情形,不同情形下各车道交通流演化存在差异。研究结果可为城市市容管理部门制定合理的清洁车管理机制提供决策依据。

(4)建立新手驾驶行为影响下的城市道路交通流模型并分析交通流演化规律。针对城市交通中新手"低速、跟车间距大、换道犹豫、加速慢"的驾驶行为诱发的移动瓶颈问题,本部分研究建立了新手驾驶车辆换道规则、新手驾驶车辆更新规则和普通车辆被新手驾驶车辆阻碍时的强制换道规则,以此构建交通流模型。该模型充分体现了新手慢速行驶、跟车间距大、换道犹豫和加速慢的行为特征,弥补了 Jia 等和 Li 等提出的混合交通流模型中仅考虑车辆差异未考虑驾驶人异质性的不足。仿真分析结果充分揭示了新手驾驶行为会诱发多个明显的移动瓶颈,并且相比于新手驾驶车辆最大行驶速度和新手驾驶车辆混合率而言,新手驾驶车辆加速能力对道路交通流的影响更为关键,即新手加速能力对道路交通影响更大。研究结果可为城市交通管理部门规范新手驾驶行为和制定合理的限行与禁行机制提供支持。

（5）建立事故车辆影响下的城市道路交通流模型并分析交通流演化规律。研究事故车辆影响下的城市道路交通流演化规律。为分析事故车辆对城市道路交通的影响，在分析事故车辆影响下的城市道路交通特征基础上，构建元胞自动机交通流模型，研究给定冲突区域长度时不同进车率和不同事故持续时间对城市道路交通流的影响。研究表明：事故车辆会诱发交通瓶颈，对城市道路交通产生显著干扰并形成拥堵，且拥堵带事故车辆向上游传递。不同事故持续时间情形下交通流演化存在差异，道路平均车流量、车流平均密度随着事故持续时间的增加而增加，车辆平均速度则随之减小。当道路中车辆较少（$p_{in} = 0.3$）且事故持续时间达到 15 分钟时，道路交通处于严重拥堵状态；当道路中车辆较多（$p_{in} = 0.5$）、事故持续时间达到 5 分钟时，道路交通即处于严重拥堵状态。研究结果可为优化城市交通事故处理机制提供依据。

目 录

第一章　导论 ··· 001

　第一节　研究背景及意义 ·· 001

　第二节　国内外相关研究综述 ·· 003

　　一、交通流理论 ·· 003

　　二、交通瓶颈相关研究 ··· 006

　第三节　相关理论 ·· 013

　　一、元胞自动机理论 ·· 013

　　二、元胞自动机交通流模型 ··· 017

　第四节　主要研究内容 ·· 021

第二章　高架桥入口处抢道行为影响下的城市道路交通流仿真与演化 ··· 025

　第一节　抢道行为影响下的道路交通特征分析 ························· 026

　　一、高架桥入口处驾驶人抢道行为定义 ································· 028

　　二、驾驶人驾驶行为特征刻画 ··· 029

　第二节　考虑高架桥入口处抢道行为的城市道路交通流模型构建 ·· 030

一、上桥车辆和直行车辆换道规则 ………………………………… 031
　　二、上桥车辆和直行车辆位置更新规则 …………………………… 036
第三节　数值模拟及结果分析 …………………………………………… 036
　　一、基本参数设定 …………………………………………………… 036
　　二、各车道车流量和道路时空演化分析 …………………………… 037
　　三、抢道区域长度和右车道上桥车辆混合率可变时的
　　　　交通流演化分析 ………………………………………………… 046
　　四、抢道频率演化分析 ……………………………………………… 055
第四节　实测数据分析 …………………………………………………… 057
第五节　本章小结 ………………………………………………………… 059

第三章　出租车停靠行为影响下的城市道路交通流仿真与演化 ……… 063

第一节　出租车停靠行为影响下的道路交通特征分析 ………………… 064
　　一、出租车停靠行为影响下的道路交通瓶颈特征刻画 …………… 064
　　二、出租车停靠持续时间 …………………………………………… 067
第二节　考虑出租车停靠行为的城市道路交通流模型构建 …………… 068
　　一、出租车停靠规则 ………………………………………………… 069
　　二、出租车和普通车辆换道规则 …………………………………… 070
　　三、出租车和普通车辆位置更新规则 ……………………………… 074
第三节　数值模拟及结果分析 …………………………………………… 075
　　一、基本参数设定 …………………………………………………… 075
　　二、各车道车流量和道路时空演化分析 …………………………… 077
　　三、出租车停靠持续时间和出租车混合率可变时的交通流
　　　　演化分析 ………………………………………………………… 086

第四节　本章小结 …………………………………………… 099

第四章　清洁车作业行为影响下的城市道路交通流仿真与演化 …… 103

第一节　清洁车作业行为影响下的城市道路交通特征分析 …… 104

第二节　考虑城市清洁车作业行为的城市道路交通流模型构建 …………………………………………………… 106

　一、清洁车更新规则 ………………………………………… 107

　二、普通车辆换道规则 ……………………………………… 108

　三、普通车辆位置更新规则 ………………………………… 116

第三节　数值模拟及结果分析 ………………………………… 116

　一、基本参数设定 …………………………………………… 116

　二、各车道车流量和道路时空演化分析 …………………… 118

　三、清洁车作业速度可变时的交通流演化分析 …………… 129

第四节　实测数据分析 ………………………………………… 143

第五节　本章小结 ……………………………………………… 146

第五章　新手驾驶行为影响下的城市道路交通流仿真与演化 …………………………………………… 149

第一节　新手驾驶行为影响下的城市道路交通特征分析 …… 150

第二节　考虑新手驾驶行为的城市道路交通流模型构建 …… 152

　一、新手驾驶车辆和普通车辆换道规则 …………………… 153

　二、新手驾驶车辆和普通车辆位置更新规则 ……………… 155

第三节　数值模拟及结果分析 ………………………………… 157

　一、基本参数设定 …………………………………………… 157

二、考虑新手驾驶车辆的混合交通流演化分析 …………… 159

　　三、新手驾驶车辆混合率对城市道路交通流的影响分析 …… 163

　　四、新手驾驶车辆加速率对城市道路交通流的影响分析 …… 168

　　五、新手驾驶车辆最大行驶速度对城市道路交通流的

　　　　影响分析 ………………………………………………… 171

　第四节　本章小结 …………………………………………………… 176

第六章　事故车辆影响下的城市道路交通流仿真与演化 ……… 179

　第一节　事故车辆影响下的道路交通特征分析 …………………… 181

　第二节　事故车辆影响下的城市道路交通流模型构建和道路性能

　　　　　指标定义 …………………………………………………… 183

　　一、模型参数定义 ………………………………………………… 183

　　二、模型构建 ……………………………………………………… 184

　第三节　数值模拟及结果分析 ……………………………………… 187

　　一、各车道车流量演化分析 ……………………………………… 188

　　二、道路时空图 …………………………………………………… 189

　　三、车辆平均速度演化分析 ……………………………………… 190

　　四、车流平均密度演化分析 ……………………………………… 191

　第四节　本章小结 …………………………………………………… 192

第七章　总　　结 …………………………………………………… 195

　第一节　主要工作总结 ……………………………………………… 195

　　一、建立高架桥入口处驾驶人抢道行为影响下的城市道路交

　　　　通流模型并分析交通流演化规律 ………………………… 196

二、建立出租车停靠行为影响下的城市道路交通流模型并分析交通流演化规律 ·· 197

三、建立清洁车作业行为影响下的城市道路交通流模型并分析交通流演化规律 ·· 198

四、建立新手驾驶行为影响下的城市道路交通流模型并分析交通流演化规律 ·· 199

五、建立事故车辆影响下的城市道路交通流模型并分析交通流演化规律 ·· 200

第二节 未来研究展望 ·· 200

参考文献 ·· 203

第一章 导 论

第一节 研究背景及意义

随着我国社会经济的发展,机动车保有量和机动车驾驶人数量迅猛增加。据公安部交通管理局统计[1],截至2018年6月底,全国机动车保有量达3.19亿辆,其中汽车2.29亿辆,2018年上半年新注册登记机动车达1636万辆,全国有58个城市的汽车保有量超过百万辆,26个城市超200万辆,北京、成都、重庆、上海、苏州、深圳、郑州7个城市超300万辆。其中,汽车保有量超过200万辆的城市依次是北京、成都、重庆、上海、苏州、深圳、天津、郑州、西安、东莞、武汉、杭州、石家庄、广州、青岛、南京、宁波、佛山、保定、长沙、昆明、潍坊、临沂。与机动车保有量快速增长相对应,机动车驾驶人数量也呈现大幅增长趋势,全国机动车驾驶人数量达到3.96亿人,其中汽车驾驶人超过3.42亿人,占驾驶人总量的88.41%,2018年上半年全国新领证驾驶人数量达1325万人,从驾驶人驾龄看,驾龄不满1年的驾驶人3217万人,占驾驶人总数的8.66%,驾龄在1-3年之间的驾驶人数超过30%,所占比重最大，驾龄在3年以下的驾驶人超过1亿人。

交通拥堵与汽车社会相生相伴，无论率先进入汽车社会的欧美发达国家，还是发展中国家，都不同程度地受到交通拥堵困扰。据得克萨斯州交通研究所2015年报告显示，2015年美国公路过度拥挤耗费大约1600亿美元（约合人民币10215亿元），其中包含司机因等待而损失的生产力、浪费的汽油以及可能出现的车辆受损。2015年4月，荷兰交通导航服务商TomTon发布了全球拥堵城市排名，在全球拥堵前三十名的城市中，我国重庆、天津、北京、广州、成都、上海、石家庄、福州、沈阳和杭州10座城市榜上有名。另据高德地图发布的《2017年度中国主要城市交通分析报告》显示[2]，2017年全年，全国26%的城市通勤高峰处于拥堵状态，不足2%的城市通勤平峰处于拥堵状态；55%的城市通勤高峰处于缓行状态，而有35%的城市通勤平峰处于缓行。

根据已有研究和交通管理部门日常工作统计表明，造成我国城市交通拥堵的原因除了道路交通规划、交通组织不合理和交通设施配置不科学等因素之外，驾驶人普遍缺乏安全意识、礼让意识，存在"抢行、随意变道、随意停靠、占用车道慢速行驶"等驾驶行为，也是诱发和加剧交通拥堵的重要原因。

我国日常城市交通运行中，车辆驾驶人具有以下驾驶行为特征：通常情形下，车辆驾驶人采取自由换道，即充分考虑安全的前提下进行换道，而当车辆受到前车阻碍，不能以期望速度前行跟随行驶时间超过其忍耐时间时，驾驶人就会采取强制换道，尤其是当驾驶人遇到道路合并、突发交通事故等因素造成的道路缩减的交通瓶颈时，若车辆短时无法通过瓶颈，就会采取忽略安全的抢道行为，在瓶颈处的抢道行为会对稳定车流产生扰动，当道路中车辆较多时，会加剧瓶颈效应，引发大规模车辆排队。另外，车辆在道路中的停靠行为也会诱发交通瓶颈，如出租车的随意、定点停靠行为，此类情形下的道路交通流特征有待研究。还有一些车辆的驾驶行为会诱发移动交通瓶颈。如市政清洁车辆作业时占用车道慢速作业行为、新手驾驶人由于紧张和驾驶技术生疏等因素所呈现"慢速、换道犹豫、跟车间距大、加速慢"等驾驶行为会诱发移动瓶颈，造成车辆延误，使得道路通行效率降低。针对以上几种典型驾驶行为和情形，如何通过理论模型刻画上述驾驶行为的微观特征，并分析对城市道路交通流的影响和演化规律，具有重要的理论意义和实用价值。

第二节 国内外相关研究综述

相关文献综述主要围绕交通流理论、交通瓶颈相关研究展开。

一、交通流理论

随着车辆的增多，拥堵日益严重，如何发现交通流演化的规律，尤其是对从形成拥堵到拥堵消散的全过程规律的掌握，对于缓解道路拥堵具有重要价值。道路交通流理论相关研究始于20世纪30年代，这一时期的交通流理论侧重于概率论方法，1933年Kinzer[3]首次将Poisson分布应用于交通分析，其后Adams[4]给出了相关数值算例分析；1947年，Greenshields[5]将Poisson分布应用于交叉路口交通流分析。随后运动学模型、车辆跟驰模型、流体力学、元胞自动机模型等相继被应用于道路交通流研究中。并且随着20世纪60年代计算机技术的进步，交通仿真技术得到了快速发展和应用。总结而言，国内外学者针对交通流演化规律主要从三个层面展开相关研究。

(一) 宏观层面

交通流宏观研究方法是将交通流作为由大量车辆组成的可压缩连续流体介质，研究车辆整体行为和演化过程，其并未涉及单个车辆个体行为，一般以流量函数表示来建模，分析道路交通流演化过程。交通流连续模型提出和发展始于 20 世纪 50 年代，Lighthill 和 Whitham[6]及 Richards[7]彼此独立提出了开创交通流动力学理论先河的 LWR 理论。该理论将能量守恒原理应用于流体力学中的连续方程，用于描述非线性交通密度波和激波的形成，该模型可以捕捉到交通激波的形成以及阻塞的疏导等非线性波特性，但该理论认为车速始终满足平衡关系，不能体现车辆多处于非平衡的运动状态，无法得到一定条件下失稳、形成时走时停交通等现象。针对这一问题，1971 年，Payne 基于车辆跟驰理论思想，提出了使用新的方程来替代平衡密度关系，将动力学方程引入连续模型[8-9]；在此基础上，Ross[10]、Michaloupolos[11]等提出了高阶连续动力学模型，1995 年，Daganzo[12]提出高阶连续模型中车辆速度大于宏观交通流速度，即单车道交通环境中前方车辆行驶会受到后方车辆运动影响，这与现实不符，针对这一问题，Jiang[13]等根据全速度差车辆跟驰模型，将其中微观量转变为宏观量，提出了速度梯度模型；Kerner 和 Konhauser[14-15]及 Lee 提出了与密度成反比的黏性系数动力学方程，并研究了交通流的亚稳态特征和局部集簇现象[15]。

(二) 中观层面

交通流中观研究是基于概率描述的气体动力学模型，介于宏观和微观二者之间，中观模型主要以车辆队列为研究对象，通过密度函数来建模。该模型中，交通流被看作相互作用的粒子，其中每个粒子代表一辆车。该模型由物理学家 Prigogine 和 Herman 等[16]于 1971 年针对无限长高速公路上的低密度交通流而提出，在该模型中，车辆状态由车辆位置和速度确定,并给出了动力学方程。针对 Prigogine 模型中车辆期望速度是由道路性质而不是驾驶员特征所决定的缺陷,Paveri-Fontana[17]对模型进行了改进,即每辆车的状态由位置、速度和期望速度确定,强调了车辆加速过程是由车辆个体本身决定而不是集体行为。这与 Daganzo[12]所提模型要求一致。然而,该类模型忽略了车辆之间的关联,并且假设只在车辆密度足够低时才可靠,因此很难描述高密度交通的情况;另外,中观模型的控制方程通常较为复杂(带有积分微分项),不利于数值计算和计算机模拟。

(三)微观层面

交通流微观研究是集中于单个车辆以及与其他车辆相互作用下的个体行为的描述,将交通系统中的车辆作为分散的粒子进行处理,以个体车辆的加速、减速、跟驰、换道等行为为基础进行建模,分析道路交通流的演化规律。由于微观交通流模型是以车辆行为为基础,建模方法简单,易于改进,灵活性大,可以描述不同场景的交通状态和演化,因此,众多学者展开了大量研究,得到了广泛应用。主要有车辆跟驰模型和元胞自动机模型。1950 年,Reuschel[18]和 Pipes[19]分别独立提出车辆跟驰模型,该模型描述了在限制超车的单行道上行驶车队中相邻两车之间的相互作用,其基本思想为当前车速度大于跟随车辆时,跟随车辆加速,当前车速度小于跟随车辆时,跟随车辆减速。Chandler[20]等提出了车辆在延迟时间内通过调整前后车辆的速度差来获取加速度的跟驰模型,Herman 在对 Chandler 所提模型实测研究中发现,驾驶人往往会对前面更多车辆行驶状态做出应激反应,提出了考虑前方两个位置上车辆反应的跟驰模型;Newell 等[21]提出了车辆速度依赖于车头距的优化速度的跟驰模型,但由于该模型是对速度建立的关系,因此不能描述静止车队中头车的起动过程,1995 年 Bando 等[22-23]提出了优化速度模型(OV 模型),解决了Newell模型存在的问题。Helbing在利用OV模型模拟现实问题时发现,该模型可能会产生过高的加速度以及不切实际的减速度且有可能引起撞车,为此,Helbing和Tilch[24]提出了广义力模型;赵小梅和高自友在模拟中发现,如果前后车以一定的车头距同速或接近同速行驶,它们之间速度差就会为零或者很小,当前车遇到突发事件而猛然减速时,会出现撞车情形,而上述模型都无法解决,为此提出了一个新的跟驰模型[25],避免了撞车现象。跟驰模型中,不允许车辆超车,这与现实不符,目前,已有学者将换道规则引入跟驰模型,并进行了模拟[26-27]。元胞自动机交通流模型于20世纪80年代提出,90年代得到广泛应用和发展,该模型采用离散的时空和状态变量,定义车辆运动的演化规则,并通过采集数据,揭示道路交通流规律和演化过程,其离散思想与现实交通元素是离散的本质相吻合,故得到了广泛应用。具体内容在后面详细陈述。

二、交通瓶颈相关研究

交通瓶颈广义是指道路交通网络中一切使得道路通行能力达不到当前交通需求而受到限制的设施、路段断面或者区域。交通瓶颈是影响交通畅通非常重要的因素,大多数交通拥堵都是由交通瓶颈诱发的,其最显著特征是瓶颈处容易产生车辆拥挤排队,造成出行延误,往往在瓶颈上游诱发交通拥堵,而下游一般多为自由流状态,交通瓶颈也是交通流产生相变的重要因素之一。

按照交通瓶颈是否移动,可以分为两类。一类是固定瓶颈,或静态瓶颈,诱发交通拥堵点固定。固定交通瓶颈形成的原因有两个,一是由于道路本身物理特征如出入口匝道、道路封闭、收费站、交叉路口、环岛等而形成的瓶颈。二是由公共交通车辆停靠、交通事故、道路修缮临时封闭等因素造成的固定瓶颈。另一类是移动瓶颈，或动态瓶颈，诱发交通拥堵点随时间推移而移动。形成移动交通瓶颈的原因是道路中存在慢车、交通需求突然加大等因素。稳定而均匀的自由车流遇到不同类型的交通瓶颈时，往往会受到干扰和延误，而形成不同特征的交通演化特征乃至拥堵，而驾驶人在遇到交通瓶颈时的驾驶行为特征，又会进一步加剧交通波动，使得由交通瓶颈而诱发的交通流演化规律复杂而多样。

本书将围绕驾驶人在遇到固定交通瓶颈时的驾驶行为特征及对道路交通的影响和驾驶人驾驶行为诱发的移动交通瓶颈特征及对道路交通流的影响两个方面进行文献综述。

（一）固定瓶颈相关研究

自20世纪90年代中期以来，研究者运用理论模型、实测和仿真等方法对匝道出入口、隧道、交叉路口等固定交通瓶颈问题展开了广泛深入的研究，主要从三个方面展开。

1. 道路物理结构形成的固定瓶颈对道路交通流的影响

Kerner以1995-2001年德国高速公路的拥挤数据[28]为基础，研究了出入匝道处各种不同的拥挤交通模式及其宏观特性，并得出两种主要拥挤模式：全面模式（General Pattern，GP）和同步流模式（Synchronized Flow Pattern，SFP）。Lee等[29]、Helbing等[30-31]和Berg等[32]分别采用连续模型、气体动理论模型和车辆跟驰模型对入口匝道交通进行了模拟。Jiang和Jia[33]运用NaSch模型对主道和匝道之间的相互作用进行了深入分析，并分析对道路通行能力的影响。Tadaki[34-35]对日本Tomei高速公路某一隧道瓶颈口交通数据观测和分析发现了车流密度倒置现象。针对交叉路口瓶颈，Ruskin等[36-37]运用可接受车头距思想，对无信号灯十字路口交通流进行研究。Borckfeld等[38]通过对NaSch模型和BML耦合模型的修改，研究了信号周期对十字路口通行能力的影响。Takemoto

等[39]通过对不同性别的驾驶人在通过没有交通信号灯控制的交叉口时，确认交叉口道路上有没有车辆的位置、时间和车辆油门与刹车的使用程度，分析出驾驶人行为特性对于道路交通拥塞的影响状况。李小白等[40]对无信号控制的T形交叉路口交通流进行了研究。Fouladvand等[41]对环岛处驾驶人行为及交通流规律进行分析。

2. 驾驶人遇到交通瓶颈时的驾驶行为及对道路交通流的影响

现实中，根据驾驶人换道行为特征具体可分为常规换道和强制换道[42-44]。当驾驶人遇到交通瓶颈时，由于受到阻碍，不能以期望速度行驶时，即使目标车道的后方有其他车辆驶近，往往其换道欲望也比较强烈，即强制换道普遍存在[45]。Minderhoud等[46]通过在停停走走交通流中采集的实验数据分析了驾驶人的驾驶特性，研究发现，在拥挤交通流条件下可以用一个跟驰距离与速度之间简单的关系表示驾驶人的跟驰距离选择行为。Jia等[47]针对高速公路路面维修导致道路缩减而诱发的瓶颈问题，提出了不同车道驾驶人的换道行为，并分析瓶颈上游特殊换道区域长度可变情形对交通流的影响。王永明等[48]在对堵塞紊乱车流中车辆个体的行为特征进行详尽分析的基础上，建立理性的"挤车变道"规则元胞自动机模型，较准确地模拟出堵塞交通流的时空传播过程。盛鹏等[49]在忽略各类不顾驾驶安全的强行抢道行为基础上，建立瓶颈口车辆交替进入元胞自动机模型，分析交通流演化规律。马军平等[50]针对十字路口处驾驶人面对黄灯时的行为，运用多Agent建模，分析新老交规下驾驶人"黄灯驾驶行为"对路口通行能力的影响。吴腾宇等[51]针对十字路口驾驶人行为选择特征，运用可插间隙理论，将驾驶者分为"谦让驾驶者"和"跟随驾驶者"，并建立了左转车辆通过十字路口的交通模型，研究不同的驾驶者行为选择对十字路口通行能力的影响。Li等[52]分析了谨慎驾驶行为和理性激进驾驶行为对交通流的影响，另对无交通信号灯的 T 形路口处驾驶人驾驶行为及对交通流的影响展开研究[40]。张发等[53]使用有限状态自动机将换道与纵向运动结合在一起,考虑了挤压换道,更好地描述了车辆的微观行为。

3. 驾驶人停靠、停车等驾驶行为诱发的固定交通瓶颈及对交通流的影响

城市日常交通运行中,车辆停靠行为会诱发交通瓶颈。现有学者主要针对两类城市车辆停靠行为展开:一类是城市公交车停靠行为对道路交通流影响研究。以城市公交车停靠行为特征为基础,分析港湾式和非港湾式不同类型公交车停靠站诱发的交通瓶颈[54]及对车辆延误[55]、排队[56]和道路[57]或交叉路口[58-59]通行能力的影响,赵晓梅等[60]针对公交车站附近的机非混行行为进行建模,分析公交车停靠行为对道路交通流的影响。另有国内部分学者分析了我国特有的城市混行交通环境下,公交车停靠行为特征及对道路通行能力的影响[61-63]。另一类是城市普通车辆路内停车行为对城市道路交通流影响研究。Yousif等[64]根据对现实交通调查数据分析路内停车行为对交通拥堵的影响;ortilla等[65]运用 M/M/∞ 排队模型分析路内停车行为次数对道路通行能力的影响;Cao等[66]研究了交叉路口附近路内停车行为对路口交通的影响。国内学者从我国城市车辆路内停车行为现状出发,也进行了相关研究。郭宏伟等[67]运用冲突技术和仿真方法研究了我国城市车辆路内停车行为引发的交通瓶颈及对道路通行能力的影响;梅振宇等[68]建立了路内停车行为的交通延误模型;陈峻等[69]对机非混合交通流条件下,路内停车行为导致的路段车流阻滞效应进行了研究。

(二) 移动瓶颈相关研究

国内外学者对交通移动瓶颈问题进行了广泛研究。GAZIS和Herman[70]于 1992 年针对高速路中重型慢车引发车辆"成簇"慢行排队问题,提出

"移动瓶颈（Moving Bottleneck）"概念，建立模型进行了分析，得出当慢车上游来车达到一定临界状态时，在该慢车上游附近及邻道均形成一定长度的排队车辆，导致道路通行能力和效率急剧下降。在 Gazis 和 Herman 的研究基础上，其他学者运用三种方法对移动瓶颈特征及对交通流的影响展开研究。

一是移动瓶颈理论建模及求解算法研究。Newell[71]、Lebacque 等[72]分别建立了 KW-MB 模型和基于移动坐标系的移动瓶颈理论分析框架与算法，奠定了移动瓶颈理论的研究基础，Giorgi[73]、Daganzo 等[74]对 KW-MB 模型求解算法展开进一步深入分析；Munoz 等[75-76]在对移动瓶颈实测的基础上，建立 Munoz-Daganzo 理论模型，分析移动瓶颈对交通流参数的影响；Leclercq 等[77]构建瓶颈图，力图将其他学者的理论模型进行统一。

二是移动瓶颈特征实测研究。重点针对多车道高速公路货车进行实测研究[75-76、78]，也有部分研究针对道路干路中货车[79]、城市道路中公交车[73]导致的移动瓶颈进行理论模型和实测比较分析。另外，有学者对高速公路卡车道限制导致的移动瓶颈问题及对道路通行能力的影响进行研究[80]。国内学者运用上述理论模型和框架，重点针对我国高速公路拐弯、上坡路段等情形下的货车[81]、重型车辆[82]产生的移动瓶颈，建立模型，研究对道路交通流的干扰效应和通行能力的影响。

三是仿真模拟研究。为了有效分析车辆微观行为诱发的移动瓶颈特征，还有学者运用微观仿真方法对高速公路移动瓶颈进行模拟和数值分析，林航飞等[83]根据货车造成的移动瓶颈随时间、空间动态变化的特点，提出在高速公路中每隔一定距离设置超车道的解决策略；梁国华等[84]选取若干交通稳定性衡量指标，以大型车混入率为对象，对高速公路上大型车移动瓶颈影响效应及对交通流稳定性影响进行仿真分析；Fang 等[85]

对双车道高速公路中分别存在一辆和两辆重型卡车情形下的交通流进行了模拟和数值分析。另有 Jia 等[86]针对非均匀混合交通中慢车导致阻塞点及对道路交通流的影响进行仿真研究，并进一步提出带有鸣笛效应交通流模型[87]，分析鸣笛情形下慢车对交通流的影响及演化规律。Li 等[88]提出一个体现由快慢车组成的理性激进换道行为的双车道元胞自动机（A-STNS）模型，分析慢车对道路交通流的影响。

通过对以往研究的总结可知：

（1）理论模型函数形式通常较为复杂，求解难度大，往往采取简化模型的方式，使得研究结果与实际交通现象有较大差距，难以描述复杂交通问题。而实测方法对交通环境相对单一的国外交通现象刻画较为有效和准确，而在较为复杂的交通环境中，实测会受到随机因素的干扰，准确性就会降低，而且一些驾驶人驾驶行为在现实交通中往往很难准确捕捉到。

（2）针对理论模型和实测方法存在的问题，研究者运用仿真模拟的方法来研究复杂的交通问题。运用仿真模拟方法进行交通问题科学研究的手段主要分为两类：第一类是仿真软件，主要通过仿真软件对所研究的问题进行建模，然后借助实测数据对所构建模型参数进行标定和验证，最后运用标定参数后的仿真软件模型对研究对象进行深入的分析和研究。使用仿真软件的问题在于，大多软件固化基础模型，只能对参数进行调整，无法对模型进行调整和修改，使得研究的灵活性和针对性降低，更适合工程领域应用。第二类是数值模拟，指的是运用交通流理论构建仿真模型，对研究问题的各种情形进行模拟，对研究对象的交通特性展开深入研究，相比仿真软件，数值模拟方法能对基础模型进行修改，能模拟各种复杂的交通现象，更加灵活、更具有针对性。

（3）现有交通流宏观和中观研究从车辆整体角度刻画道路交通流演化规律，而未体现出个体车辆换道、跟驰、减速、加速等微观行为特征，而这些个体车辆微观行为往往会对交通流产生重要影响。目前，元胞自动机理论是交通流微观研究中的重要理论。针对本书所提出的交通环境和研究问题，以往元胞自动机交通流模型存在以下不足和有待优化的地方。

1）已有元胞自动机交通流研究均假设驾驶人具有理性的考虑安全的驾驶行为，而现实中当驾驶人遇到交通瓶颈时往往采取忽略安全的非理性驾驶行为，即抢道行为；三车道环境下考虑驾驶人抢道行为的交通流建模尚未有研究，已有三车道交通流模型均针对高速公路道路环境，且将道路划分为超车道和行车道，是一种非对称换道行为，而城市交通中并未严格区分超车道和行车道，更多是一种对称换道行为。

2）已有考虑车辆停靠行为的城市道路交通流演化相关研究中车辆（如公交车）到站必须停靠，而我国现实交通中，出租车会根据实际采取无站点按需随意停靠和固站点按需定点停靠，显然，以往模型并不适用。因此，构建基于出租车两种停靠行为的交通流微观仿真模型还有待探讨。

3）以往对包含重车、大型车辆等特殊车辆诱发的移动瓶颈和混合交通流研究，主要在高速公路环境下展开，而对城市交通中由驾驶人驾驶行为诱发的移动交通瓶颈问题较少涉及，且多以宏观模型为主，同时也未考虑驾驶人异质性，如何刻画如城市清洁车作业行为、新手驾驶行为等诱发的移动瓶颈特征并构建交通流模型有待研究。

因此，本书将在对现实城市交通现象观测基础上，运用元胞自动机交通流理论，对城市道路中几类典型驾驶行为影响下的固定瓶颈和移动瓶颈特征以及对道路交通流的影响和演化规律展开研究。

第一章 导 论

第三节 相关理论

本部分主要采用冲突技术理论和元胞自动机基础理论进行建模,现对上述理论进行简要介绍。

一、元胞自动机理论

20 世纪 40 年代,著名计算机科学家冯·诺依曼(Von Neumann)为了构造出能够解决非常复杂问题的机器,提出设想模仿人脑行为,即每个元胞都具有其内在的状态,并由有限数量的信息位组成;这个元胞系统按离散的时间步进行演化,类似于简单的自动机,只要利用简单规则,就可以计算出元胞在新时刻的内在状态;决定这个元胞系统演化的规则对所有元胞均相同,且某一元胞的状态随邻近元胞状态而变化,就像在生命系统中发生的过程一样;元胞的活动同时进行,同一时刻驱动每个元胞进行演化,并同步更新每个元胞的内在状态。Von Neumann 创立的这个完全离散化的动力系统(元胞空间),被称为元胞自动机,它是研究复杂系统行为的最初理论框架,也是人工智能的雏形。

元胞自动机(Cellular Automata 或者 Cellular Automaton, CA)实质上定义在一个具有离散、有限状态的元胞组成的元胞空间上,按照一定局部规则,在离散的时间维度上演化的动力学系统[89]。在元胞自动机中,空间被一定形式的规则网格分割为许多单元,这些规则网格中的每一个单元称为元胞(Cell),且只能在有限的离散状态集中取值;所有元胞遵循同样的作用规则,依据定义的局部规则更新,大量的元胞通过简单的相互作用而构成动态系统的演化。CA 基本思想是利用大量的简单元件，通过简单的连接和运算规则，在时空中并行地持续运行，以模拟出复杂而丰富的现象。自产生以来，被广泛应用于社会、经济、军事和科学研究各个领域，具体涉及生物学、生态学、物理学、计算机科学、信息科学、军事科学和交通科学等。

（一）元胞自动机的定义

作为数理模型，元胞自动机有着严格的科学定义，同时由于元胞自动机是物理学家、数学家、计算机科学家和生物学家共同研究的成果，故对其定义有着不同解释。本书重点从集合论和拓扑学角度[90-92]给出元胞自动机的数学定义。

1. 基于集合论的定义

设定 d 为空间维数，k 为元胞状态，并在一个有限集合 S 中取值，r 为元胞邻居半径，Z 是整数集，t 为时间。为叙述和理解上简单起见，在一维空间上考虑元胞自动机，即假定 d = 1。那么整个元胞空间就是在一维空间，将整数集 Z 上的状态集 S 的分布，记为 S_Z。元胞自动机的动态演化就是在时间上状态组合的变化，可表示为式（1-1）。

$$F: S_Z^t \rightarrow S_Z^{t+1} \tag{1-1}$$

这个动态演化又由各个元胞局部演化规则 f 所决定，即局部函数。对于一维空间，元胞及其邻居可以记为 S_{2r+1}，则可表示为式（1-2）。

$$F(S_Z^{t+1}) = f(S_{i-r}^t, \cdots, S_i^t, \cdots, S_{i+r}^t) \tag{1-2}$$

式中，S_i^t 表示 t 时刻在位置 t 处的元胞的状态。

2. 基于拓扑学的定义

同样假定 d = 1，设 S 为 k 个符号有限集，Z 为全体整数的集合，成为 Z 到 S 映射的全体 S_Z 为构形空间，显然 S_Z 就是用 S 中的符号组成的双侧无限的符号序列的全体，即一维元胞自动机的所有构形集合。定义

$a = (\cdots, a_{-1}, 0, a_1, \cdots)$ 为构形空间中的点,定义 S_z 中任意两点 x 和 y 之间的距离如式(1-3)所示。

$$\text{distance}(x, y) = \sum \delta(x_i, y_i) 2^{-|i|} \tag{1-3}$$

式中,当 $x_i = y_i$ 时,$\delta(x_i, y_i) = 0$;当 $x_i \neq y_i$ 时,$\delta(x_i, y_i) = 1$。定 $\delta(x_i) = x_{i-1}$,$i \in Z$ 为移位算子,弱连续映射 $F: S_z \to S_z$ 与 δ 可交换,即 $F\delta = \delta F$,或对任意 $x \in S_z$ 有 $F[\delta(x)] = \delta[F(x)]$,则称 F 为元胞自动机。

(二)元胞自动机的构成

元胞自动机基本组成单位包括元胞、元胞空间、邻居及规则四部分构成,另外还包括元胞状态,如图 1-1 所示。

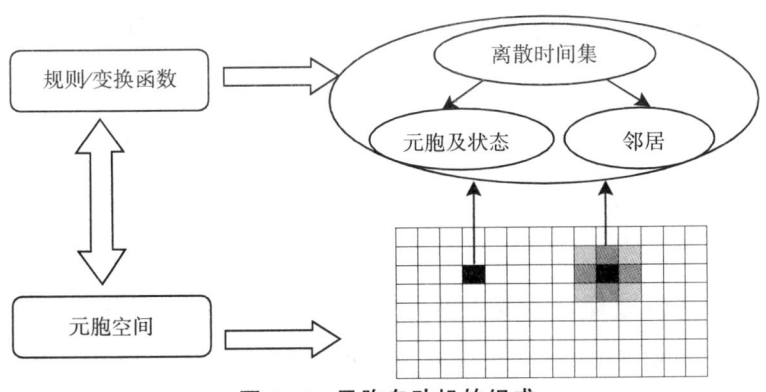

图 1-1 元胞自动机的组成

1. 元胞

元胞又称为细胞、单元或者基元,是元胞自动机的最基本组成部分,元胞分布在离散的一、二维或多维欧几里得空间的晶格点上,元胞的形状会随着元胞空间划分的不同而不同。某一时刻,每一个元胞都具有自己的状态,严格而言,元胞只能有一个状态变量,但在实际应用中,往往要根据所研究问题,增加其他状态变量,如在交通元胞自动机模型中,对于被车辆所占据的元胞,其状态变量还应该包含车辆位置、速度、类型等参数。

2. 元胞空间

元胞所分布在空间上的网格点集合就是元胞空间。理论上，元胞空间可以是任意欧几里得空间的规则划分。目前研究多集中在一维和二维空间，三维及以上相关研究较少。一维元胞自动机空间划分只有一种，在交通领域研究中即为一维空间；高维元胞自动机，元胞空间划分则可能有多种形式，最常见的为二维元胞自动机。

3. 邻居

元胞演化规则具有局部性，元胞状态更新时只需要知道其邻近元胞状态即可。某一元胞状态更新时所要搜索的空间域叫作改元胞的邻居，原则上，对邻居的大小没有限制，只是所有元胞的邻居大小要相同。

4. 边界条件

在运用元胞自动机进行问题研究时，元胞空间不可能无限大，即空间有限、有界，而元胞空间边界的网格点不具有其他内部格点相似的邻居，为了确保整个系统的正常运行，此时，需要对边界元胞的行为和演化规则进行特殊处理。主要有两种方式：一是定义不同规则；二是采用在边界处扩展格点的方式以满足边界格点和内部格点具有类似的邻居，采用相同演化规则。常用边界条件有以下几种。

周期性边界（Periodic Boundary）：周期型是指相对边界连接起来的元胞空间；

固定边界（Constant Boundary）：所有边界外元胞均取某一固定常量；

绝热边界（Adiabatic Boundary）：边界外邻居元胞的状态始终和边界元胞的状态保持一致；

映射边界（Reflective Boundary）：在边界外邻居的元胞状态是为边界元胞为轴的镜面反射。

另外，在道路交通流研究中常常采用开放性边界条件（Open Boundary），即在 t→t + 1，车辆满足一定条件后从出口元胞驶离道路系统，同时，车辆从入口端进入道路系统。

5. 演化规则

演化规则是根据元胞当前状态或者其邻居状态确定下一时刻该元胞状态的动力学函数，即局部状态转移函数。定义如式（1-4）所示[93]。

$$F：S_Z^{t+1} = f(S_i^t, \cdots, S_N^t) \tag{1-4}$$

式中，i 表示元胞；f 为状态转移函数或局部演化规则；S_N^t 表示 t 时刻 t 元胞的邻居元胞状态。

根据以上分析，定义元胞自动机如式（1-5）所示。

$$A =(L_d, S, N, f) \tag{1-5}$$

式中，A 表示元胞自动机系统；L_d 表示元胞空间；d 表示空间维数，S 表示元胞有限的离散的状态集合；N 表示领域内所有元胞的组合；f 是局部状态转换函数或者演化规则。

根据以上定义可以看出，元胞自动机是确定的，即演化规则 f 是某一意义明确的函数，在给定初始构形后将始终演化出相同的结果。然而，为了适合于解决一些实际研究问题，在演化规则中常常包含一定程度的随机性，即概率型元胞自动机，在交通领域广泛应用。

二、元胞自动机交通流模型

Cremer 和 Ludwig[94] 于 1986 年首次将元胞自动机运用到车辆交通研究中，在此基础上，Nagel 和 Schrecknberg 于 1992 年提出了著名的一维元胞自动机交通流 NaSch 模型[95]，为元胞自动机在交通流研究邻域的广泛应用奠定了基础。

(一) NaSch 模型

NaSch 模型将时间、空间以及速度被整数离散化,将道路划分成离散的格子,即元胞,每个元胞要么为空,要么被一辆车占用,每辆车速度可取 $0, 1, 2, \cdots, v_{max}$,v_{max} 为车辆最大速度,当 $t \to t+1$ 时,车辆按照如下规则演化。

Step1 加速:对应于现实中驾驶人期望以最大速度行驶特征。

$$v_n(t) \to \min(v_n(t) + 1, v_{max}) \tag{1-6}$$

Step2 减速:对应于现实中驾驶人为了避免和前车相撞而采取的减速措施。

$$v_n(t) \to \min(v_n(t), d_n(t)) \tag{1-7}$$

Step3 随机慢化:以概率 p 随机慢化,对应于现实中各种不确定因素,如路面状况、驾驶人熟练程度、车辆特征等造成的车辆减速情形。

$$v_n(t) \to \max(v_n(t) - 1, 0) \tag{1-8}$$

Step4 位置更新:车辆按照调整后的速度向前行驶。

$$x_n(t+1) \to x_n(t) + v_n(t) \tag{1-9}$$

式中,$d_n(t) = x_{n+1}(t) - x_n(t) - 1$ 为 t 时间步第 n 车辆和第 n+1 车辆的间距,t 为车长,$x_n(t)$ 表示 t 时间步车辆 n 所在位置,$x_n(t)$ 表示 t 时间步车辆 n 的速度。

根据上节描述,还需要对边界元胞进行演化规则定义,在交通流理论研究中,元胞自动机模型的边界条件主要有两种。

一是周期性边界条件:$t \to t+1$ 时,都要检测道路上头车的位置 X_{lead},若 $X_{lead} > L_{road}$,那么车辆将从道路的另一端进入系统,变为头车,且 $X_{last} = X_{lead} - L_{road}$,$v_{last} = v_{lead}$,其中 X_{lead}、X_{last}、v_{lead} 和 v_{last} 分别表示道路上头车与尾车的位置和速度,L_{lead} 表示道路系统长度。

二是开放性边界条件:$t \to t+1$ 时,检测道路头车和尾车位置,若

$X_{lead} > L_{road}$,那么道路头车以概率 p_{out} 驶离系统,其后车辆成为头车;若 $X_{last} > v_{max}$,则一辆速度为 v_{max} 的车辆以概率 p_{in} 进入道路系统对应 $\min(X_{last} - v_{max}, v_{max})$ 位置元胞。将路段入口各车道处 $v_{max} + 1$ 个元胞长度区域定义为发车区,即车辆可以从元胞(1,2,…,$v_{max} + 1$)以概率 p_{in} 进入三个车道;定义 X_{last} 和 X_{lead} 分别为各车道尾车和头车的位置,在每个时间步,车辆自动完成出入道路系统。

在 $t \to t + 1$ 时间步内,在路段入口,如果式(1-10)成立,

$$X_{last} > v_{max} + 1 \tag{1-10}$$

则一辆速度为 v_{max} 车辆以概率 p_{in} 进入道路,对应元胞位置由式(1-11)确定。

$$\min(X_{last} - v_{max}, v_{max}) \tag{1-11}$$

在路段出口,如果式(1-11)成立,

$$X_{lead} + L_1 > L_0 \tag{1-12}$$

式中,L_1 为车辆在 $t \to t + 1$ 时间步位置更新的元胞长度(个),L_0 为路段最右边元胞位置,则车辆 X_{lead} 驶出道路系统,道路中下一辆车将成为新的头车。

在 NaSch 模型基础上,众多学者对针对实际情形,对单车道元胞自动机模型展开了研究。Takayasu 等[96]在 1993 年针对车辆慢启动特征,建立了慢启动元胞自动机模型(TT 模型),Schadschneider 等[97]又提出了扩展 TT 模型,并模拟除了相分离现象;Benjamin 等[98]也提出了车辆"记忆效应"的慢启动模型(BJH 模型),也模拟出了相分离现象;Barlovic 等[99]提出了依赖于速度的随机慢化元胞自动机模型(VDR 模型),模拟出了亚稳态和回滞现象。李小白等提出了考虑前车速度效应的元胞自动机模型(VE 模型),对 NaSch 模型中的减速条件进行了改进,并在非确定性条件下,得到了亚稳态和回滞现象。姜锐等[100]针对刚停车驾驶人

反应仍十分敏感的特征,提出了慢启动规则元胞自动机模型(MCD模型),并进一步提出了反应延迟效应模型。

(二) STNS 模型

NaSch 模型及其扩展模型不足在于针对的是单车道情形,不允许车辆超车,而现实中,交通系统往往是有不同类型的机动车辆组成,这些车辆存在速度差异,当驾驶人不能以期望速度行驶时,就会超越前车,即超车普遍存在,而单车道模型不允许超车,就会造成快车跟随慢车行驶,从而形成拥堵,所以单车道元胞自动机模型不能很好地模拟现实情形,为此研究者在 NaSch 基础上提出了多车道元胞自动机模型。这其中,Richert[101] 和 Chowdhruy等[102] 分别于 1995 年和 1997 年在 NaSch 模型基础上,通过引入车辆换道规则,建立了一个对称的双车道元胞自动机模型,即 STNS 模型,此模型中车辆的换道策略与车辆换道的方向无关,并对有快、慢车组成的混合交通系统展开了研究,成为研究多车道元胞自动机交通流的基础。

该模型由两部分构成:一是换道规则;二是更新规则。其中,更新规则采用 NaSch 更新规则。换道规则如下。

(1) 换道动机。车辆不能以期望速度行驶,即邻道行驶条件更好。

$$d_n(t) < \min(v_n(t) + 1, v_{max}) \text{ and } d_{n,other}(t) > d_n(t) \quad (1-13)$$

(2) 安全条件。$d_{n,other}$ 保证车辆换道后不与后车相撞。

$$d_{n,back} > d_{safe} \quad (1-14)$$

式中,$d_{n,other}$ 表示车辆 n 与邻道前车间的空元胞数;$d_{n,back}$ 表示车辆 n 与邻道后车间的空元胞数;d_{safe} 为确保车辆换道后不会撞车的安全距离。双车道元胞自动机模型在实施过程中,是把时间步划分为两个子时间步,在第一个时间步,车辆按照换道规则进行换道;在第二个时间步,车辆在各自车道上按照单车道更新规则更新。该模型得到了广泛的应用,由

Los Alamos 实验室设计开发的 TRANSIMS 软件中即采用了对称换道规则。现实中，换道可以是非对称的，即从左车道向右车道和从右车道向左车道换道规则不同，例如在德国右车道车辆禁止超车，而我国高速公路中，左车道往往定义为超车道或者快车道，故造成不同车道车辆换道行为存在差异，为此，文献[103-104]提出了非对称换道模型，并模拟出了密度倒置现象。在对称和非对称基础模型基础上，众多学者针对不同现实情形展开大量研究。针对驾驶人期望速度效应，Knospe 等[105-106]提出了考虑刹车灯和期望速度的舒适驾驶模型，Meng 等[107]对包含摩托车的混合交通流元胞自动机模型展开研究，文献[108]建立了不同驾驶行为和不同车辆参数对交通流特性影响的元胞自动机模型。针对现实中双向交通情形，Simon 等[109]首次将 CA 模型应用到双向交通问题研究中，Lee 等[110-111]又以非对称排他过程扩展模型为基础，提出了一个双向交通元胞自动机玩具模型。2002 年和 2003 年，Pedersen 等[112]和 Daoudia 等[113]提出了右车道缺省的三车道元胞自动机交通流模型，并展开数值模拟和分析；吴大艳等[114]提出了一种高速公路三车道元胞自动机交通流模型，分析车辆减速概率、换道概率对车流量、车道利用率影响关系；Kong 等[115]提出了事故条件下城市三车道快速路交织区的元胞自动机交通流模型，详细分析事故对道路通行能力的影响。

第四节　主要研究内容

本书针对几类典型驾驶人驾驶行为和事故车辆诱发的交通瓶颈，对驾驶人遇到瓶颈时的行为特征进行分析，采用元胞自动机理论构建城市道路交通流模型与并运用 Matlab 编写程序进行仿真模拟，研究城市交通流的复杂特性和演化规律，从而为城市交通管控提供科学的理论依据。

主要逻辑为：首先提出研究问题，综述国内外研究现状。第二章和第三章分别研究城市道路中两类驾驶行为影响下的固定交通瓶颈问题，具体为第二章研究高架桥入口处抢道行为影响下的固定交通瓶颈特征及城市道路交通流演化规律，第三章进一步研究由出租车停靠行为影响下的固定交通瓶颈特征及城市道路交通流演化规律。第四章和第五章进一步研究驾驶行为影响下的移动交通瓶颈问题，具体为第四章研究市政清洁车辆作业行为影响下的移动交通瓶颈及城市道路交通流演化规律，第五章研究新手驾驶行为影响下的移动交通瓶颈及城市道路交通流演化规律。第六章研究事故车辆影响下的城市道路交通流演化规律。第七章对研究进行了总结并提出进一步研究的方向。

各章节具体研究内容如下。

第一章概述研究背景和意义，提出研究问题；对国内外相关研究进行综述，并介绍了本书所采用研究理论和方法；最后介绍本书内容。

第二章研究高架桥入口处驾驶人抢道行为影响下的城市道路交通流演化规律。现实交通中，高架桥入口处往往是一种动态而无序的由驾驶人主观行为作用的通行状态，驾驶人为了快速进入高架桥，往往会在高架桥入口处选择不顾行驶安全的非理性强行换道，即抢道行为，在交通高峰期，车流密集，这种行为的发生使得原本稳定均匀的自由车流变得混乱而无序，对其他车道正常行驶的车辆产生严重影响。为此，本章在对高架桥入口处驾驶人抢道行为特征分析的基础上，构建基于驾驶人抢道行为的交通流模型，并进行仿真模拟，收集数据，分析进车率 p_{in}、抢道区域长度 L_c 和右车道上桥车辆混合率 pm 对城市道路交通流的影响及演化规律。最后，通过交通实测数据验证理论模型的有效性。

第三章研究出租车停靠行为影响下的城市道路交通流演化规律。现实中，受出租车巡游服务方式和盈利模式影响，出租车驾驶人总是希望通过多拉快跑的方式降低空载率，以实现利润最大化，这导致出租车驾驶人普遍存在"强行变道、插队、急停急刹随意停靠上下乘客"等驾驶行为，其中尤以"随意停靠上下乘客"被广泛诟病，往往会对正常行驶车流产生扰动，具有明显瓶颈效应。管理者在部分道路设立出租车定点停靠站以规范这种行为，然而当道路中车辆较多、乘车需求频繁时，出租车定点停靠行为就会对后车形成阻碍，导致车辆排队，对车流形成阻断，也具有明显的瓶颈效应。为此，本章针对出租车两类停靠行为特征，构建基于出租车随意停靠和定点停靠的交通流模型，并进行仿真模拟，收集数据，分析进车率 p_{in}、出租车停靠持续时间 T_0 和出租车混合率 $pm1$ 对城市道路交通流的影响及演化规律。

第四章研究城市清洁车作业行为影响下的城市道路交通流演化规律。现实中，城市清洁车慢速行驶、占用路面的作业行为特征，往往会对正常行驶车辆产生阻碍，具有明显的"移动瓶颈"效应，市政管理部门虽然制定了错峰作业的调度措施，但是多基于已有经验，缺乏有效理论分析和依据。为此，本章针对我国城市交通中清洁车作业行为特征，构建基于清洁车作业行为的两车道和三车道交通流模型，进行仿真模拟，收集数据，分析两车道和三车道交通环境下进车率 p_{in} 和清洁车作业行驶速度 v_c 对城市道路交通流的影响及演化规律。最后，通过交通实测数据验证理论模型的有效性。

第五章研究新手驾驶行为影响下的城市道路交通流演化规律。现实中，新手驾驶人存在驾驶技能不熟练、经验欠缺和心理不稳定等问题，导致其具有"低速、跟车间距大、换道犹豫、加速慢"等行为驾驶特征，对道路中正常行驶车辆产生阻碍和干扰，本章针对我国城市交通中新手驾驶行为特征，构建基于新手驾驶行为的交通流模型，进行仿真模拟，收集数据，分析新手驾驶车辆混合率 pm、新手驾驶车辆加速率 p_a 和新手驾驶车辆最大速度 v_1 对城市道路交通流的影响及演化规律。

第六章研究事故车辆影响下的城市道路交通流演化规律。为分析事故车辆对城市道路交通的影响，在分析事故车辆影响下的城市道路交通特征基础上，构建元胞自动机交通流模型，研究给定冲突区域长度时不同进车率和不同事故持续时间对城市道路交通流的影响。研究表明：事故车辆会诱发交通瓶颈，对城市道路交通产生显著干扰并形成拥堵，且拥堵带向事故车辆上游传递。不同事故持续时间情形下交通流演化存在差异，道路平均车流量、车流平均密度随着事故持续时间的增加而增加，车辆平均速度则随之减小。当道路中车辆较少（p_{in} = 0.3）且事故持续时间达到 15 分钟时，道路交通处于严重拥堵状态；当道路中车辆较多（p_{in} = 0.5）、事故持续时间达到 5 分钟时，道路交通即处于严重拥堵状态。研究结果可为优化城市交通事故处理机制提供依据。

第七章对研究主要工作与创新点进行总结，并提出有待于进一步研究的方向。

第二章 高架桥入口处抢道行为影响下的城市道路交通流仿真与演化

现实道路网络中存在大量如多车道合并道路缩减、上下匝道处、交叉路口等交通瓶颈，这些瓶颈的通行能力限制是造成常发性交通拥堵的重要因素，在交通瓶颈处，由于驾驶人短时内无法前进，往往会表现出急躁驾驶行为，例如强制换道、无故鸣笛、紧逼跟车等驾驶行为，被称为"激进驾驶行为（Aggressive Driving）"。当驾驶人遇到交通瓶颈受到阻碍，短时不能前行时，往往产生焦躁情绪，从而选择忽略安全的强制换道行为，驾驶人在瓶颈处的这种换道行为会进一步扰乱交通秩序，使交通进一步恶化。高架桥是城市快速干道中一种常见的交通组织形式，它虽然可以对车流进行有效分流和引导，提升出行效率和缓解拥堵，但也是天然的交通瓶颈，驾驶人驾驶车辆在入口处往往采用跨越导流线忽略安全的强制换道行为，干扰原本稳定的车流，造成入口处短时间内大量车辆排队，从而加剧瓶颈效应。

通过对现实交通观测和已有研究总结，得出驾驶人在交通瓶颈处以强制换道行为居多[45]。针对交通瓶颈处的驾驶行为，文献[48]在对堵塞紊乱车流中车辆个体的行为特征进行详尽分析的基础上，建立理性的"挤车变道"规则元胞自动机模型，较准确地模拟出堵塞交通流的时空传播过程；文献［49］在忽略各类不顾驾驶安全的强行抢道行为基础上，建立瓶颈车辆交替进入元胞自动机模型，对交通流特性进行了分析；文献［52］定义了谨慎驾驶行为和理性激进驾驶行为，并建立模型分析两种行为对交通流的影响。Pedersen 等[112]和 Karim 等[113]针对高速公路交通环境，提出了三车道交通流元胞自动机模型，定义了一个在行驶条件完全相同或在右车道上不会影响其正常行驶时，车辆将选择右车道作为其行驶道，而将左车道作为超车道的右车道缺省换道规则，其本质是一种非对称换道规则。

总结可得，以往研究主要以驾驶人具有理性换道行为假设为前提，分析交通瓶颈处驾驶人强制换道行为对道路交通流的影响，未考虑驾驶人非理性强制换道行为对道路交通流的影响，三车道模型中所定义换道规则为非对称换道规则，而城市交通三车道道路系统中驾驶人往往是一种对称换道行为，同时针对高架桥入口处抢道行为的研究也鲜有涉及。为此，本章首先对高架桥入口处抢道行为影响下的道路交通瓶颈特征进行提炼和分析，然后构建基于高架桥入口处驾驶人抢道行为的三车道交通流模型，对进车率、抢道区域长度和右车道上桥车辆混合率可变时道路交通流进行仿真模拟，采集数据分析高架桥入口处抢道行为影响下的城市道路交通流演化规律，最后通过对实测数据的分析说明理论模型的有效性并对本章研究结果进行小结。

第一节 抢道行为影响下的道路交通特征分析

实际交通中，高架桥入口上游会设置一定长度属于禁行标线的交通导流线［见图 2-1(b)］，用于提示车辆按照规定的路线行驶，其目的是要求

第二章 高架桥入口处抢道行为影响下的城市道路交通流仿真与演化

车辆要根据不同出行需求在导流线前就完成车道变换，跨越导流线属于违章行为。在驾驶人都是严格理性前提下，都会根据不同出行需求在距离高架桥入口处较远的地方提前换至上桥车道排队顺次通行，上桥车道和直行车道行驶车辆都会按照各自车道行驶，避免入口处车辆混行，相互之间没有干扰，交通处于自由流状态，实现了交通流的合理分流和引导，这是道路设计者和交通管理者所期望的理想状态。然而，在实际交通运行中，高架桥入口处往往是一种动态而无序的由驾驶人主观行为作用的通行状态，驾驶人为了快速进入高架桥，往往会在高架桥入口处选择跨越导流线且忽略行驶安全的非理性强行换道，即抢道行为，在交通高峰期，车流密集，这种行为的发生使得原本稳定均匀的自由车流变得混乱而无序，对其他车道正常行驶的车辆产生严重影响，致使车辆汇集，并向上游传递，导致上游路段车流密度增大，往往诱发整个上游路段或者多个路段拥堵，甚至引发周边区域交通瘫痪，使得高架桥入口处瓶颈效应加剧，如图2-1(a)所示。

(a) 实景图

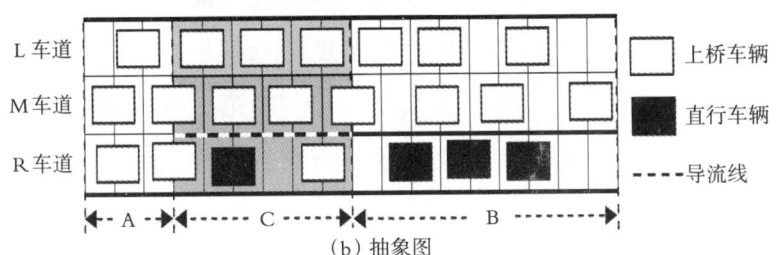

(b) 抽象图

图 2-1 高架桥入口处抢道行为影响下的道路交通示意图

一、高架桥入口处驾驶人抢道行为定义

对高架桥入口处抢道行为的刻画不同于一般意义上的强制换道行为,主要考虑以下因素。

(一)驾驶人在靠近高架桥入口处换道

现实中,上桥车辆在直行车道行驶并靠近高架桥入口处的动机有以下两类。

主动靠近。由于大多数驾驶人的贪婪心理,往往会选择在直行车道上行驶并在尽量靠近入口处进行换道,以保证在较快时间内进入高架桥。

被动靠近。具体又可以分为两种情形。

情形1:由于驾驶人不熟悉道路状况,使得驾驶人在接近高架桥入口时才发现需要换道进入高架桥。

情形2:当车辆较多时,在直行车道上行驶的上桥车辆无法提前换道至上桥车道,不得已才靠近高架桥入口处。

以上主动行为和被动行为,虽然主观意愿不同,但是在高架桥入口处的抢道行为特征及对交通流的影响一致,本书通过直行车道中上桥车辆的混合率 $pm1$ 来表示直行车道中的上桥车辆数量,这些上桥车辆中包含了主动行为与被动行为的车辆。

(二)驾驶人忽略行驶安全的强制换道

驾驶人驾驶车辆进入导流区域后,因担忧不能顺利进入高架桥使得驾驶行为发生显著变化,即使换道后速度降低甚至减速为零,也要进行换道,这一行为往往是忽略行驶安全的强制换道,本书将跨越导流线忽略行驶安全的强制换道行为定义为抢道行为,将导流线长度所覆盖道路区域定义为抢道区。

二、驾驶人驾驶行为特征刻画

将图 2-1 所示交通现象进一步细化如图 2-2 所示三车道交通系统，其中 L、M 和 R 分别代表道路的左、中、右三条车道，L 平道和 M 车道表示上桥车道，R 车道表示直行车道，C 为抢道区，A 为 C 区域上游路段，B 表示 C 区域下游路段。

驾驶人在高架桥入口处驾驶行为可分为两类：第一类是在自由区域 A、B 自由换道和理性强制换道行为；第二类是 C 区域的抢道行为，分别发生在 M 平道和 R 车道，且两车道抢道行为有所不同，具体情形如图 2-2 所示。

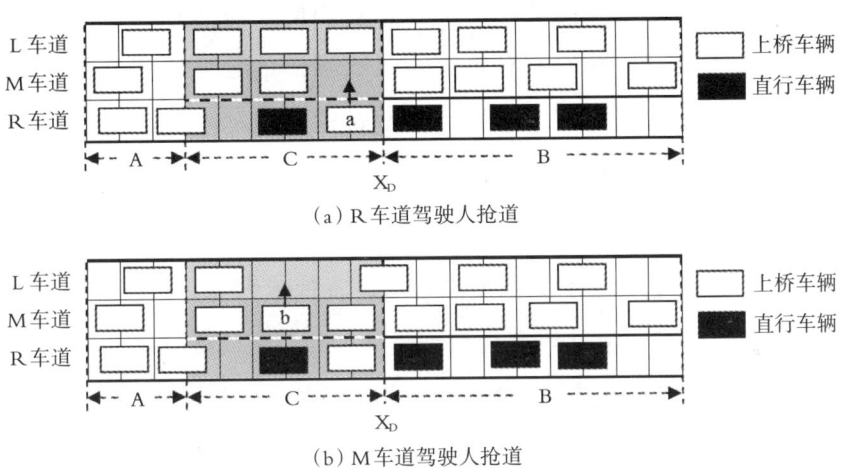

图 2-2 高架桥入口处驾驶人抢道行为抽象示意图

（一）R 车道车辆驾驶人驾驶行为

在 R 车道行驶的上桥车辆 a 进入 C 区域后，就会不断尝试换道，只要 M 车道与车辆 a 相同位置无车，驾驶人就会抢道至 M 车道，而不会考虑 M 车道前后车安全距离，如图 2-2(a) 所示。由于这种抢道行为具有强制性、突发性，M 车道行驶的车辆行驶状态受到 R 车道抢道车辆干扰，会根据实际状况减速或者向 L 车道抢道。

（二）M 车道车辆驾驶人驾驶行为

在 C 区域，各车道驾驶人都有第一时间进入高架桥的意愿，所以当 R 车道车辆抢道时，M 车道车辆也会有向 L 车道抢道的意愿，并对 L 车道行驶车辆产生影响，M 车道车辆根据实际又可以分为以下两种情形。

情形 1：M 车道车辆向 L 车道抢道。M 车道受到 R 车道抢道车辆和本车道车辆影响，向 L 车道抢道，如图 2-2(b) 所示。M 车道抢道规则借鉴文献［49］CACF 模型，该模型提出只有车辆 b 前方有多个车辆停滞不前且邻道相同位置元胞、邻道前方元胞必须同时空闲时车辆 b 才能发生"挤车"变道，这其中隐含着车辆 b 速度为零的前提，而通过对实际交通观测，发现车辆 b 前一位置有车阻拦使其不能以最大速度行驶并且邻道行驶空间满足换道条件时，车辆 b 也具有强烈的抢道愿望。因此，本书不考虑车辆速度是否为零，只要车辆 b 被前车阻挡不能以最大速度行驶且满足邻道换道空间条件，车辆 b 就以一定概率抢道。

情形 2：M 车道车辆按照 A 区域规则进行换道。当前一位置没有车辆阻挡时，车辆 b 按照 A 区域规则进行车道变换或者 NaSch 规则更新。

在上面所描述的两种现实交通现象中，R 车道驾驶人的抢道行为具有主动性，而 M 车道车辆抢道则是由 R 车道车辆抢道行为诱发，具有被动性。

第二节 考虑高架桥入口处抢道行为的城市道路交通流模型构建

由前面分析可知，车辆在高架桥入口处换道行为是一种忽略行驶安全的（非理性）强制换道行为，即抢道。为此，本书结合高架桥入口处

第二章 高架桥入口处抢道行为影响下的城市道路交通流仿真与演化

抢道行为特征，构建包含理性强制换道行为和抢道行为的三车道元胞自动机模型。根据元胞自动机理论并考虑城市道路中车辆速度较低的特征，定义一辆车占用 2 个元胞；将每个时刻划分为 2 个子时间步，在第一个子时间步内，车辆按照定义好的规则进行换道；在第二个子时间步内，车辆在各自所在车道按照单车道位置更新规则进行更新。整个交通系统中存在两类车辆，上桥车辆（k = 1）和直行车辆（k = 2）。模型参数定义如下。

$d_n^{hj}(t)$ 表示 t 时刻车辆 n 与本车道、左右车道上前后相邻车辆间的空元胞数。h = 0，1，2 分别表示本车道、相邻左车道和相邻右车道；j = f，b 分别表示 n 车的前车和后车。

v_{max} 表示车辆最大行驶速度；

$v_n(t)$ 表示车辆的速度；

$v_n^f(t)$ 表示当前车道前车速度；

$v_n^{1b}(t)$ 表示相邻左车道后车速度；

$v_n^{2b}(t)$ 表示相邻右车道后车速度；

p_{in} 表示单位时间步内车辆进入道路系统的概率；

p_{out} 表示单位时间步内车辆离开道路系统的概率；

pm 表示右车道上桥车辆混合率。

交通流模型由两部分构成：一是车辆换道规则；二是车辆更新规则。

一、上桥车辆和直行车辆换道规则

根据上述分析以及结合以往研究，提出以下换道规则。

（一）A 区域换道规则

基本原则。一是上桥车辆在区域 A 采用强制换道规则，即车辆在考虑安全因素的基础上进行车道变换；二是直行车辆在 A 区域只允许在 R 车道上行驶，不允许换至 L 车道和 M 车道。具体规则如下。

1. C_1 规则。L 车道车辆换道

$$d_n^{0f}(t) < \min(v_n(t) + 1, v_{max}) \quad (2-1)$$

$$d_n^{2b}(t) \geq 2 \text{ and } d_n^{2f}(t) > d_n^{0f}(t) \quad (2-2)$$

$$v_n(t) \geq v_n^f(t) \quad (2-3)$$

式（2-2）中，$d_n^{2b}(t) \geq 2$ 表示车辆换道后与邻道后车之间至少保持 2 个空元胞距离，这是因为根据观测发现[42]，自由状态下车辆在换道时安全后视距至少保持在 1 个车距以上，即 2 个元胞长度。当式（2-1）、式（2-3）和式（2-3）同时成立时，车辆采取强制换道。其规则借鉴 A-STNS 模型。与 A-STNS 模型的不同之处在于，在 A-STNS 模型中，定义了快慢两类车辆，提出当快车被慢车阻挡，即后车为快车而前车为慢车时，后车采用强制换道，而现实中，并不一定存在严格意义上的快慢车，根据对现实交通观测发现，当后车速度高于前车速度，后车往往采用强制换道，即式（2-3）所定义的。

2. C_2 规则。M 车道车辆换道

具体可以分为三种情形。

情形 2.1：L 车道相同位置没车，R 车道相同位置有车，则可向 L 车道换道。

$$d_n^{0f}(t) < \min(v_n(t) + 1, v_{max}) \quad (2-4)$$

$$d_n^{1b}(t) \geq 2 \text{ and } d_n^{1f}(t) > d_n^{0f}(t) \quad (2-5)$$

$$v_n(t) \geq v_n^f(t) \quad (2-6)$$

当式（2-4）、式（2-5）和式（2-6）同时成立时，车辆向 L 车道换道，否则不换道。

情形 2.2：R 车道相同位置没车，L 车道相同位置有车，则可向 R 车道换道。

第二章 高架桥入口处抢道行为影响下的城市道路交通流仿真与演化

$$d_n^{0f}(t) < \min(v_n(t)+1, v_{max}) \tag{2-7}$$

$$d_n^{2b}(t) \geq 2 \text{ and } d_n^{2f}(t) > d_n^{0f}(t) \tag{2-8}$$

$$v_n(t) \geq v_n^f(t) \tag{2-9}$$

当式（2-7）、式（2-8）和式（2-9）同时成立时，车辆向 R 车道换道，否则不换道。

情形 2.3：L 车道和 R 车道相同位置都没车，则可向 L 车道或者 R 车道换道。

$$d_n^{0f}(t) < \min(v_n(t)+1, v_{max}) \tag{2-10}$$

$$d_n^{1b}(t) \geq 2 \text{ and } d_n^{1f}(t) > d_n^{0f}(t) \tag{2-11}$$

$$v_n(t) \geq v_n^f(t) \tag{2-12}$$

$$d_n^{2b}(t) \geq 2 \text{ and } d_n^{2f}(t) > d_n^{0f}(t) \tag{2-13}$$

$$v_n(t) \geq v_n^f(t) \tag{2-14}$$

$$d_n^{1f}(t) < d_n^{2f}(t) \tag{2-15}$$

情形 2.3.1：M 车道车辆向 L 车道换道。当式（2-10）、式（2-11）和式（2-12）同时成立且式（2-15）不成立时，车辆向 L 车道换道。

情形 2.3.2：M 车道车辆向 R 车道换道。当式（2-10）、式（2-13）、式（2-14）和式（2-15）同时成立时，车辆向 R 车道换道；否则不换道。

其中式（2-15）表示 R 车道行车条件较 L 车道好，当其不成立则表示 R 车道行车条件不比 L 车道行车条件好，此时采用左车道优先的原则进行换道。

3. C_3 规则

R 车道车辆换道。

$$d_n^{0f}(t) < \min(v_n(t)+1, v_{max}) \tag{2-16}$$

$$d_n^{1b}(t) \geq 2 \text{ and } d_n^{1f}(t) > d_n^{0f}(t) \tag{2-17}$$

$$v_n(t) \geq v_n^f(t) \tag{2-18}$$

当式（2-16）、式（2-17）和式（2-18）同时成立，则车辆向 R 车道换道，否则不换道。

当满足 C_1、C_2 和 C_3 规则时，车辆以概率 p_1 换道，为了避免由 L 车道和 R 车道车辆在 t 时刻同时选择 M 车道上的同一位置而可能引发的碰撞，换道时按照从左到右的次序（左道优先）依次对 3 条车道进行处理。

（二）C 区域抢道规则

R 车道上桥车辆驶入 C 区域后，就会不断观察 M 车道前后车辆间隙，等待时机完成抢道，而 M 车道车辆在该区域为被动抢道，L 车道车辆在该区域不换道。规则如下。

1. R 车道车辆抢道规则

$$d_n^{lb}(t) \geq 0 \text{ and } d_n^{lf}(t) \geq 0 \tag{2-19}$$

式（2-19）表示只要 M 车道对应没有车，R 车道上桥车辆就抢道。换道之后的车辆速度由式（2-20）决定。

$$\text{if}(v_n(t) > d_n^{lf}(t))$$
$$v_n(t+1) = d_n^{lf}(t)\} \tag{2-20}$$

当式（2-20）不成立时，车辆保持原来速度。

2. M 车道车辆抢道规则

M 车道车辆被前车阻挡无法前行，且式（2-21）成立时，M 车道车辆抢道至 L 车道，否则不换道。

$$d_n^{lb}(t) \geq 0 \text{ and } d_n^{lf}(t) \geq 1 \tag{2-21}$$

当 R 车道上桥车辆行驶至如图 2-3 所示 X_D 位置时，仍无法从 R 车道换至 M 车道，就会停在 X_D 点等待时机，满足抢道条件则进入 M 车道，X_D 点称为抢道关键点。

第二章 高架桥入口处抢道行为影响下的城市道路交通流仿真与演化

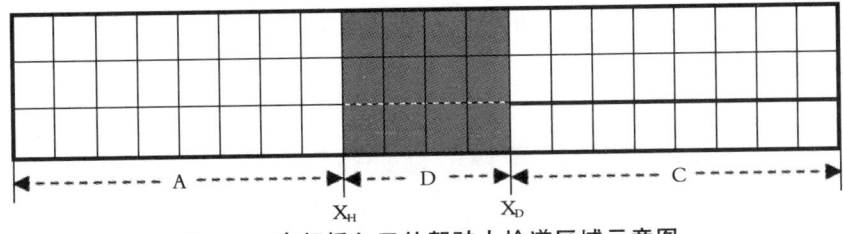

图 2-3 高架桥入口处驾驶人抢道区域示意图

p_{change} 根据车辆所在的车道、区域不同取不同值,由式(2-22)决定。

$$p_{change} = \begin{cases} p_1 & A、B 区域各车道车辆自由换道率 \\ p_2 & A、B 区域各车道车辆强制换道率 \\ p_4 = 1 & C 区域 R 车道上桥车辆抢道率 \\ p_5 & C 区域 M 车道上桥车辆抢道率 \end{cases} \quad (2-22)$$

一般换道情形是以驾驶人追求速度更大化为目标,而 C 区域所反映的情形则有所不同,驾驶人抢道的目的是期望尽快进入高架桥,在交通高峰期,车辆间距显著缩小,车辆形成排队并缓慢通行,显然 M 车道和 L 车道车辆更有可能尽快进入高架桥,由于此时 R 车道的上桥车辆已经逼近高架桥入口,驾驶人更关心的是尽早抢道成功而不是抢道后车辆的速度,所以 R 车道上桥车辆进入 C 区域后都有第一时间进入上桥车道的期望,当满足条件后,就以概率 $p_4 = 1$ 抢道,完成抢道后,可能会减速或者停止。而在 M 车道行驶的车辆,因为其已经处于距离入口处较近的上桥车道,所以当满足条件时,只会以概率 p_5($p_5 < 1$ 表示并不是所有驾驶人在此情形下都会向 L 车道抢道)向 L 车道抢道或者减速。另外在抢道区域 C,上桥车辆只能从 R 车道向 M 车道、M 车道向 L 车道换道,即只允许从右向左换道。

(三)B 区域换道规则

由于 B 区域分成桥上两车道和桥下一车道,对于桥下一车道车辆无法换道，只能顺次通行；而桥上两车道车辆则按照 A 区域 C_1 和 C_3 换道规则进行换道。

二、上桥车辆和直行车辆位置更新规则

以 NaSch 模型的演化规则对所有车道上的车辆进行速度和位置的更新。规则如下。

加速：

$$v_n(t) \to \min(v_n(t) + 1, v_{max}) \tag{2-23}$$

减速：

$$v_n(t) \to \min(v_n(t), d_n^{of}(t)) \tag{2-24}$$

随机慢化：以概率 p_3 随机慢化。

$$v_n(t) \to \max(v_n(t) - 1, 0) \tag{2-25}$$

位置更新：

$$x_n(t+1) \to x_n(t) + v_n(t) \tag{2-26}$$

第三节 数值模拟及结果分析

一、基本参数设定

在前面所构建理论模型基础上，运用 Matlab 软件编写仿真程序，构建单向三车道道路系统，并收集数据，分析高架桥入口处抢道行为对道路交通流的影响和演化规律。设定道路长度为 1000 个元胞，每个元胞长度为 3.75 米，对应道路长度为 3750 米。对道路不同区域初始值设置如

下：设定上桥口处位于第 650 个元胞处，区域 B 的长度 $L_C = 350$ 个元胞。每车辆占据 2 个元胞，车辆都为同质小汽车，车辆最大速度 $v_{max} = 5$，对应车速为 67.5 千米/小时。考虑实际驾驶行为特征，取车辆随机慢化概率 $p_3 = 0.3$，A 区域和 B 区域车辆自由换道率 $p_1 = 0.7$，强制换道率 $p_2 = 0.8$，M 车道车辆抢道概率 $p_5 = 0.9$，出车概率 $p_{out} = 1$。每个仿真时间步长为 1s，为避免暂态的影响，前 10000 个时间步模拟结果舍弃不用，对后 10000 个时间步数据进行统计，并且进行多次仿真采集数据求平均值，避免了随意因素的干扰。为分析抢道区 C 的长度对道路交通流的影响，选取多个 L_C 值（见表 2-1），A 区域长度 L_A 依据抢道区 C 长度 L_C 不同而取不同值。

表 2-1 抢道区长度 L_C 取值

单位	抢道区域长度 Lc					
元胞（个）	6	8	10	12	14	16
实际长度（米）	22.5	30	37.5	45	52.5	60

数值模拟采用开放性边界条件，将 L 车道、M 车道和 R 车道入口处 6 个元胞长度区域设定为发车区，模拟车辆进入道路，当进车条件满足时，车辆从发出区（元胞 1，2，…，$v_{max} + 1$）以概率 p_{in} 进入 L 车道、M 车道和 R 车道；给定出车率 $p_{out} = 1$，表示只要满足出车条件，车辆就离开道路系统。为分析道路交通流状态和演化过程，在各车道 A 区域和 B 区域路段即高架桥入口上下游分别设置 6 个虚拟探头采集交通流数据。

二、各车道车流量和道路时空演化分析

（一）各车道上桥车辆抢道频率和延误指数定义

1. 各车道上桥车辆抢道频率定义

高架桥入口处驾驶人抢道行为主要通过由进车概率 p_{in} 和 R 车道中上桥车辆与直行车辆的混合率 pm 决定的抢道频率，影响道路系统车流量分布。

定义 $\overline{CR_w}$ (Cutting Rate) 为车辆平均抢道频率。

$$CR_w = \frac{S_{iw}}{T_i} \tag{2-27}$$

$$\overline{CR_w} = \frac{\sum_{i=1}^{k} CR_w}{k} \tag{2-28}$$

将统计时间段 T 划分为 i 个等长的子时间段，$T_i (i = 1, 2, \cdots, k)$ 为第 i 个时间段时长，w 为车道标号（w = 1, 2, 分别代表中间车道和右车道），S_{iw} 为第 i 个时间段 w 车道抢道车辆数，CR_w 为第 i 个时间段 w 车道车辆抢道频率。

2. 延误指数定义

参考高德地图研究报告中关于拥堵延时指数和拥堵延迟时间的定义，定义延误指数 δ 为车辆实际通行时间（T_b）与无任何干扰情形下的自由流（畅通）通行时间（T_f）的比值，后面各章均采用此定义。

$$\delta = \frac{T_b}{T_f} \tag{2-29}$$

（二）各车道车流量演化分析

通过计算机仿真模拟，采集数据，绘制如图 2-4 所示的各车道车流量演化曲线，通过曲线可以得出各车道车流量呈现以下演化特征。

特征 2-1：从图 2-4 可得，当道路中无上桥车辆时（pm = 0），随着 p_{in} 的增加，各车道交通流曲线呈现先线性增加后保持稳定的演化特征；当道路中有上桥车辆时（pm > 0），各车道交通流曲线呈现先线性增加（自由流，低密度）、后下降（中等密度）再保持稳定（饱和流，高密度）的演化特征，将三种演化阶段分界点对应的 p_{in} 分别定义为 p_{in}^d 和 p_{in}^u，其中 p_{in}^d 为线性增加阶段与下降阶段的分界点，p_{in}^u 为下降阶段与稳定阶段的分界点（p_{in}^d 和 p_{in}^u 随着 pm 的增加而减小，且 $p_{in}^d < p_{in}^u$）。

第二章　高架桥入口处抢道行为影响下的城市道路交通流仿真与演化

特征 2-2：当道路交通流处于自由流、有上桥车辆即 $p_{in} \leq p_{in}^d$、pm > 0 时，此时道路车流处于低密度状态，随着 p_{in} 的增加，各车道车流量均呈现先线性增加趋势，且不同 pm 情形下车流量增加幅度无明显变化，各车道车流量增加幅度一致，同步增加至最高值 q_{max}，q_{max} 随着 pm 的增加而降低。产生上述现象的原因在于，当道路中车辆较少时，车辆都可以期望速度行驶，R 车道上桥车辆在 C 区域前就已经换道至 L 车道和 M 车道，较少发生抢道行为，各车道车流量几乎不受影响，无明显差异。

当 $p_{in}^d < p_{in} \leq p_{in}^u$ 时，此时车流处于中等密度，各车道车流量呈下降趋势，且降幅随着 pm 的增加而增加。产生上述现象的原因在于，随着 p_{in} 的增加各车道车流量也逐渐增大，车辆行驶受到阻碍，A 区域上桥车辆满足向 M 车道换道空间条件的频率减少，致使大量车辆在 C 区域排队等候，R 车道主动抢道车辆增多，车辆延误增加，车流量下降；另外由于 R 车道驾驶人的抢道行为，导致 C 区域 M 车道车流密度增加，对已有车辆阻碍频率增加，被动抢道车辆频次增多，车辆延误明显增加，导致车流量下降；L 车道车辆由于受到 M 车道抢道车辆的影响，发生延误，车流量同样降低。

当 $p_{in} > p_{in}^u$ 时，车流处于高密度，车流量呈现较为稳定的状态，车流量不再随着 p_{in} 的增加而增加，此时，车流量随着 pm 的增加而呈现下降趋势。产生上述的现象在于，随着进入道路车辆的增多，车辆抢道频率逐渐趋于稳定，对车辆的干扰也不再随着 p_{in} 的变化而变化，此时，各车道车流量保持稳定。

特征 2-3：对比图 2-4(a)、图 2-4(b) 和图 2-4(c) 可得，当车流量处于饱和状态且 pm 较小时，R 车道车流量小于 L 车道和 M 车道车流量，即 R 车道车流量下降幅度更大，而比较 L 车道和 M 车道车流量可以看出，M 车道车流量要略小于 L 车道车流量；随着 pm 的增加，R 车道车流量逐渐超过 L 车道和 M 车道车流量,即 L 车道和 M 车道车流量下降幅度更大,此时,L 车道和 M 车道车流量几乎无明显差异。产生上述的现象原因在于,当 pm 较小时,道路中 R 车道抢道至 M 车道车辆较少,对 M 车道车辆几乎无干扰,同样 M 车道被动抢道车辆则更少,对 L 车道车辆无干扰,而 R 车道抢道车辆对本车道后车产生一定干扰,使得 R 车道车流量下降幅度要大于 L 车道和 M 车道车流量;当 pm 较大时,R 车道较多的上桥车辆可以抢道至 M 车道,饱和流量虽然下降,但由于其主动抢道行为,车流量下降幅度为三车道中最小;对于 M 车道,满足抢道条件的机会在减少,短时间内大量 R 车道车辆进入 M 车道,并且由于 M 车道车辆是一种被动抢道行为,其抢道条件较 R 车道更为苛刻,这就造成 M 车道车辆密度增加,更多车辆被迫减速或者停止,产生明显延误,使得 M 车道饱和车流量低于 R 车道饱和车流量;对于 L 车道车辆,由于受到 M 车道驾驶人抢道行为影响,其车流量也在迅速下降,但降幅小于 M 车道。

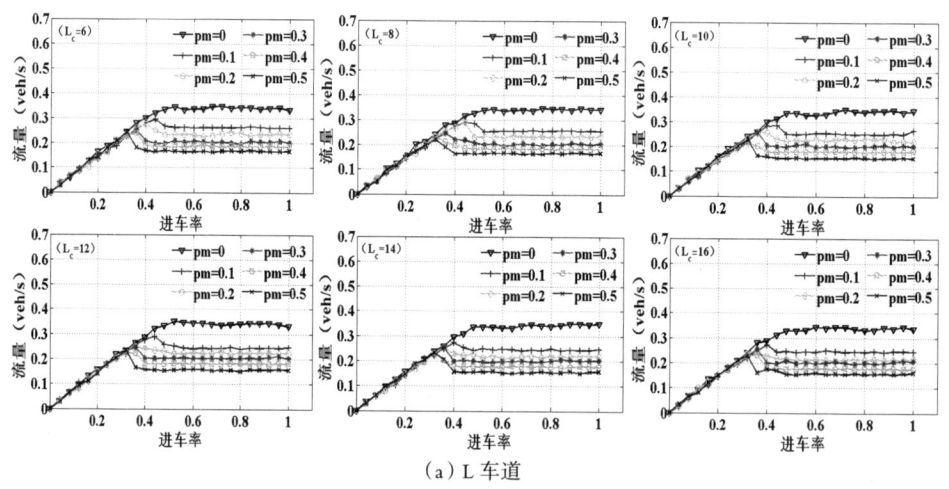

(a) L 车道

图 2-4 各车道车流量演化曲线

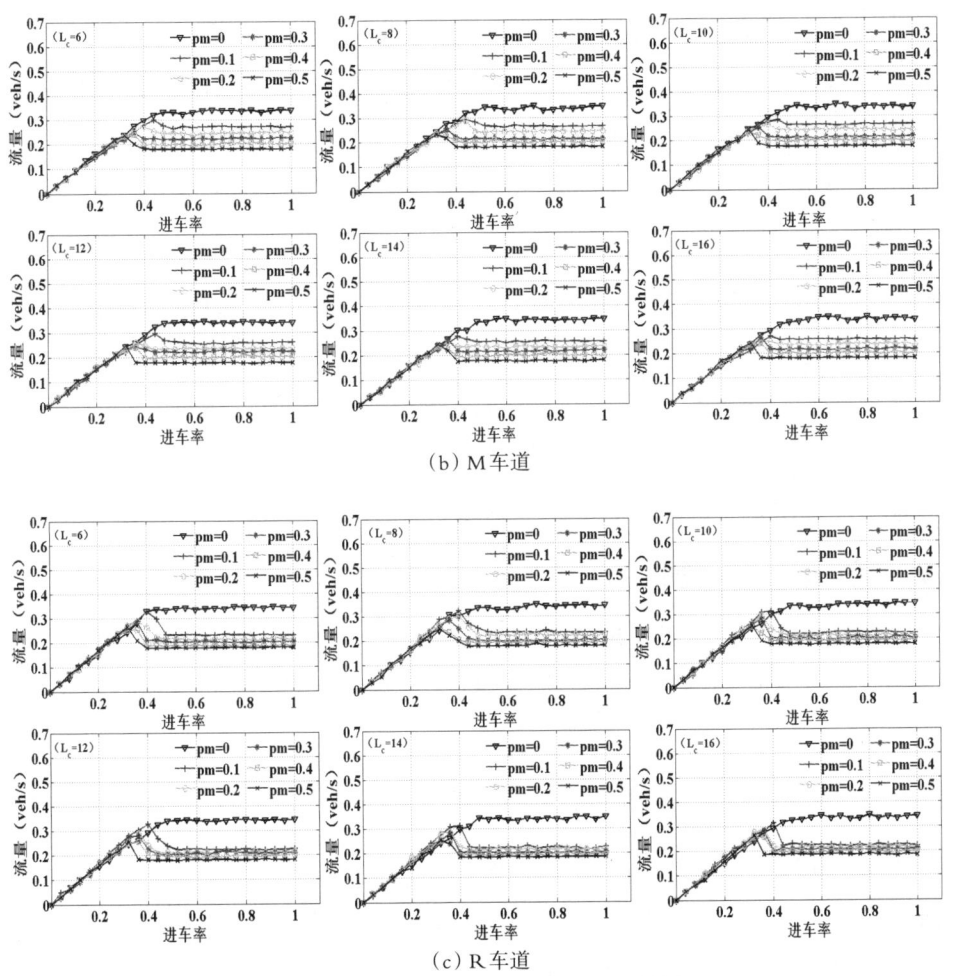

图 2-4 各车道车流量演化曲线（续）

特征 2-4：当交通流处于饱和流、pm 较小时，随着抢道区域长度 L_C 的增加，L 车道、M 车道和 R 车道车流量均呈下降趋势。随着 pm 的增加，L 车道和 M 车道车流量不再随 L_C 的增加而变化，而此时 R 车道车流量则随 L_C 的增加呈现增加趋势。产生上述现象的原因在于，当 pm 较小时，随着 L_C 的增加，R 车道上桥车辆可以在高架桥入口上游较大范围内抢道，使得更多车辆抢道，导致 L 车道和 M 车道车辆延误频次增加，而

R车道同样受到本车道抢道车辆减速等待抢道时机的影响，车流量下降，而当pm较大时，R车道抢道上桥车辆数随着L_C的增加而增加，L车道和M车道车流量随之下降，而R车道则由于L_C的增加，更多车辆得以抢道进入M车道，使得R车道车流量反而增加。

另外，当$L_C \geq 12$时，各车道车流量随着L_C的增加再无明显变化。通过以上分析可以看出，相比于L车道和M车道而言，上桥车辆通过在车道C区域的抢道，可以使得R车道上桥车辆更快地进入高架桥，这也解释了日常生活中驾驶人总是通过在R车道行驶以便更靠近高架桥入口处进行抢道的行为动机，但驾驶人抢道行为在缩短自身进入高架桥时间的同时，对其他车道车流量产生了显著影响。

（三）道路时空演化分析

为了更为清楚地描述抢道区域长度L_C、R车道车辆混合率pm情形可变时，各车道的交通流状态，绘制各车道4500-5000时间步时空图，时空图中粒子代表车辆在时空中的位置，时空图表征的是某一路段上的车辆的时空轨迹，其中横轴表示道路空间，纵轴表示时间，时间演化方向为从下至上，位置演化方向从左至右。

图2-5、图2-6、图2-7和图2-8、图2-9、图2-10分别给出了L_C = 6，12，16时各车道在自由流状态（pm = 0.2，p_{in} = 0.2）和饱和流状态（pm = 0.3，p_{in} = 0.5）时的道路时空图。

特征2-5：当道路车流处于低密度时（p_{in} = 0.2），从图2-5、图2-6和图2-7可得，由于抢道车辆较少，对L车道和M车道交通几乎未造成明显影响，L车道和M车道高架桥入口上下游道路时空无明显差异，而R车道高架桥入口上下游道路时空略有差异，下游车流更为稀疏。同时，不同抢道区域长度L_C情形下道路时空演化无差异，随着抢道区域长度L_C的增加，各车道的时空演化特征趋于相似，差异消失；整体而言抢道区

第二章 高架桥入口处抢道行为影响下的城市道路交通流仿真与演化

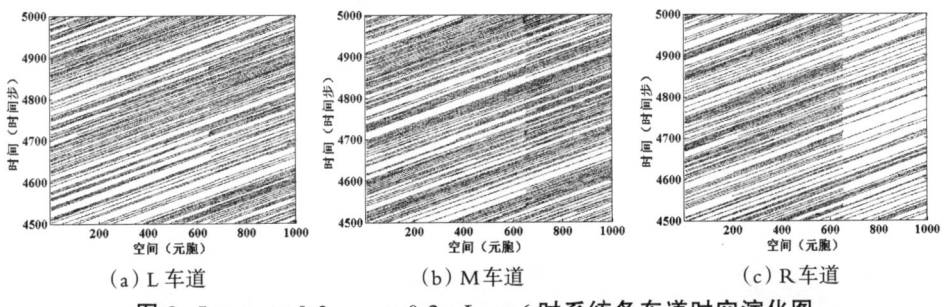

(a) L 车道　　　　　　　　(b) M 车道　　　　　　　　(c) R 车道

图 2-5　pm = 0.3，p_{in} = 0.2，L_C = 6 时系统各车道时空演化图

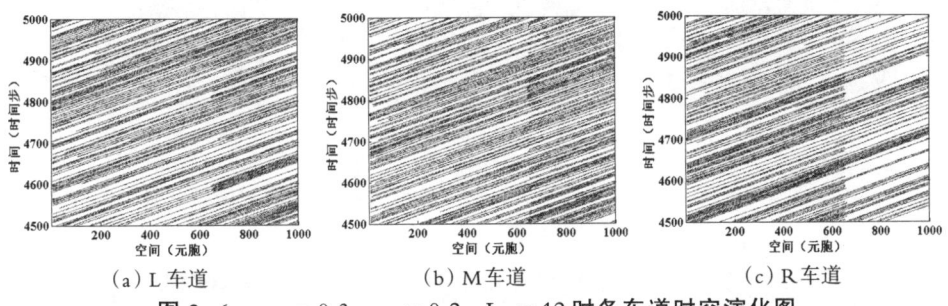

(a) L 车道　　　　　　　　(b) M 车道　　　　　　　　(c) R 车道

图 2-6　pm = 0.3，p_{in} = 0.2，L_C = 12 时各车道时空演化图

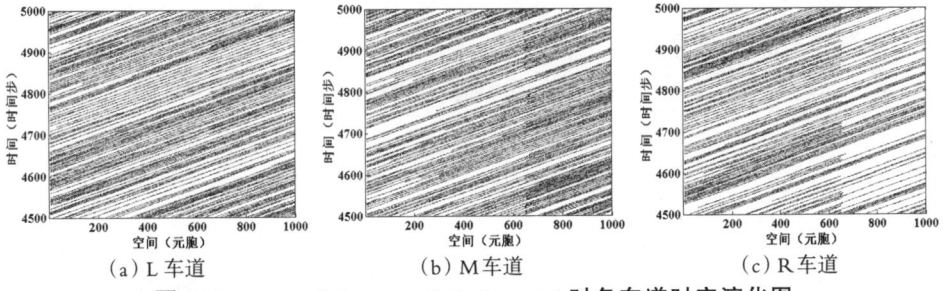

(a) L 车道　　　　　　　　(b) M 车道　　　　　　　　(c) R 车道

图 2-7　pm = 0.3，p_{in} = 0.2，L_C = 16 时各车道时空演化图

域长度 L_C 对道路时空影响不明显。

特征 2-6：当道路车流处于高密度时（p_{in} = 0.5），从图 2-8、图 2-9 和图 2-10 可得，抢道车辆数增多，使得高架桥入口处交通瓶颈效应显现，在高架桥入口上游区域各车道均出现车辆聚集带，并向上游迅速传递，持续较长时间，而在高架桥入口下游则形成远低于上游车流聚集带密度的车辆稀疏带，抢道行为导致道路交通在高架桥入口上游区域呈现时走时停状态，下游区域则呈现自由流状态。对比图 2-8、图 2-9 和图 2-10(a)、图 2-10(b)、图 2-10(c) 可得，L 车辆和 M 车道高架桥入口下游车流较 R 车道车流更为稠密。

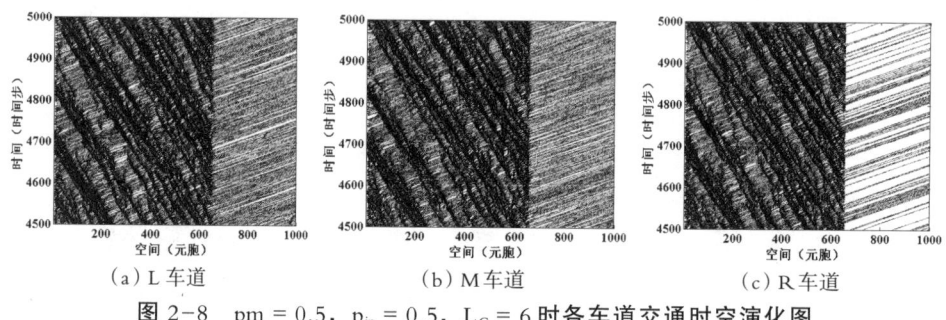

图 2-8　$pm = 0.5$，$p_{in} = 0.5$，$L_C = 6$ 时各车道交通时空演化图

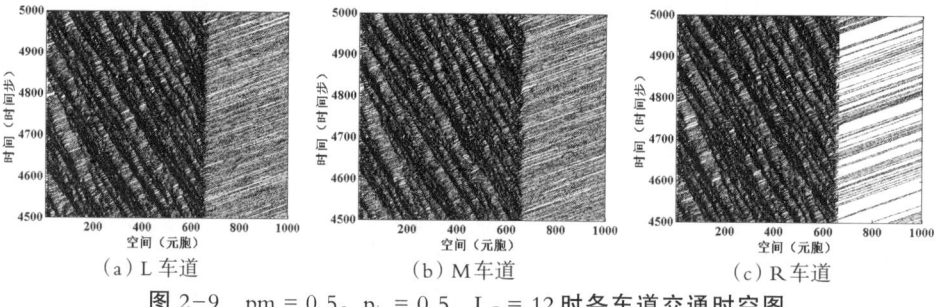

图 2-9　$pm = 0.5$，$p_{in} = 0.5$，$L_C = 12$ 时各车道交通时空图

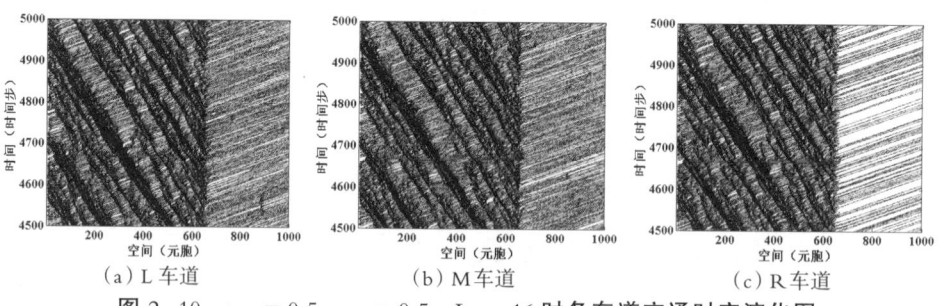

图 2-10　$pm = 0.5$，$p_{in} = 0.5$，$L_C = 16$ 时各车道交通时空演化图

第二章 高架桥入口处抢道行为影响下的城市道路交通流仿真与演化

特征 2-7：通过对比图 2-8、图 2-9 和图 2-10，并不能明显体现不同抢道区域长度 L_C 下时空演化特征的差异。事实上，当驾驶人实施抢道时，高架桥入口上游车辆聚集带随着时间的推移从无到有，车辆聚集带长度呈现逐步增加并逐渐向上游传递的演化过程，而这一过程出现在仿真初始阶段，通过对这一过程道路时空特征绘制，可以揭示不同抢道区域长度 L_C 情形下道路时空演化特征差异。为此，绘制 200-1000 时间步道路时空图，图 2-11、图 2-12 和图 2-13 分别给出了 L_C = 6，12，16 时各车道在饱和流状态（p_m = 0.3，p_{in} = 0.5）时的道路时空图。从图中可得，当道路中普通车辆、上桥车辆较多时，随着时间的推移，车辆聚集带长度不断增加，并向上游迅速传递。对比图 2-11、图 2-12 和图 2-12 可得分别经过 960、850、780 左右个时间步，车辆聚集带将传递至上一个路段，即随着抢道区域长度 L_C 的增加车辆聚集带传递至上一个路段的时间

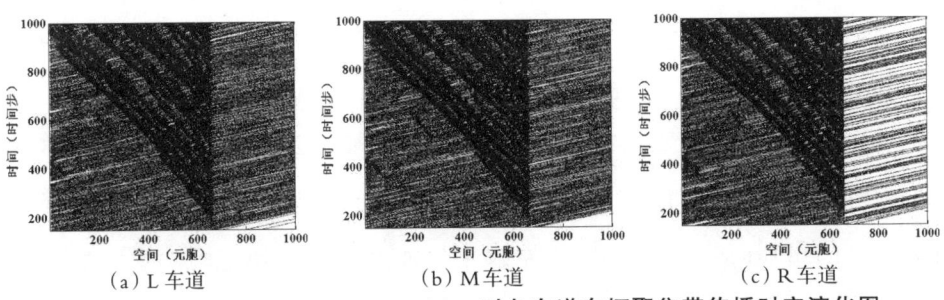

图 2-11　p_m = 0.5，p_{in} = 0.5，L_C = 6 时各车道车辆聚集带传播时空演化图

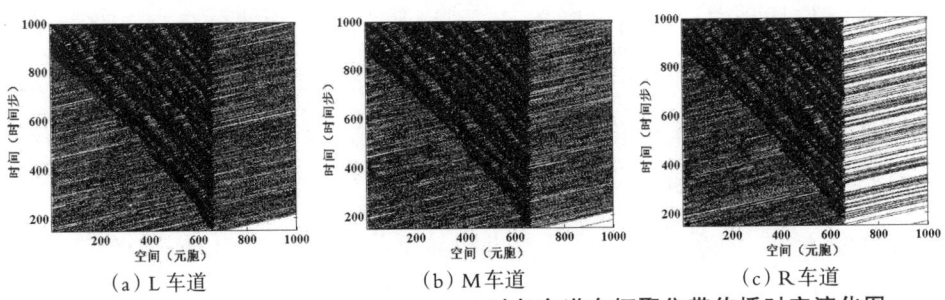

图 2-12　p_m = 0.5，p_{in} = 0.5，L_C = 12 时各车道车辆聚集带传播时空演化图

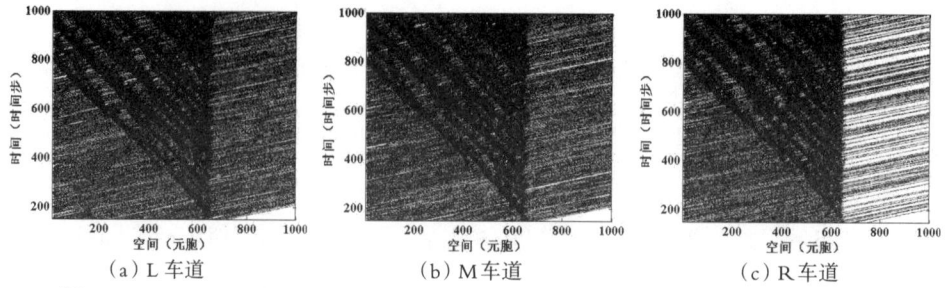

图 2-13　$pm = 0.5$，$p_{in} = 0.5$，$L_C = 16$ 时各车道车辆聚集带传播时空演化图

随之缩短，聚集带传播速度随之增加，这表明随着抢道区域长度 L_C 的增加抢道行为诱发的阻塞效应随之增加。

三、抢道区域长度和右车道上桥车辆混合率可变时的交通流演化分析

（一）车辆平均速度演化分析

根据仿真数据车辆平均速度演化曲线（见图 2-14），可得以下演化特征。

特征 2-8：从图 2-14(a)、图 2-14(b) 和图 2-14(c) 可得，整体而言，当车流处于低密度时（$p_{in} \leq p_{in}^d$），各车道车辆平均速度无明显下降，随着 p_{in} 的增加（$p_{in}^d < p_{in} < p_{in}^u$），车辆平均速度呈现较快下降趋势，当 $p_{in} = p_{in}^u$ 时，车辆平均速度不再明显下降，当 p_{in} 进一步增加时（$p_{in}^u < p_{in}$），车辆平均速度保持稳定，此时，随着 pm 的增加车辆平均速度呈现下降趋势，且从图中可以看出，M 车道车辆平均速度下降幅度最大，最低降至 16 千米/小时，其次是 L 车道和 R 车道，车辆平均速度最低分别降至 18 千米/小时和 19.3 千米/小时。

特征 2-9：当车辆平均速度不再明显下降且 pm < 0.3 时，L 车道和 M 车道车辆平均速度随抢道区域长度 L_C 的增加而呈下降趋势，R 车道车辆

第二章 高架桥入口处抢道行为影响下的城市道路交通流仿真与演化

平均速度无明显差异；当 pm ≥ 0.3 时，随着抢道区域长度 L_C 的增加 L 车道和 M 车道车辆平均速度无明显差异，而此时，R 车道车辆平均速度则随着抢道区域长度 L_C 则呈现小幅增加趋势。当 $L_C \geq 12$ 时，车辆平均速度随着 L_C 的增加再无明显变化。

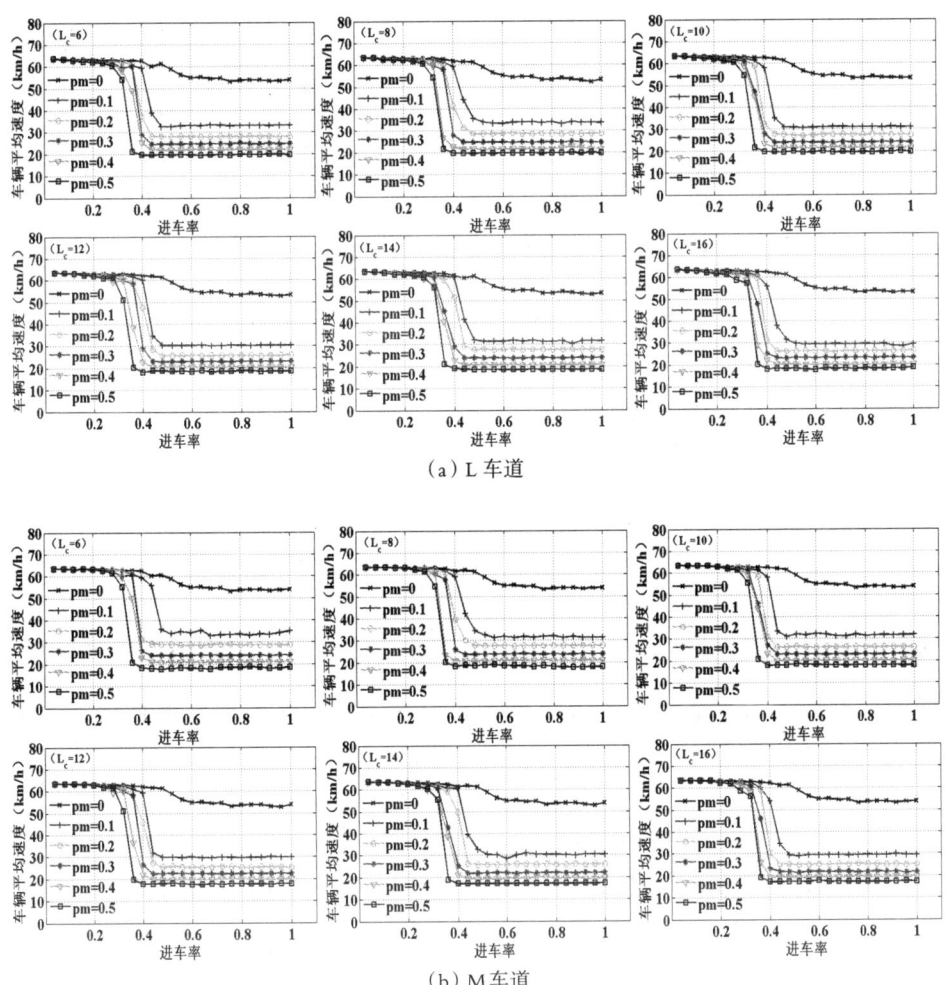

图 2-14 各车道车辆平均速度演化曲线

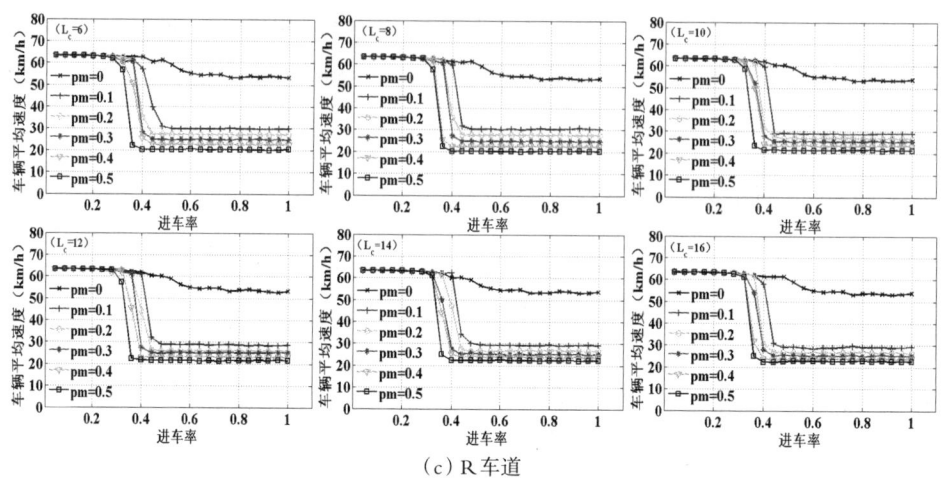

(c) R 车道

图 2-14 各车道车辆平均速度演化曲线（续）

（二）车辆平均延误演化分析

根据所收集仿真数据绘制抢道行为情形下各车道车辆平均通行时间和延误指数演化曲线如图 2-15 和图 2-16 所示。

1. 车辆平均通行时间演化分析

从图 2-15 可以得出车辆平均通行时间呈现以下演化特征。

特征 2-10：从图 2-15(a)、图 2-15(b) 和图 2-15(c) 可得，整体而言当车流处于低密度时（$p_{in} \leqslant p_{in}^d$），各车道车辆平均通行时间无明显增加，随着 p_{in}（$p_{in}^d < p_{in} < p_{in}^u$）的增加，车辆平均通行时间呈现较快增加趋势，当 $p_{in} = p_{in}^u$ 时，车辆平均通行时间不再明显增加，当 p_{in} 进一步增加时（$p_{in}^u < p_{in}$），车辆平均通行时间保持稳定，此时，随着 pm 的增加车辆平均通行时间呈现增加趋势，且从图中可以看出，M 车道车辆平均通行时间增加幅度最大，最高至 0.23 小时，其次是 L 车道和 R 车道，车辆平均通行时间最高分别增加至 0.22 小时和 0.19 小时。

特征 2-11：当车辆平均通行时间不再明显增加且 pm < 0.3 时，L 车道和 M 车道车辆平均通行时间随抢道区域长度 L_C 的增加而呈增加趋势，

R 车道车辆平均通行时间无明显差异；当 pm ≥ 0.3 时，随着抢道区域长度 L_C 的增加 L 车道和 M 车道车辆平均通行时间无明显差异，而此时，R 车道车辆平均通行时间则随着抢道区域长度 L_C 则呈现小幅下降趋势。当 L_C ≥ 12 时，车辆平均通行时间随着 L_C 的增加再无明显变化。

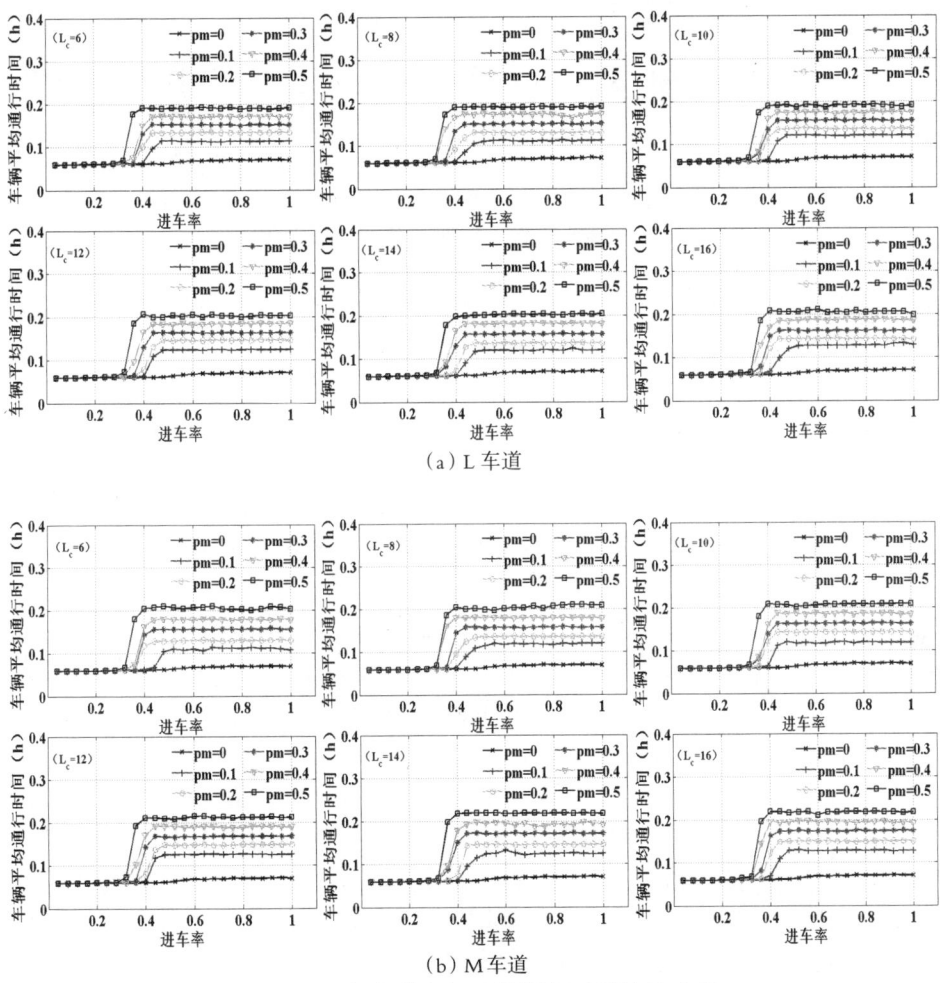

图 2-15　各车道车辆平均通行时间演化曲线

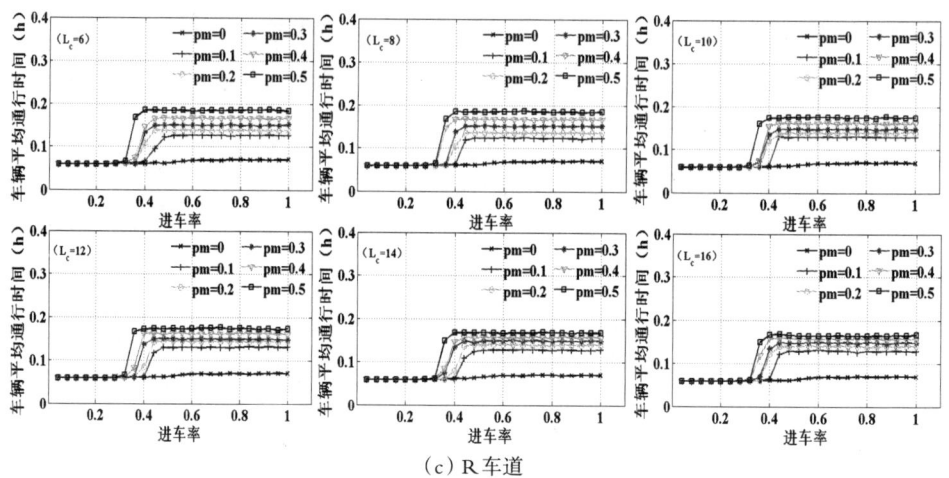

（c）R车道

图 2-15　各车道车辆平均通行时间演化曲线（续）

2. 延误指数演化分析

从图 2-16 可以得出延误指数呈现以下演化特征。

特征 2-12：从图 2-16(a)、图 2-16(b) 和图 2-16(c) 可得，整体而言当 P_{in} 较小时（$p_{in} \leqslant p_{in}^d$），各车道延误指数无明显增加，随着 p_{in} 的增加（$p_{in}^d < p_{in} < p_{in}^u$），延误指数呈现较快增加趋势，当 $p_{in} = p_{in}^u$ 时，延误指数不

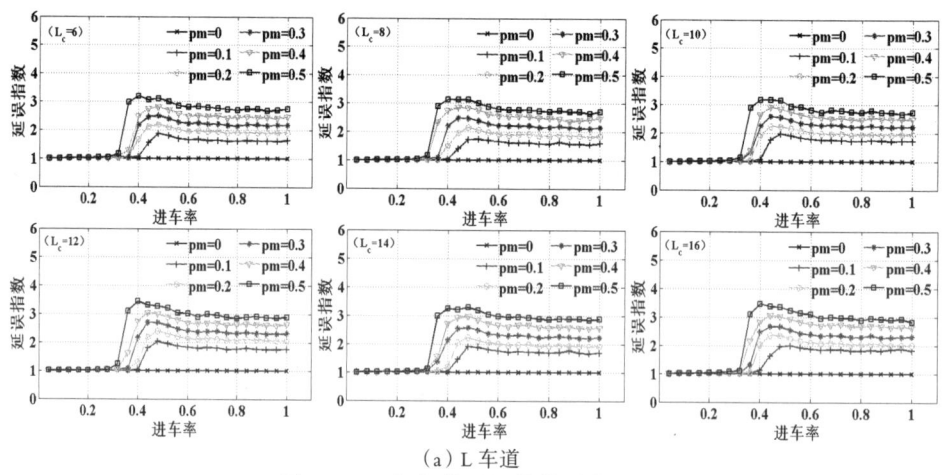

（a）L车道

图 2-16　各车道延误指数演化曲线

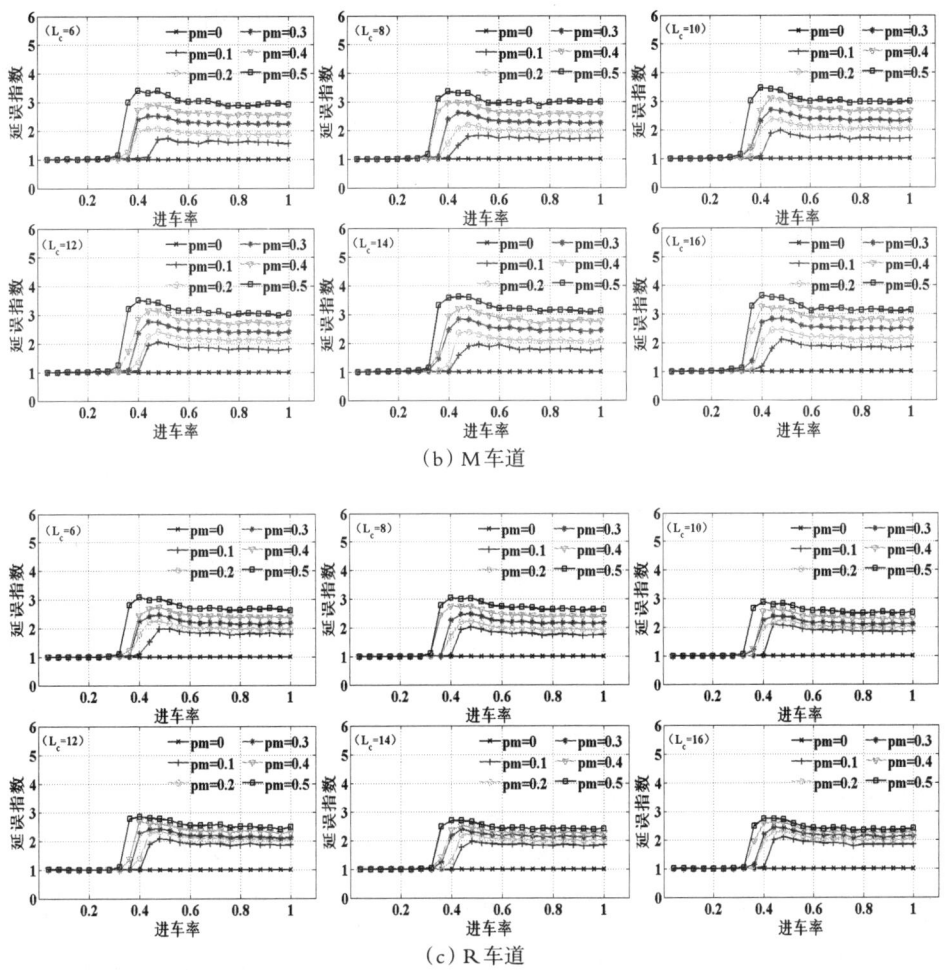

(b) M 车道

(c) R 车道

图 2-16 各车道延误指数演化曲线（续）

再明显增加，当 p_{in} 进一步增加时（$p_{in}^u < p_{in}$），延误指数保持稳定，此时，随着 pm 的增加延误指数呈现增加趋势，且从图中可以看出，M 车道延误指数增加幅度最大，最高至 3.71，其次是 L 车道和 R 车道，延误指数最高分别增加至 3.5 和 3.18。

特征 2-13：在延误指数不再明显增加且 pm < 0.3 时，L 车道和 M 车道延误指数随抢道区域长度 L_c 的增加而呈增加趋势，R 车道延误指数无

明显差异;当 pm ≥ 0.3 时,随着抢道区域长度 L_C 的增加 L 车道和 M 车道延误指数无明显差异,而此时,R 车道延误指数则随着抢道区域长度 L_C 的增加而呈现小幅下降趋势。当 L_C ≥ 12 时,延误指数随着 L_C 的增加再无明显变化。

(三)车流平均密度演化分析

根据所收集仿真数据绘制抢道行为情形下各车道车流平均密度演化曲线,如图 2-17 所示。从图 2-17 可以得出车流平均密度呈现以下演化特征。

特征 2-14:从图 2-17(a)、图 2-17(b) 可得,当 p_{in} = 0.2 时,在远离高架桥入口上游区域,三车道车流平均密度几乎无明显增加,随着靠近高架桥入口,L 车道和 M 车道车流平均密度略有增加,而 R 车道车流平均密度略有下降,其中 M 车道车流平均密度比 L 车道车流平均密度略高,这是因为 R 车道车辆抢道至 M 车道,使得 M 车道车流密度略高,由于道路中车辆较少,R 车道抢道车辆对 M 车道车辆影响较小,只有少量 M 车道车辆被动抢道至 L 车道,故导致 L 车道车流密度略有增加,但增幅与 M 车道车流平均密度相比较小。

pm = 0.5 时的车辆平均密度较 pm = 0.3 时略有增加,但增加幅度不大,而在高架桥入口处下游区域,车流密度则略有增加,且 L 车道和 M 车道车流平均密度要大于 R 车道,这说明当 p_{in} 较小,即道路中车辆较少时,驾驶人的抢道行为不会对道路车流产生明显影响,而下游车流密度较大则是因为 R 车道车辆换道至 L 车道和 M 车道,导致在高架桥入口下游附近区域 L 车道和 M 车道车流平均密度略有增加,R 车道车辆平均密度下降则是因为上桥车辆换道至 L 车道和 M 车道,导致车辆减少所致。同时,可以得出,随着 L_C 长度的增加,车流平均密度无明显变化。

特征 2-15:从图 2-17(c)、图 2-17(d) 可得,当 p_{in} = 0.5 时,在远离高架桥入口上游区域,三车道车辆密度区域一致,随着逐渐靠近高架桥入口，L车道和M车道车流平均密度呈现陡增趋势，而R车道车流平均密度则呈现下降趋势，其中M车道车流平均密度略低于L车道，这是因为随着道路中车辆的增多，R车道抢道车辆增多，对M车道车辆影响增加，导致M车道车辆被动抢道车辆也增多，但由于道路中车辆较多，L车道满足抢道条件的机会减少，使得M车道车辆无法抢道，致使M车道车流平均密度增幅相比于L车道较大；同时可以看到，随着L_C长度的增

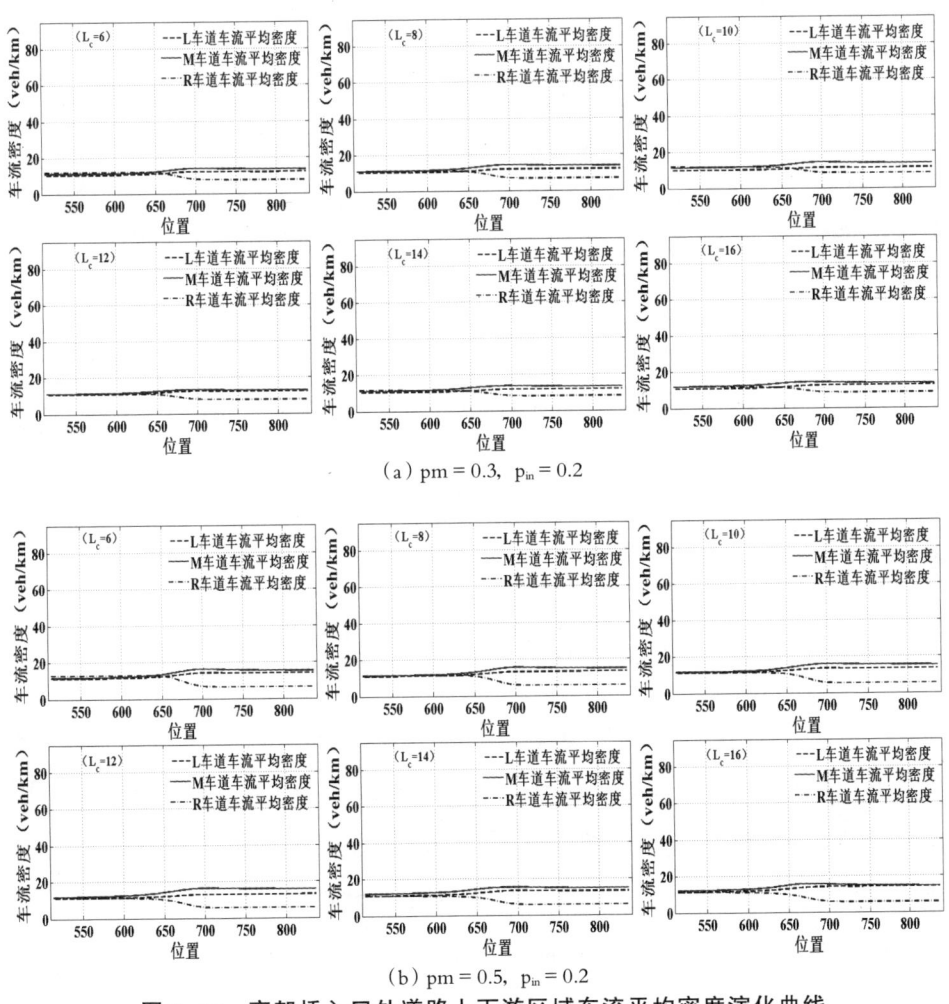

图2-17　高架桥入口处道路上下游区域车流平均密度演化曲线

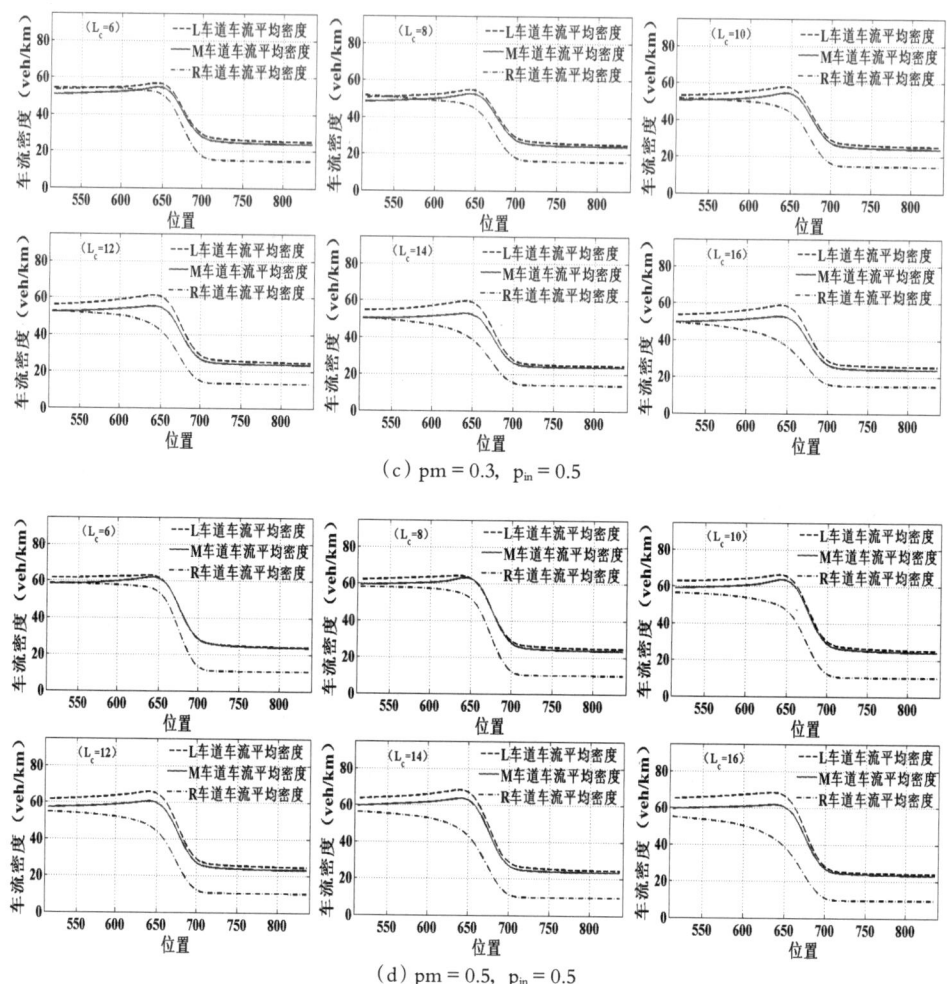

图 2-17 高架桥入口处道路上下游区域车流平均密度演化曲线（续）

加，L 车道和 M 车道车流平均密度呈现增加趋势，R 车道车流密度则呈现下降趋势，产生上述现象的原因在于，随着道路中上桥车辆的增多，R 车道抢道车辆随之增多，导致换道至 L 车道和 M 车道靠近高架桥入口区域车辆数激增，同时由于驾驶人的抢道行为使得冲突增多，延误增加，进而导致车流平均密度增加，而 R 车道由于上桥车辆的减少，使得车流平均密度下降。上述演化特征与现实观测情形一致。

在高架桥入口下游区域，随着远离高架桥入口，车流平均密度呈现下降趋势并逐渐趋于稳定，且 L 车道和 M 车道车流平均密度逐渐趋于一致，而 R 车道则略低，原因如上所述，不再赘述。对比图 2-17（c）和图 2-14(d) 可以得出，pm = 0.5 时高架桥入口上游区域车流平均密度要大于 pm = 0.3 时的车流平均密度，而在高架桥入口下游区域 pm = 0.5 时 L 车道和 M 车道车流平均密度与 pm = 0.3 时的车流平均密度基本一致，而 R 车道车辆密度则较 pm = 0.3 时的车流平均密度略低，原因在于随着 pm 的增加，R 车道中抢道车辆随之增加，即进入 M 车道车辆增多，也即 R 车道车辆随之减少，导致 R 车道高架桥入口下游区域车流平均密度较 pm = 0.3 时的车流平均密度略低。

四、抢道频率演化分析

根据所收集仿真数据绘制 M 车道和 R 车道驾驶人抢道率演化曲线如图 2-18 所示。从图 2-18 可以得出车辆抢道频率呈现以下演化特征。

特征 2-16：整体而言，R 车道抢道频率随着 p_{in} 的增加而呈现增加趋势，当车流处于高密度时，抢道频率逐渐趋于稳定，此时，抢道频率随着 pm 的增加而增加。产生上述现象的原因在于，当进入道路中车辆增加时，车辆受到阻碍增加，致使抢道车辆数量增加，随着 p_{in} 和 pm 的增加，各车道车流量随之增加，有抢道意愿的车辆增多，但由于 M 车道和 R 车道车辆满足抢道空间的频率在降低并趋于稳定，使得 M 车道和 R 车道车辆抢道频率最终也趋于稳定。从图 2-18(a)、图 2-18（b）可以明显观察到上述趋势。同时，随着 L_C 的增加，抢道频率呈现增加趋势，当 $L_C \geqslant 12$ 时，抢道频率不再增加。

特征 2-17：对比图 2-18(a) 与图 2-18(b) 可得，R 车道抢道频率要大于 M 车道抢道频率。M 车道车辆抢道频率最高为 0.18，而 R 车道抢道频率最高则达到 0.31，变化范围分布分别为 0-0.18 和 0-0.31。产生上述现象的原因在于，R 车道车辆抢道具有主动性，M 车道车辆抢道具有被动性，M 车道车辆抢道意愿要小于 R 车道车辆，随着 p_{in} 的增加，L 车道和 M 车道满足抢道空间的频率在减少并趋于稳定，但由于 R 车道车辆抢道的主动性，其抢道意愿并未减弱，导致 R 车道车辆抢道频率变化范围要大于 M 车道车辆抢道变化范围。

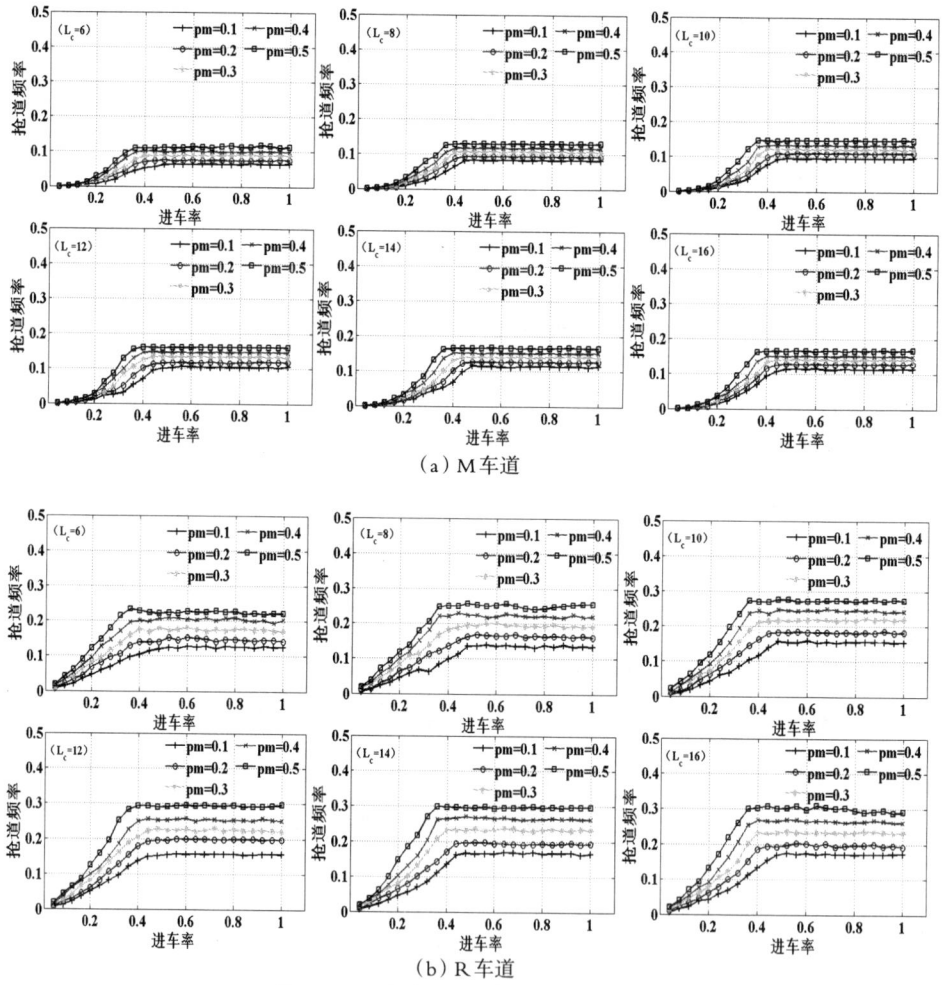

图 2-18 各车道抢道频率演化曲线

第四节　实测数据分析

为验证理论模型的有效性，选取西安市二环东路金花南路高架桥作为实测地点，通过录像拍摄采集实际交通数据进行分析。由于模型中参数取值为理论值，而实际交通中部分理论值无法得到体现，所以，需要选择最能反映抢道行为对交通流影响的时间段来采集数据。通过实际调研和观测，得出该路段交通从17：30左右开始到19：00左右达到峰值，为分析车流从自由流向饱和流演化趋势，连续三天选择交通晚高峰前半个小时（17：00-17：30）和晚高峰一个半小时（17：30-19：00）共两个小时作为数据采集时间段，并将整个时间段按照10分钟间隔划分，进行数据统计，如表2-2所示。

由表2-2实测数据和图2-19可得到以下结论。

（1）当进车率和混合率较小时，三车道车流量基本一致，并且M车道和R车道驾驶人抢道次数较少，抢道频率较低，R车道最高为0.10，M车道最高为0.023，实测车流量演化趋势与仿真结果趋势一致。

（2）随着进车率和混合率的增加，呈现三个演化趋势。

趋势一：三车道车流量呈减小态势，并逐渐达到稳定，进入饱和状态，饱和车流量从小到大依次为M车道、L车道和R车道，饱和车流量趋势与理论模型仿真结果趋势一致。

趋势二：M车道和R车道抢道车次增加，抢道频率最高分别达到0.313和0.079，其中R车道抢道车辆增幅明显，M车道增幅较小，抢道频率演化趋势与理论模型仿真结果趋势一致。

表 2-2 实测数据统计

时间段	R 车道 流量(Vel/h)	抢道车次	抢道频率	混合率	进车率	M 车道 流量(Vel/h)	抢道车次	抢道频率	进车率	L 车道 流量(Vel/h)	进车率
17:00~17:10	1635	240	0.067	0.15	0.38	1560	60	0.016	0.37	1620	0.38
17:11~17:20	1545	234	0.065	0.15	0.38	1567	52	0.014	0.39	1553	0.36
17:21~17:30	1508	271	0.075	0.18	0.39	1465	64	0.018	0.40	1504	0.37
17:31~17:40	1469	364	0.10	0.25	0.42	1318	82	0.023	0.41	1442	0.39
17:41~17:50	1411	497	0.138	0.35	0.41	1117	113	0.031	0.43	1384	0.42
17:51~18:00	1365	673	0.187	0.49	0.43	938	151	0.042	0.40	1212	0.41
18:01~18:10	1231	870	0.242	0.71	0.43	902	195	0.054	0.42	1140	0.43
18:11~18:20	1253	1103	0.306	0.88	0.53	810	259	0.072	0.50	1109	0.49

时间段	R 车道 流量(Vel/h)	抢道车次	抢道频率	混合率	进车率	M 车道 流量(Vel/h)	抢道车次	抢道频率	进车率	L 车道 流量(Vel/h)	进车率
18:31~18:40	1207	1089	0.303	0.90	0.52	725	286	0.079	0.55	1081	0.53
18:41~18:50	1219	1125	0.313	0.92	0.54	746	279	0.078	0.54	1055	0.52
18:51~19:00	1202	1118	0.311	0.92	0.53	742	280	0.078	0.50	1106	0.53

第二章 高架桥入口处抢道行为影响下的城市道路交通流仿真与演化

图 2-19 高架桥入口处抢道行为实景图

趋势三：车流达到饱和时，车流量下降幅度从小到大依次为 R 车道、L 车道和 M 车道，分别下降了 22.96%、31.73% 和 52.44%，可见 R 车道驾驶人抢道行为对 M 车道流量影响最大，实测车流量下降趋势与理论模型仿真结果趋势一致。

（3）从图 2-19 可以看出，R 车道车辆在高架桥入口处会发生抢道行为，抢道车辆对 M 车道车辆产生影响，诱发 M 车道驾驶人做出被动抢道行为。且可得，M 车道车流密度要略高于 L 车道和 R 车道车流密度。同时，在高架桥上游形成车辆聚集带，向上游传递。

通过以上析，所构建理论模型很好地揭示了现实中的交通现象和演化特征。

第五节 本章小结

本章针对城市道路高架桥入口处驾驶人忽略安全的抢道行为影响下

的固定交通瓶颈问题，首先，考虑城市交通中未明确将道路划分为超车道和行车道的现实，提出三车道环境下左道优先规则；其次，针对高架桥入口处驾驶人的换道行为，构建包含理性强制换道规则、抢道区右车道主动抢道规则和中间车道被动抢道规则的元胞自动机三车道交通流模型。本章研究一方面克服了Pedersen等和Karim等的三车道元胞自动机交通流模型中将车道划分为超车道和行车道的限制；另一方面相比于Pedersen等和Karim等的模型中考虑安全的换道规则，提出了更能体现复杂城市交通环境中驾驶人忽略安全的非理性强制换道规则，即抢道规则。并通过计算机进行仿真模拟，分析道路进车率p_{in}、抢道区域长度L_C和右车道上桥车辆混合率pm可变时，驾驶人抢道行为对城市道路交通流的影响和演化规律，通过对实测数据的分析验证了理论模型的有效性。

通过分析可得以下具体结果。

第一，高架桥入口处抢道行为会加剧高架桥入口处的瓶颈效应，对道路交通产生明显影响，在高架桥入口上游和下游区域分别形成车辆聚集带和稀疏带。

第二，随着进车率p_{in}和pm的增加，高架桥入口处上游区域各车道车流量均呈先增加后降低再保持稳定的演化特征，当车流达到饱和时，车流量从小到大依次为M车道、L车道和R车道。

第三，随着抢道区域长度L_C的增加车辆聚集带传递至上一个路段的时间随之缩短，即车辆聚集带向上游传播速度随之增加，会诱发大范围的车辆聚集，形成拥堵，抢道行为诱发的阻塞效应越显著，对道路交通流影响随之增加。但各车道存在差异，L车道和M车道车流量、车辆平均速度呈下降趋势，车辆平均通行时间、延误指数、车流平均密度呈现增加趋势，而R车道车流量、车辆平均速度则呈现小幅增加趋势，车辆平均通行时间、延误指数、车流平均密度呈小幅下降趋势；当$L_C \geq 12$时，车流量、车辆平均速度和车辆延误不再随 L_c 的增加而出现明显的变化。

第四，R 车道和 M 车道驾驶人抢道频率随 p_{in} 和 pm 的增加呈先增加后保持不变的趋势，且 R 车道驾驶人抢道频率要明显大于 M 车道驾驶人抢道频率。整体而言，虽然 R 车道车辆抢道行为提高了本车道车流量，但对 L 车道和 M 车道交通流产生了更大的影响，使得道路整体交通状况恶化。

本章研究结论可为交通管理部门合理设置交通标识标线、电子监控设备，并根据时段和交通流状况，增加交警执勤，进行人工管理和疏导，以有效限制上桥车辆在高架桥入口处上游大范围抢道行为、规范驾驶人行为提供理论依据。

第三章 出租车停靠行为影响下的城市道路交通流仿真与演化

出租车作为城市公共交通的重要组成部分，成为人们出行必不可少的交通工具。现实中，受出租车巡游服务方式和盈利模式影响，出租车驾驶人总是希望通过多拉快跑的方式降低空载率，以实现利润最大化，这导致出租车驾驶人普遍存在"强行变道、插队、急停急刹、随意停靠上下乘客"的驾驶行为，其中尤以"随意停靠上下乘客"被广泛诟病，往往会对正常行驶车流产生扰动，呈现瓶颈效应。因此，管理者在部分道路设立出租车定点停靠站以规范这种行为，然而当道路中车辆较多、乘车需求频繁时，出租车定点停靠行为就会对后车形成阻碍，导致车辆排队，对车流形成阻断，也呈现明显的瓶颈效应，上述两种停靠行为都对城市道路交通流产生较为明显的影响。

由前面文献综述可知，国内外学者重点对城市公交车停靠行为和路内停车行为诱发的交通瓶颈及对道路交通流的影响和演化规律展开研究。现实中，出租车随意停靠行为具有停靠位置、停靠持续时间等不确定性特征；出租车定点停靠时，出租车到达停靠站，可以选择是否停靠，而公交车到达停靠站则必须停靠，二者特征明显不同。另外，路内停车行为对交通流的影响研究则多构建宏观模型展开分析，不能体现车辆的个体行为微观特征。而针对我国出租车以巡游为主的运营和服务方式，国内学者多从出租车数量和分布预测[116]、出行分担预测[117]、调度和服务优化[118-120]、运营系统优化[121],以及城市出租车管理规划等方面展开研究,未对由出租车停靠行为诱发的交通瓶颈特征及道路交通流影响和演化规律进行研究。

为此,本章首先对我国出租车停靠行为影响下的道路交通特征进行提炼和分析,然后构建基于出租车随意停靠行为和出租车定点停靠行为的交通流模型,对进车率、出租车停靠持续时间和出租车混合率可变时的道路交通流进行仿真模拟,采集数据分析出租车两类停靠行为影响下的城市道路交通流演化规律,最后对本章研究结果进行小结。

第一节　出租车停靠行为影响下的道路交通特征分析

一、出租车停靠行为影响下的道路交通瓶颈特征刻画

按照出租车停靠地点不同,将出租车停靠行为分为随意停靠和定点停靠,两种停靠行为特征具有明显差异。

(一) 随意停靠

现实交通中,出租车往往会在 R 车道随意停靠上下乘客,这一行为会对后车形成阻碍,如图 3-1 所示。随意停靠行为会诱发以下交通现象。

(1) 停靠点不固定,随意性强,出租车急刹、急停,可能会造成后车短时延误;

(2) 当道路中车辆较多时,出租车频繁停靠行为就会形成多个短时、

第三章 出租车停靠行为影响下的城市道路交通流仿真与演化

(a) 实景图

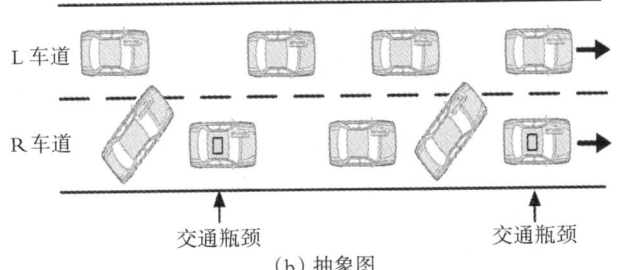

(b) 抽象图

图 3-1 出租车随意停靠诱发的临时交通瓶颈示意图

临时交通瓶颈。

(二) 定点停靠

在设置出租车停靠站道路且出租车驾驶人都严格遵守交通规则的前提下，乘客和出租车驾驶人都会在停靠站请求服务和提供服务，当乘客需求较多时，出租车会在停靠站附近排队停靠上下乘客，此时会对道路造成阻碍，当道路车流较大时，往往会形成交通瓶颈，对道路通行产生影响，如图 3-2 所示。定点停靠行为会诱发以下交通现象。

(1) 停靠站固定，出租车排队进站，造成后车延误；

(2) 有停靠需求的空载出租车会根据出租车站附近排队车辆长度来决定是否停靠，而有停靠需求的载客出租车则会排队等待；

(3) 当乘客需求增加时，就会在停靠站形成交通瓶颈，诱发持续时间较长的车辆聚集带。

（a）实景图

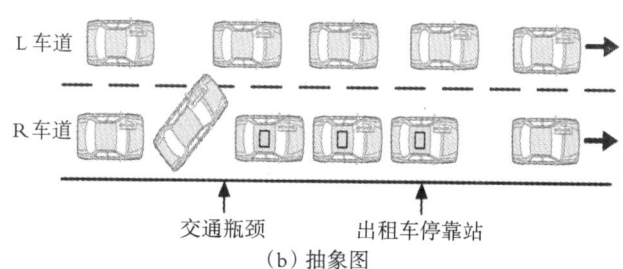

（b）抽象图

图 3-2　出租车定点停靠导致的交通瓶颈示意图

（三）道路区域划分

定点停靠情形进一步抽象可以将道路划分为三类区域。

一是停靠站区域 S。由两个车辆长度构成，即同时可以停靠两辆出租车上下乘客。

二是停靠过渡区域 C。该区域位于出租车停靠站上游附近。当出租车驶入该区域时，为便于进站停靠，出租车驾驶人更倾向于在 L 车道上行驶，往往会提前减速、换道（当出租车位于 L 车道时）调整驾驶状态，且该区域出租车最大速度小于普通区域最大速度，设为 v_{max}^{c}；当停靠区被出租车占用时，R 车道有停靠需求载客出租车只能在过渡区域排队等待提供服务；当有停靠需求空载出租车靠近该区域时，首先会判断排队出租车长度，若未超出出租车驾驶人等待时间上限，则停靠，否则不停靠，提前换道至 L 车道继续前行。

第三章 出租车停靠行为影响下的城市道路交通流仿真与演化

三是自由区域 A 和 B。该区域车辆自由行驶、换道。其抽象示意图如图 3-3 所示。

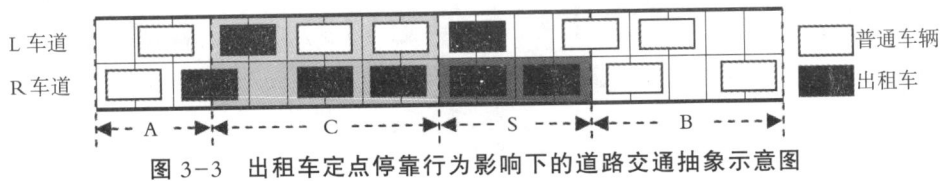

图 3-3　出租车定点停靠行为影响下的道路交通抽象示意图

二、出租车停靠持续时间

出租车停靠持续时间将会直接影响两车道直行车辆延误时长。出租车停靠持续时间与出租车载客与否有着直接关系。

空载出租车停靠持续时间：由停车、乘客开门上车、启动三个时间段组成。

载客出租车停靠持续时间：由停车、车费结算（找零、打印发票等）、乘客开门下车和启动四个时间段组成，其持续时间往往要大于空载情形。

使用行车记录仪，对现实中多位出租车司机驾驶过程进行实时记录，通过查看记录影像，采集多组出租车停靠持续时间，求平均值，如表 3-1 所示。

表 3-1　出租车停靠平均持续时间

空载停靠平均持续时间（s）	载客停靠平均持续时间（s）	停靠平均持续时间 T_0（s）
7.6	13.3	10.45

第二节 考虑出租车停靠行为的城市道路交通流模型构建

以城市较为常见单向两车道道路系统为基础，研究出租车停靠行为影响下的道路交通流特性及演化规律，所构建道路系统属基本路段，无交叉口、非机动。

根据元胞自动机理论并考虑城市道路中车辆速度较低特征，设定每辆车占用 2 个元胞。将每个时刻划分为 2 个子时间步，在第 1 个时间步内，车辆按照所定义规则进行换道；第 2 个时间步内车辆在所在车道按照所定义更新规则进行更新。整个系统存在两类车辆，即普通车辆和出租车。相关参数定义如下。

$d_n^{hj}(t)$ 表示 t 时刻车辆 n 与本车道、相邻车道上前后相邻车辆间的空元胞数，h = 0, 1 代表本车道和相邻车道；j = f, b 分别表示 n 车的前车和后车。

$v_n(t)$ 表示车辆 n 在 t 时间步的速度。

$v_n^f(t)$ 表示当前车道前车速度。

$v_n^{1b}(t)$ 表示相邻车道后车速度。

v_{max} 表示车辆最大行驶速度。

t_s 表示出租车实时停靠持续时间。

T_0 表示出租车平均停靠持续时间。

$T_x = 1, 2$ 表示空载出租车和载客出租车。

$l = 1, 2$ 表示 L 车道和 R 车道。

$S^i = 0$,1 表示出租车停靠和不停靠,其中 i = 1,2 分别表示随意停靠行为和定点停靠行为。

m_s 表示排队出租车长度。

p_{in} 表示单位时间步内车辆进入道路系统的概率。

p_{out} 表示单位时间步内车辆离开道路系统的概率。

pm1 表示道路中出租车混合率。

p_s 表示出租车停靠率。

p_c 表示乘客乘车需求率。

交通流模型由三部分构成：一是出租车停靠规则；二是车辆换道规则，包括出租车和普通车辆换道规则；三是车辆更新规则，包括出租车和普通车辆位置更新规则。

一、出租车停靠规则

只有当出租车位于 R 车道时，才可停靠，并且定义乘客乘车需求（上、下车）概率为 p_c，表示现实中乘客乘坐出租车的需求的不确定性；出租车停靠率为 p_s，也即当乘客有乘车需求时出租车停靠的可能性。具体规则如下。

（一）随意停靠

对于随意停靠行为，当乘客在道路任意地点有上、下车需求时，出租车就可能在需求点停靠，并且当空载出租车停靠载客后，在本路段不得再次停靠，而载客出租车停靠下客后，则还可以在路段停靠载客。具体停靠规则如下。

if(l = 2 and $p_s \geq p_c$)

$S^1 = 0$

$v_n(t + 1) = 0$

else $S^1 = 1$ (3-1)

当满足式（3-1）时，出租车就停靠，否则不停靠。

（二）定点停靠

定点停靠两种情形——空载和载客呈现明显不同的行为特征。主要区别如下。

一是当载客出租车有停靠需求时，即使停靠站被其他出租车占用，也会在停靠站上游排队等待直至乘客下车。具体规则如下。

if($l = 2$ and $p_s \geqslant p_c$ and $T_x = 2$)

$S^2 = 0$

$v_n(t + 1) = 0$

else $S^2 = 1$ (3-2)

当满足式（3-2）时，载客出租车停靠，否则不停靠。

二是当空载出租车有停靠需求时，首先会判断排队等待时间（用排队车辆数来代替），如果小于或等于停车等待忍耐时间上限，则排队等待；否则，放弃停靠，继续行驶。具体规则如下。

if($l = 2$ and $p_s \geqslant p_c$ and $T_x = 1$ and $m_l \leqslant m_{max}$)

$S^2 = 0$

$v_n(t + 1) = 0$

else $S^2 = 1$ (3-3)

当满足式（3-3）时，空载出租车停靠，否则不停靠。式（3-3）中 m_{max} 表示有停靠需求出租车能接受的最大排队车辆长度。

二、出租车和普通车辆换道规则

出租车和普通车辆换道行为具有明显差异。为了获取更好的行驶空间，即使邻道后方有车靠近，出租车也具有较强的换道欲望，较普通车辆换道更为冒险,即出租车强制换道行为普遍存在;普通车辆则更多采用自由换道,但当遇到前车阻挡,短时不能快速前行或者通行时,普通车辆也会采取强制换道,而此情形下出租车则采用更为激进的强制换道。

(一)随意停靠情形下的换道规则

通常情形下,普通车辆换道采用安全换道,但当普通车辆遇到前车阻挡,短时不能前行时,往往也会采取强制换道。为了更加准确地刻画现实交通,本章运用弹性安全换道间距模型(F-STCA)[122]关于换道风险度 ξ 的定义来设置换道规则。

$$\xi = \frac{v}{d} \quad (3-4)$$

式中,v 表示车辆 n 换道一个时间步后后方车辆的相对速度,d 表示换道一个时间步后车辆 n 与后方车辆的间距,并且证明 $d_n^{1b}(t) > (v_{max} + 1) - \min(v_n(t) + 1, v_{max})$ 为换道安全保障的充分条件。第四、第五章均采用式(3-4)设置换道规则。

1. 普通车辆换道规则

(1)C1规则:自由换道规则。

当车辆未受到前车阻碍,L 和 R 车道车辆自由换道。

$$d_n^{1f}(t) > d_n^{0f}(t) \text{ and } d_n^{0f}(t) < \min(v_n(t) + 1, v_{max}) \quad (3-5)$$

$$d_n^{1b}(t) > (v_{max} + 1) - \min(v_n(t) + 1, v_{max}) \quad (3-6)$$

当式(3-5)和式(3-6)同时成立时,则车辆自由换道,否则不换道。

(2)C2规则:强制换道规则。

当车辆被前车阻碍不能以期望速度行驶时,车辆采取强制换道。

$$d_n^{1f}(t) \geq 1 \text{ and } d_n^{1b}(t) \geq 2 \quad (3-7)$$

$$d_n^{0f}(t) < \min(v_n(t) + 1, v_{max}) \quad (3-8)$$

$$v_n(t) \geq v_n^f(t) \tag{3-9}$$

当式（3-7）、式（3-8）和式（3-9）同时成立时，则普通车辆强制换道，否则不换道。

2. 出租车换道规则

现实中，出租车驾驶人驾驶行为普遍较普通驾驶人驾驶行为更为激进，因此设定大多情况下出租车采取强制换道行为；而特定情况如出租车受到前车阻碍，短时无法超越前车以期望速度行驶，则采取更为激进的换道行为。具体规则如下。

（1）C3规则：出租车强制换道规则。

现实中，出租车驾驶行为更为激进，换道安全距离较普通车辆换道安全距离更小。当满足式（3-10）和式（3-11）时，出租车换道。

$$d_n^{1f}(t) \geq d_n^{0f}(t) \text{ and } d_n^{1b}(t) \geq 1 \tag{3-10}$$

$$d_n^{0f}(t) < \min(v_n(t)+1, v_{\max}) \tag{3-11}$$

（2）C4规则：出租车激进强制换道规则。

现实中，当出租车被前车阻碍，不能以期望速度行驶时，出租车就采取更为激进的强制换道。

根据对现实交通观测，只要出租车所在车道邻道前、后视距有1个空元胞距离以上，即式（3-12）成立，同时出租车速度高于前车速度时，表示出租车被前车阻挡，即式（3-13）成立，出租车换道。

$$d_n^{1f}(t) \geq 1 \text{ and } d_n^{1b}(t) \geq 1 \tag{3-12}$$

$$v_n(t) \geq v_n^f(t) \tag{3-13}$$

（二）定点停靠情形下的换道规则

定点停靠情形下换道规则要综合考虑车辆类型、车道和区域三个因素。

第三章 出租车停靠行为影响下的城市道路交通流仿真与演化

1. A 和 B 区域

普通车辆和出租车分别采用随意停靠 C1、C2、C3、C4 规则换道。

2. C 区域

（1）C5 规则：R 车道车辆换道规则。

在该区域，有停靠需求出租车不允许换道至邻道，只能排队等待停靠；普通车辆和无停靠需求出租车采用 C1、C2、C3 和 C4 规则换道。

（2）C6 规则：L 车道车辆换道规则。

对于普通车辆和无停靠需求出租车，在该区域采取 C1、C2、C3、C4 规则换道；对于有停靠需求出租车，当其驶入 C 区域后，就会不断观察 R 车道前后车辆空隙，寻求换道时机，条件满足就强制换道。此情形下，出租车换道行为比规则 C4 所描述的行为更为冒险，往往忽略与 R 车道后车的安全间距，只要 R 车道对应位置无车，出租车就换道；另外，当出租车行驶至 C 区域第一个元胞位置仍未换至 R 车道时，则停靠在该位置，等待时机，完成换道。具体规则如下。

$$d_n^{lf}(t) \geq 1 \text{ and } d_n^{lb}(t) \geq 0 \tag{3-14}$$

当满足 C6 规则时，出租车就会换道。另外的车辆在 S 区域不允许换道。

（三）车辆换道率

p_{change} 车辆换道率，表示车辆换道的可能性，根据换道行为不同取不同值。

$$p_{change} = \begin{cases} p_1 & \text{普通车辆自由换道} \\ p_2 & \text{普通车辆强制换道} \\ p_4 & \text{出租车强制换道} \\ p_5 = 1 & \text{出租车激进强制换道} \end{cases} \tag{3-15}$$

一般出租车换道以追求速度更大化为目标，而当受到前车阻碍无法以期望速度前行时，出租车所关注的是尽早换道至邻道以超越前车，而不是换道后的行车速度,此时出租车有第一时间换道至邻道的期望,即当满足条件后,就会以换道率 $p_5 = 1$ 换道。

三、出租车和普通车辆位置更新规则

普通车辆和无停靠需求出租车速度和位置变化规则类似,都采用 NaSch 模型更新规则;有停靠需求和已停靠出租车速度和位置更新则有所不同,具体如下。

(一)有停靠需求出租车更新规则

定点停靠情形下更新规则根据是否到达停靠站可以分为两种情况。

一是出租车尚未到达停靠站,按照 NaSch 模型更新规则更新,在进入 C 区域后,取最大速度为 v_{max}^C($v_{max}^C < v_{max}$);

加速:

$$v_n(t) \rightarrow \min(v_n(t) + 1, v_{max}^C) \tag{3-16}$$

减速:

$$v_n(t) \rightarrow \min(v_n(t), d_n^{of}(t)) \tag{3-17}$$

随机慢化:以概率 p_3 慢化。

$$v_n(t) \rightarrow \max(v_n(t) - 1, 0) \tag{3-18}$$

位置更新:

$$x_n(t+1) \rightarrow x_n(t) + v_n(t) \tag{3-19}$$

二是出租车到达停靠站,可以停靠,包含减速和位置更新两个步骤,随意停靠出租车也采用相同更新规则,具体如下。

减速:

$$v_n(t+1) \rightarrow 0 \tag{3-20}$$

位置更新:

$$x_n(t+1) \rightarrow x_n(t) + 1 \tag{3-21}$$

(二) 已停靠出租车更新规则

随意和定点停靠两种情形已停靠出租车采用相同更新规则,包含停靠进行中和停靠结束两种情况,具体如下。

1. 停靠进行中出租车更新规则

当 $t_s \leq T_0$ 时,出租车继续停靠,包括停车等待、位置更新两个步骤。

停车等待:

$$v_n(t+i) \to 0 \quad (i = 1, 2, \cdots, T_0) \tag{3-22}$$

位置更新:

$$x_n(t+i) \to x_n(t) \quad (i = 1, 2, \cdots, T_0) \tag{3-23}$$

上述规则中 i 表示第 i 个停靠时刻。

2. 停靠结束出租车更新规则

当 $t_s > T_0$ 时,出租车结束停靠,包括加速、位置更新两个步骤。

加速:

$$v_n(t+1) \to \min(1, d_n^{0f}(t)) \tag{3-24}$$

位置更新:

$$x_n(t+1) \to \min(x_n(t)+1, d_n^{0f}(t)) \tag{3-25}$$

第三节 数值模拟及结果分析

一、基本参数设定

在前面所构建理论模型的基础上,运用 Matlab 软件编写仿真程序,构建单向两车道道路系统,收集数据,分析出租车停靠行为对道路交通流的影响和演化规律。通过对西安实际交通路网和交通地图比对，设定道路长度为 500 个元胞，每个元胞长度为 3.75 米，对应道路长度为 1875 米。对于定点停靠情形，将道路划分为三类四个区域 A、B、S 和 C，长度分别为 $L_A = 250$、$L_B = 6$、$L_S = 4$ 和 $L_C = 240$。每辆车占据 2 个元胞，普通车辆最大速度 $v_{max} = 5$，出租车在 C 区域最大速度 $v_{max}^C = 3$，对应车速为 67.5 千米/小时、40.5 千米/小时。取普通车辆自由换道概率 $p_1 = 0.7$、强制换道概率 $p_2 = 0.8$；出租车强制换道概率 $p_4 = 0.9$。出租车停靠持续时间对道路交通流有着重要影响，对照表 3-1 中出租车停靠持续时间 T_0 实测值，并根据出租车在乘客下车后往往又会在同一地点搭载其他乘客的现实情形，空载、载客出租车停靠持续时间均用 T_0 表示，具体取值如表 3-2 所示。

表 3-2　出租车停靠持续时间 T_0 取值

单位	出租车停靠持续时间 T_0					
秒（s）	6	10	14	18	22	26

每个仿真时间步长为 1 秒，为避免暂态影响，前 10000 个时间步模拟结果舍弃不用，对后 10000 个时间步数据进行统计分析，并且进行多次仿真采集数据求平均值，避免了随意因素的干扰。数值模拟采用开放性边界条件，将 L 和 R 车道入口处 6 个元胞长度区域设定为发车区，模拟车辆进入道路，定义 p_{in} 为单位时间步内车辆进入道路系统的概率，即当进车条件满足时，车辆从发出区（元胞 1，2，…，$v_{max} + 1$）以概率 p_{in} 进入 L 和 R 车道，并定义混合率 pm1 为进入道路系统车辆中出租车所占比例，混合率 pm2 = 0.5 为出租车中空载出租车所占比例；给定出车率 $p_{out} = 1$，表示只要满足出车条件，车辆就离开道路系统。为分析道路交通流演化过程，对于随意停靠情形，在各车道均匀设置 6 个虚拟探头获取车辆

状态数据；对于定点停靠情形，在出租车停靠站上下游分别设置 6 个虚拟探头采集交通流数据。

二、各车道车流量和道路时空演化分析

(一) 各车道车流量演化分析

通过计算机程序仿真模拟，采集车流量数据，绘制出租车两种停靠行为情形下的各车道车流量演化曲线如图 3-4 和图 3-5 所示，从图中可得，车流量曲线存在转折点，将两种情形下各车道交通流划分为自由流和饱和流，各车道车流量都是先呈线性增加后达到饱和并趋于稳定，进一步分析可以得到以下演化趋势。

1. 出租车随意停靠情形下各车道车流量演化分析

特征 3-1：从图 3-4 可以得出，随着 p_{in} 的增加，各车道车流量曲线呈先线性增加（自由流）后保持稳定（饱和流）的演化特征，将两种演化阶段分界点对应的 p_{in} 定义为 p_{in}^t。当有出租车停靠时（pm1 > 0），随着出租车停靠持续时间 T_0 的增加，p_{in}^t 随之减小，即当出租车停靠持续时间较长时，较小的进车率就会使道路车流量达到饱和状态，饱和车流量也随之降低。同时可以得出，两车道 p_{in}^t 存在差异，L 车道为 $0.3 < p_{in}^t < 0.4$，R 车道为 $0.3 < p_{in}^t < 0.5$。无出租车停靠时（pm1 = 0），$p_{in}^t = 0.5$。

特征 3-2：当车流处于低密度时（$p_{in} \leq p_{in}^t$），不同出租车混合率 pm1 情形下，L 车道和 R 车道车流量均基本呈线性增加，但两车道车流量演化存在差异，R 车道车流量增幅随着 pm1 的增加而明显降低，而 L 车道车流量呈现小幅增加。另外，从图 3-4(a) 还可得出，对于 L 车道而言，pm1 > 0 情形下的车流量增幅要大于 pm1 = 0 情形下的车流量增幅；而从图 3-4(b) 可得，R 车道则是 pm1 > 0 情形下的车流量增幅要小于 pm1 = 0 情

形下的车流量增幅;且增幅差异随着出租车停靠持续时间的增加而增加。产生上述现象的原因在于,当道路车辆较少时,随着 pm1 的增加,随意停靠出租车数量增加,对 R 车道正常车辆产生干扰也会增加,使得车流量增幅具有差异,但整体呈增加趋势;对于 L 车道而言,由于出租车随意停靠行为导致 R 车道部分受阻车辆向 L 车道强制换道,但由于道路车辆较少,R 车道强制换道车辆与 L 车道正常行驶车辆发生冲突可能性较

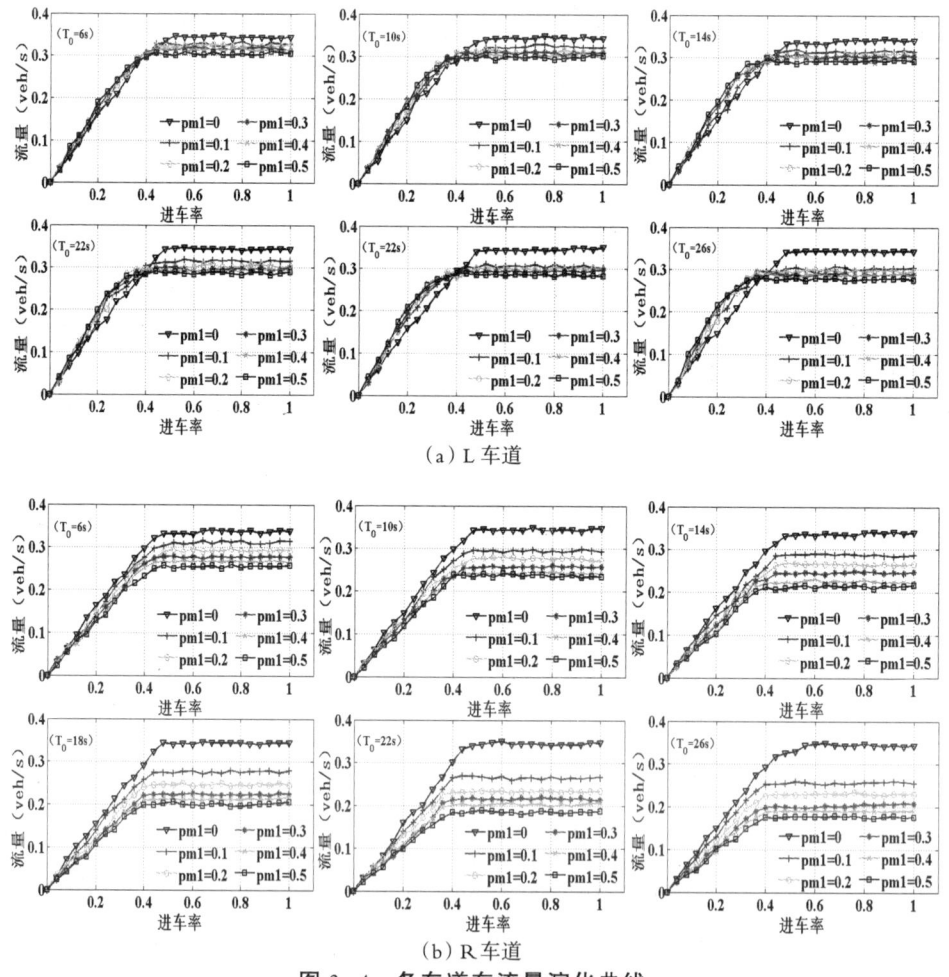

图 3-4 各车道车流量演化曲线

小，对 L 车道车辆影响有限，故车流量增幅差异较小。而 L 车道和 R 车道 pm1 > 0 情形下的车流量增幅和 pm1 = 0 情形下的车流量增幅差异是因为，当 R 车道有出租车随意停靠时，受阻车辆则会换道至 L 车道，使得进入 L 车道的车辆增多，当道路中车辆较少时，会使得 L 车道车流量较无出租车随意停靠情形下有所增加，而 R 车道则与之相反。

特征 3-3：当车流处于高密度时（$p_{in} > p_{in}^t$），各车道车流量相继达到饱和，随着 pm1 的增加饱和车流量呈下降趋势，并且随着出租车停靠持续时间 T_0 的增加饱和车流量随之增加，同时 R 车道车流量下降幅度明显要大于 L 车道车流量。产生上述现象的原因在于，随着 p_{in} 的增加，随意停靠出租数量增多导致受阻车辆增多，会有更多车辆向车道强制换道，对 L 车道和 R 车道都会产生影响，使得各车道车流量下降，但由于道路中车辆较多，L 车道车辆满足强制换道空间机会在减少，R 车道受阻车辆无法及时强制换道至 L 车道，致使 R 车道车辆延误增多，导致 R 车道饱和车流量下降幅度要大于 L 车道下降幅度。

2. 出租车定点停靠行为情形下各车道车流量演化分析

特征 3-4：从图 3-5 可得，与出租车随意停靠情形类似，随着出租车停靠持续时间 T_0 的增加，各车道车流量达到饱和的进车率 p_{in}（定义为 p_{in}^t）也随之减小，即较长的出租车持续停靠时间使得在较小进车率时就会导致道路车流量达到饱和状态，饱和车流量也随之降低。两车道无明显差异，均为 $0.3 < p_{in}^t < 0.5$。无出租车停靠时（pm1 = 0），$p_{in}^t = 0.5$。

特征 3-5：当车流处于低密度时（$p_{in} \leq p_{in}^t$），不同出租车混合率 pm1 情形下，L 和 R 车道车流量均呈线性增加，两车道车流演化存在细微差异，R 车道车流量增幅略低。另外，从图 3-5(a)、图 3-5(b) 还可得出，pm1 > 0 情形下的车流量与 pm1 = 0 情形下的车流量增幅也无明显差异，但随着出租车停靠持续时间 T_0 的增加车流量增幅略有下降。产生上述现象的原因在于,当各车道中车辆较少时,车流稀疏,停靠出租车较少,且车辆前后车距较大,车辆可以自由换道,不会形成大规模的车辆聚集带,各车道车流量几乎未受到影响,车流量无明显差异。

特征 3-6:当车流处于高密度时($p_{in} > p_{in}^c$),各车道车流量相继达到饱和,随着 pm1 的增加车流量呈下降趋势,车流量变化趋势相近,但 R

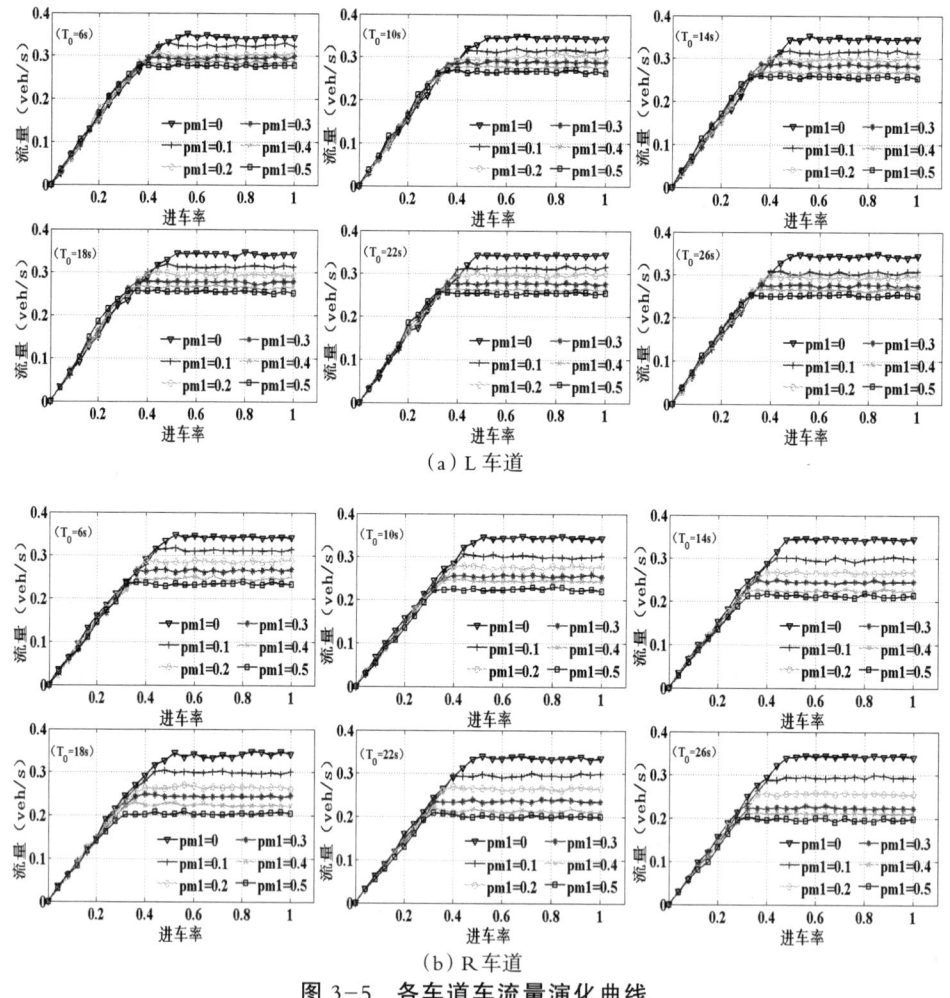

图 3-5 各车道车流量演化曲线

第三章 出租车停靠行为影响下的城市道路交通流仿真与演化

车道车流量下降幅度较大，同时，当出租车停靠持续时间 T_0 增加时饱和车流量下降明显。产生上述现象的原因在于，当道路中车辆数量增加时，定点停靠出租车数量随之增多，瓶颈效应凸显，导致各车道车流量下降；另外由于停靠点固定，有停靠需求出租车往往会提前换道至 R 车道，以方便停车，而无停靠需求出租车，则会提前换道至 L 车道以尽快通过瓶颈，但由于受到出租车停靠行为的影响，导致 R 车道车辆延误较大。

3. 两种停靠情形下各车道车流量演化异同分析

对图 3-4 和图 3-5 两种停靠行为情形下的道路车流量进行比较，可得以下异同演化特征。

（1）相同演化特征。两类停靠行为都会导致道路饱和车流量下降，且随着出租车停靠持续时间 T_0 的增加车流量呈增加趋势，而在给定出租车停靠持续时间 T_0 时，车流量随着出租车混合率 pm1 的增加呈降低趋势，同时出租车停靠行为对车道车流量影响更大。

（2）不同演化特征。一是整体而言，出租车定点停靠行为对两车道的影响更为均衡，而随意停靠行为对两车道车流量影响差异明显，两车道车流量变化差异更为显著。

二是出租车随意停靠行为使得当道路中车辆较少时，车流量即达到饱和状态，出租车随意停靠行为情形下 R 车道饱和车流量降幅最大，即饱和车流量最低，L 车道饱和车流量降幅最小，定点停靠行为情形下的两车道饱和车流量介于二者之间。

（二）道路时空演化分析

为了更为清楚地描述和分析出租车两种停靠行为对道路交通流的影响及演化规律，绘制各车道 4500-5000 时间步时空图，其中横轴表示道路空间，纵轴表示时间，时间演化方向为从下至上，位置演化方向从左至右。图 3-6 至图 3-9 分别给出了出租车停靠持续时间 $T_0 = 10, 18, 26$

秒时，自由流状态（$p_{in}=0.2$，$pm1=0.1$）和饱和流状态（$p_{in}=0.5$，$pm1=0.3$）的道路时空图。

1. 出租车随意停靠情形下道路时空演化分析

特征 3-7：在自由流状态，从图 3-6 和图 3-7 可得，当道路中车辆较少时，出租车随意停靠行为诱发的交通瓶颈效应初显，L 车道和 R 车道会形成长度较短、位置不固定的车辆聚集带，但很快就会消散，且车辆聚集带长度随着出租车停靠持续时间 T_0 的增加而略有增加，但总体而言，出租车随意停靠行为对车流阻断并不显著，各车道车辆基本都能正常行驶。另外，对比图 3-6 和图 3-7 可以得出，L 车道和 R 车道车辆聚集带具有差异，R 车道聚集带略长，会在 R 车道停靠出租车下游形成车辆空白带，且随着出租车停靠持续时间 T_0 的增加，聚集带长度呈现增加趋势。

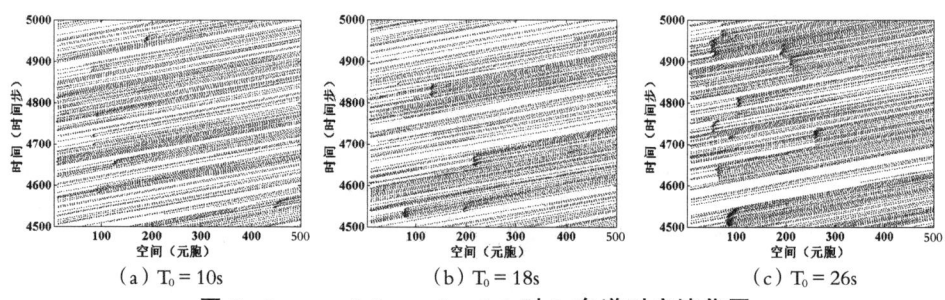

图 3-6　$p_{in}=0.2$，$pm1=0.1$ 时 L 车道时空演化图

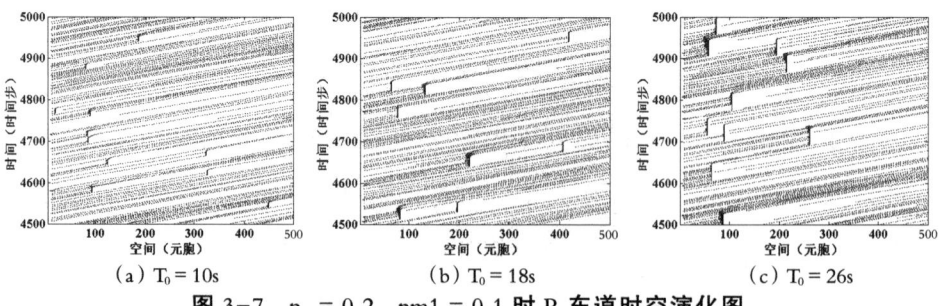

图 3-7　$p_{in}=0.2$，$pm1=0.1$ 时 R 车道时空演化图

第三章 出租车停靠行为影响下的城市道路交通流仿真与演化

特征 3-8：在饱和流状态，从图 3-8 和图 3-9 可得，随着道路中车辆的增多，出租车随意停靠行为诱发的瓶颈效应凸显，使得 L 车道和 R 车道都形成多个随机临时交通瓶颈，在停靠出租车上游产生了较为明显、一定长度的车辆聚集带，且 R 车道车辆聚集带长度更长，阻塞效应更为显著，车辆聚集带向上游传递，但会在一定时间内消散，而在下游则形成一定长度的车辆稀疏带；车辆聚集带和稀疏带的长度和持续时间随着出租车停靠持续时间 T_0 的增加而增加。另外，对比图 3-6 至图 3-9 可以得出，当 $p_{in}=0.5$，$pm1=0.3$ 时，即随着道路中车辆和出租车数量的增多，给定出租车停靠持续时间 T_0，出租车随意停靠行为诱发的临时瓶颈数量随之增加，且与 $p_{in}=0.2$，$pm1=0.1$ 情形下比较而言，阻碍交通现象更加明显。

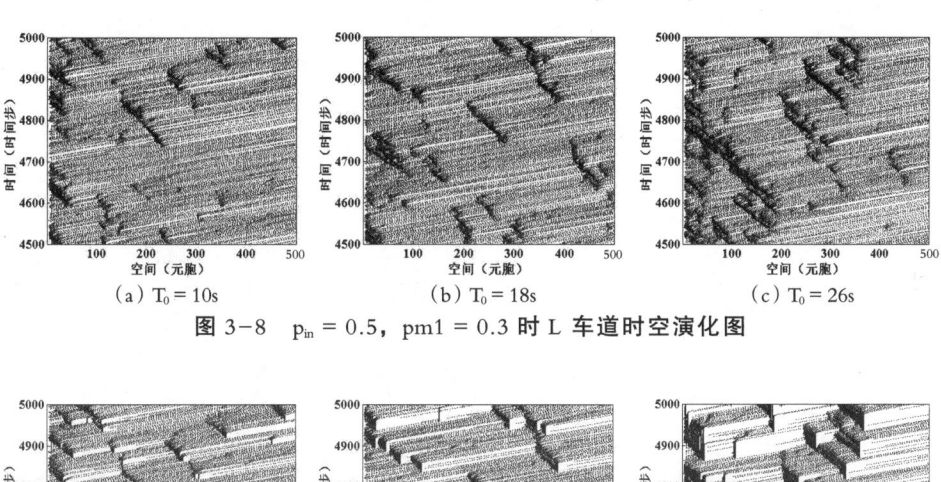

(a) $T_0=10s$　　　　　(b) $T_0=18s$　　　　　(c) $T_0=26s$

图 3-8　$p_{in}=0.5$，$pm1=0.3$ 时 L 车道时空演化图

(a) $T_0=10s$　　　　　(b) $T_0=18s$　　　　　(c) $T_0=26s$

图 3-9　$p_{in}=0.5$，$pm1=0.3$ 时 R 车道时空演化图

2. 出租车定点停靠情形下道路时空演化分析

特征 3-9：在自由流状态，从图 3-10 和图 3-11 可得，出租车定点停靠行为会使得在 L 车道和 R 车道停靠站点上游处形成短时、位置固定的车辆聚集带，会在较短时间内消散，未对各车道车辆产生明显影响，车辆聚集带长度和持续时间随着出租车停靠持续时间 T_0 的增加而增加。另外，对比图 3-10 和图 3-11 可得，与出租车随意停靠情形类似，L 车道和 R 车道车辆聚集带具有差异，R 车道聚集带略长，且会在 R 车道停靠出租车下游形成车辆空白带，随着出租车停靠持续 T_0 的增加，这种现象就越明显。

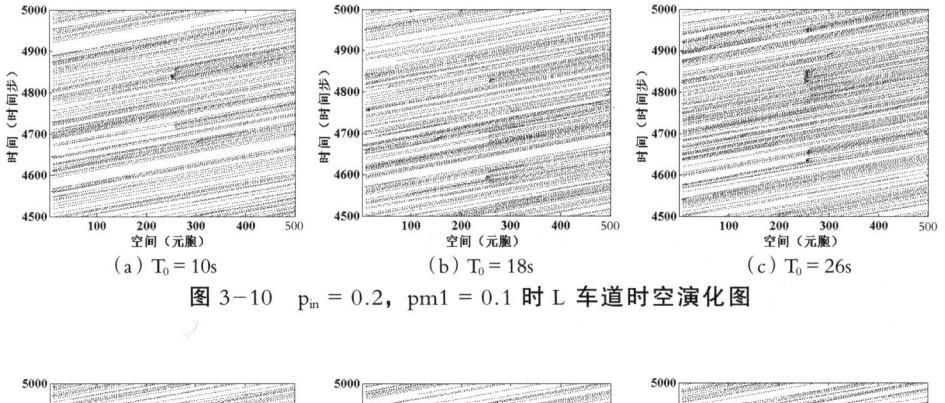

图 3-10　p_{in} = 0.2，pm1 = 0.1 时 L 车道时空演化图

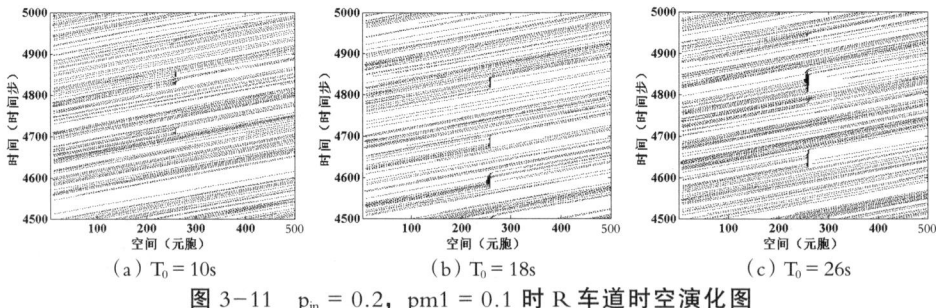

图 3-11　p_{in} = 0.2，pm1 = 0.1 时 R 车道时空演化图

特征 3-10：在饱和流状态，从图 3-12 和图 3-13 可得，L 车道和 R 车道都会在停靠站点上游形成长度较长、位置固定、形态相近的车辆聚

集带，车流阻断效应明显，并向上游传递，需要较长时间才能消散，且车辆聚集带长度和持续时间随着出租车停靠持续时间 T_0 的增加而增加，出租车上游车流呈现明显的走停波。同样，对比图 3-10 至图 3-13 可以得出，当 p_{in} = 0.5，pm1 = 0.3 时，即随着道路中车辆和出租车数量的增多，给定出租车停靠持续时间 T_0，与 p_{in} = 0.2，pm1 = 0.1 情形比较而言，出租车停靠点上游区域形成车辆阻塞带、下游区域处于自由流状态现象更加明显。

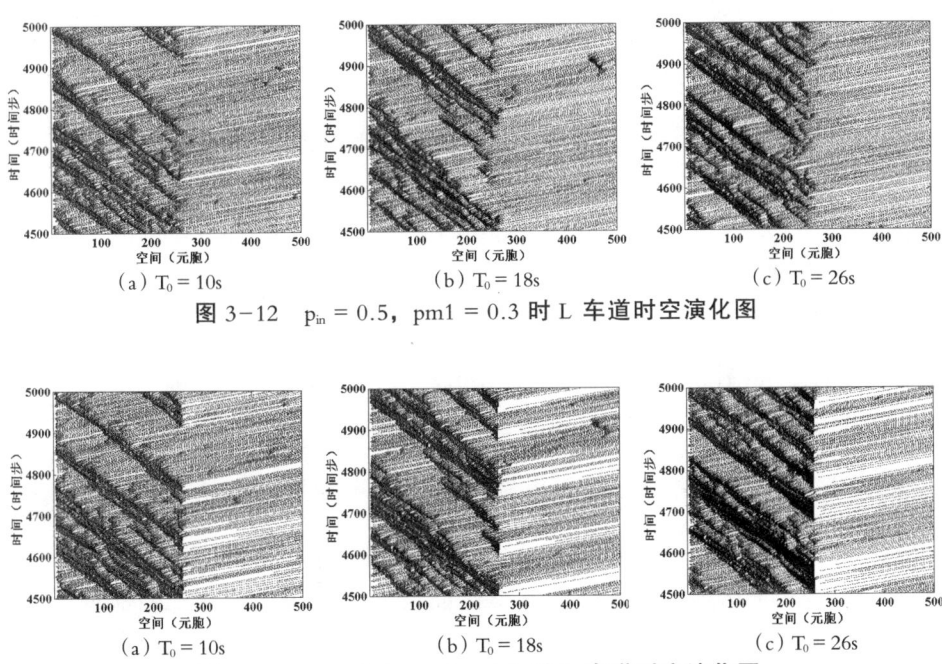

图 3-12　p_{in} = 0.5，pm1 = 0.3 时 L 车道时空演化图

图 3-13　p_{in} = 0.5，pm1 = 0.3 时 R 车道时空演化图

3. 两种停靠行为情形下道路时空演化特征异同分析

对比两种停靠行为情形下道路时空图，可以得出呈现以下异同的演化特征。

（1）相同演化特征。两种停靠行为都会产生明显瓶颈，都会形成显著的车辆聚集带,且随着出租车停靠持续时间 T_0 的增加车辆聚集带的长度和持续时间会随之增加;同时,R 车道阻断效应更为明显。

(2) 不同演化特征。一是两种停靠行为诱发的瓶颈特征不同。随意停靠行为诱发多个位置随机的交通瓶颈,而定点停靠行为诱发位置固定的交通瓶颈。二是两种停靠行为导致的车辆聚集带特征不同。随意停靠行为导致的车辆聚集带长度较短,能在较短时间内消散,不会向上游大范围传递,对道路车流量影响较小;而定点停靠行为导致的车辆聚集带较长,需要更长时间消散,并会向上游大范围传递,上游车流呈现明显的走停波,对道路车流量影响较大。

三、出租车停靠持续时间和出租车混合率可变时的交通流演化分析

(一) 车辆平均速度分析

根据所收集的仿真数据绘制两类出租车停靠行为情形下车辆平均速度演化曲线,如图 3-14 和图 3-15 所示。

随意停靠情形下车辆平均速度演化分析。

通过对图 3-14 曲线分析,可以得到出租车随意停靠情形下车辆平均速度呈现以下演化特征。

特征 3-11:从图 3-14 可得,整体而言,随着出租车停靠持续时间 T_0 的增加,L 车道和 R 车道车辆平均速度都呈现下降趋势;当 T_0 超过 20 秒时,车辆平均速度下降幅度趋于稳定,车辆平均速度保持稳定。

特征 3-12:当车流处于低密度时 ($p_{in} \leq p_{in}^c$),即,L 车道车辆平均速度几乎保持不变,而 R 车道车辆平均速度呈现小幅下降;随着进车率 p_{in} 的增加即车流处于中等密度时,L 车道和 R 车道车辆平均速度呈现下降趋势;当 p_{in} 进一步增加时此时车流处于高密度,车辆速度逐渐降至最低

且不再随着 p_{in} 的增加而变化，此时，车辆平均速度随着出租车混合率 pm1 的增加而降低。

特征 3-13：对比图 3-14(a) 和图 3-14(b) 可得，L 车道车辆平均速度下降幅度要小于 R 车道，L 车道车辆平均速度最低下降至 50.15 千米/小时，而 R 车道车辆平均速度最低则下降至 40 千米/小时。

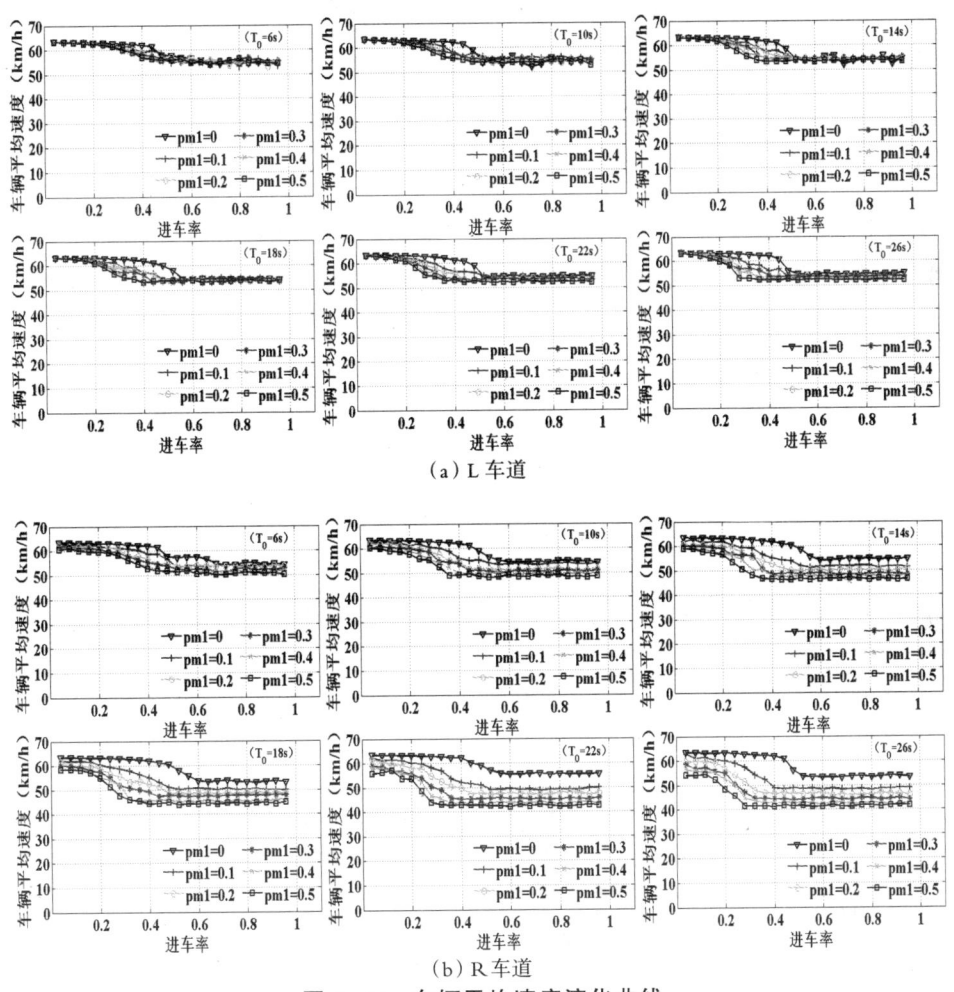

图 3-14 车辆平均速度演化曲线

(二) 定点停靠情形下车辆平均速度演化分析

定点停靠情形下主要对停靠区域上游车辆平均速度进行统计并分析,从图 3-15 可以得出,车辆平均速度呈现以下演化特征。

特征 3-14:与随意停靠类似,随着出租车停靠持续时间 T_0 的增加,L 车道和 R 车道车辆平均速度都呈现下降趋势,且当 T_0 超过 20s 时,车辆平均速度下降幅度趋于稳定,车辆平均速度保持稳定。给定出租车停靠持续时间 T_0 时,L 车道和 R 车道车辆平均速度随着出租车混合率 pm1 的增加而降低。

特征 3-15:当车流处于低密度时 ($p_{in} \leq p_{in}^r$),L 车道车辆平均速度几乎保持不变,而和 R 车道车辆平均速度呈现小幅下降;随着 p_{in} 的增加,即车流处于中等密度时,L 车道和 R 车道车辆平均速度呈现快速下降趋势;当 p_{in} 进一步增加时,即车流处于高密度时,车辆平均速度逐渐降至最低且不再随着进车率的增加而变化。

特征 3-16:对比图 3-15(a) 和图 3-15(b) 可得,L 车道车辆平均速度下降幅度要略小于 R 车道,L 车道出租车停靠点上游区域车辆平均速度最低下降至 23.45 千米/小时,而 R 车道出租车停靠点上游区域车辆平

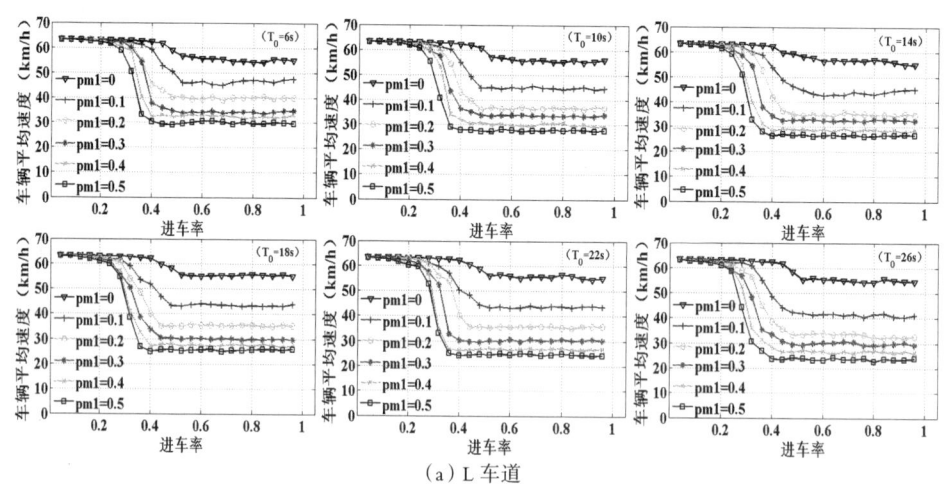

(a) L 车道

图 3-15 车辆平均速度演化曲线

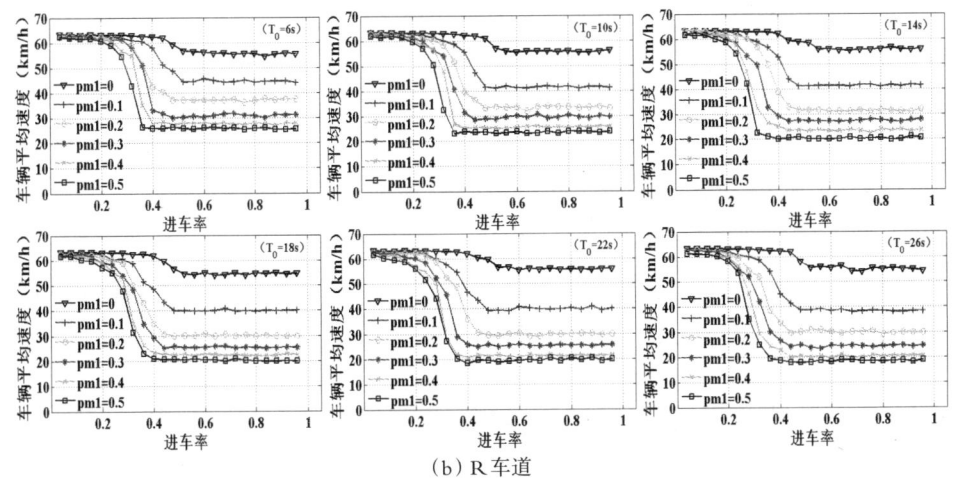

(b) R 车道

图 3-15 车辆平均速度演化曲线（续）

均速度最低则下降至 18 千米/小时。

（三）车辆平均延误分析

根据所收集的仿真数据绘制两类出租车停靠行为情形下车辆平均延误曲线，如图 3-16 至图 3-19 所示。

1. 随意停靠情形下车辆平均延误分析

通过车辆平均通行时间、延误指数两个指标分析车辆延误。

（1）车辆平均通行时间演化分析。从图 3-16 可以得出，车辆平均通行时间呈现以下演化特征。

特征 3-17：随着出租车停靠持续时间 T_0 的增加，L 车道和 R 车道车辆平均通行时间都呈现增加趋势；给定相同出租车停靠持续时间 T_0 时，L 车道和 R 车道车辆平均通行时间随着出租车混合率 pm1 的增加而增加。

特征 3-18：当进车率 p_{in} 较小时，即车流处于低密度时，L 车道车辆平均通行时间几乎保持不变，而 R 车道车辆平均速度呈现小幅增加；随着 p_{in} 的增加，即车流处于中等密度时，L 车道和 R 车道车辆平均速度呈现增加趋势；当 p_{in} 进一步增加时，即车流处于高密度时，车辆平均通行时间逐渐趋于稳定，不再变化。

特征 3-19：对比图 3-16(a) 和图 3-16(b) 可得，L 车道车辆平均通行时间增幅要明显小于 R 车道，L 车道车辆平均通行时间最高增加至 2.23 分钟，而 R 车道车辆平均通行时间最高则增加至 2.75 分钟。

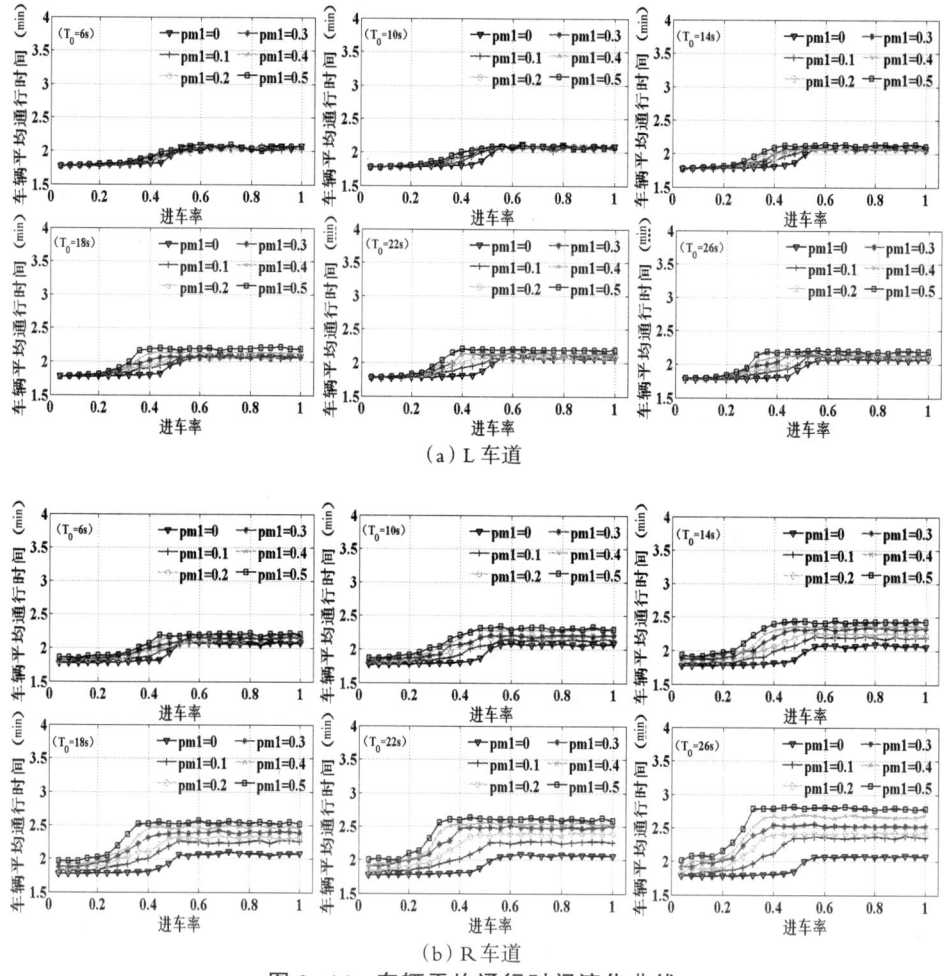

图 3-16　车辆平均通行时间演化曲线

（2）延误指数演化分析。从图 3-17 可以得出，延误指数呈现以下演化特征。

特征 3-20：随着出租车停靠持续时间 T_0 的增加，L 车道和 R 车道延误指数都呈现增加趋势；给定出租车停靠持续时间 T_0 时，L 车道和 R 车道延误指数随着出租车混合率 pm1 的增加而增加。

特征 3-21：延误指数呈现先增加后减小并保持稳定的趋势，究其原因是随着 p_{in} 的增加，停靠出租车数量随之增加，受到延误的车辆就会换道至邻道以尽快超越停靠出租车，往往会与邻道车辆发生冲突，产生延误，导致通行时间增加，进而使得延误指数增大。随着 p_{in} 的进一步增大即车流处于高密度，满足车辆换道条件的概率在降低，使得冲突减少，进而使得两车道延误指数降低，并保持稳定。

特征 3-22：对比图 3-17（a）和图 3-17（b）可得，L 车道延误指数增幅要明显小于 R 车道，L 车道延误指数最高达到 1.26，而 R 车道延误指数最高达到 1.58。

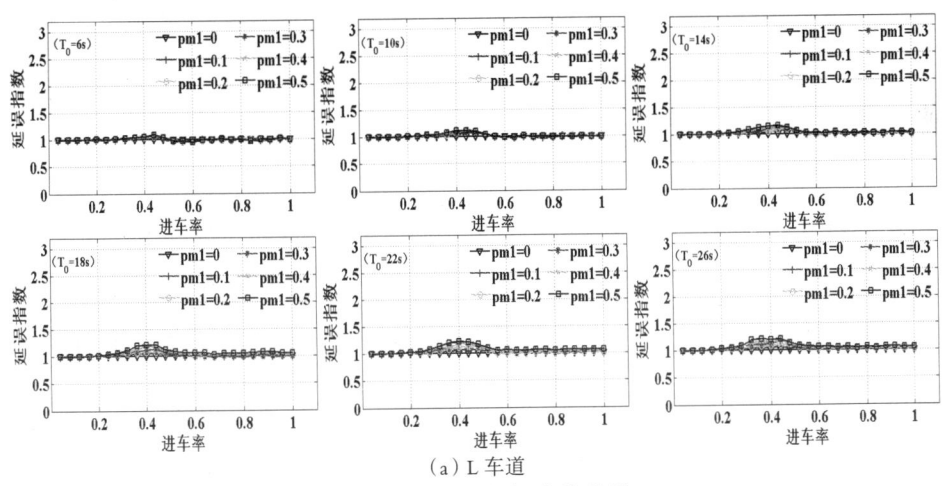

（a）L 车道

图 3-17 延误指数演化曲线

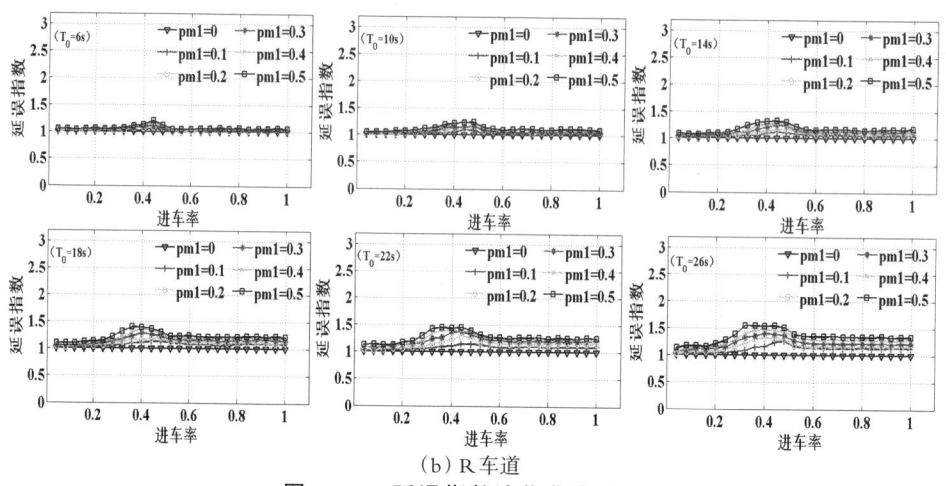

(b) R车道

图 3-17 延误指数演化曲线（续）

2. 定点停靠情形下车辆平均延误演化分析

（1）车辆平均通行时间演化分析。从图 3-18 可以得出，车辆平均通行时间呈现以下演化特征。

特征 3-23：与随意停靠情形类似，随着出租车停靠持续时间 T_0 的增加，L 车道和 R 车道车辆平均通行时间都呈现增加趋势，给定出租车停靠持续时间 T_0 时，L 车道和 R 车道车辆平均通行时间随着出租车混合率 $pm1$ 的增加而增加。

特征 3-24：当进车率 p_{in} 较小时，即车流处于低密度时，L 车道和 R 车道车辆平均通行时间几乎保持不变；随着 p_{in} 的增加，即车流处于中等密度时，L 车道和 R 车道车辆平均速度呈现增加趋势；当 p_{in} 进一步增加时，即车流处于高密度时，车辆平均通行时间逐渐达到最高且不再随着 p_{in} 的增加而变化。

特征 3-25：对比图 3-18(a) 和图 3-18(b) 可得，L 车道车辆平均通行时间增幅要小于 R 车道，L 车道车辆平均通行时间最高增加至 3.45 分钟，而 R 车道车辆平均通行时间最高则增加至 4.1 分钟。

第三章 出租车停靠行为影响下的城市道路交通流仿真与演化

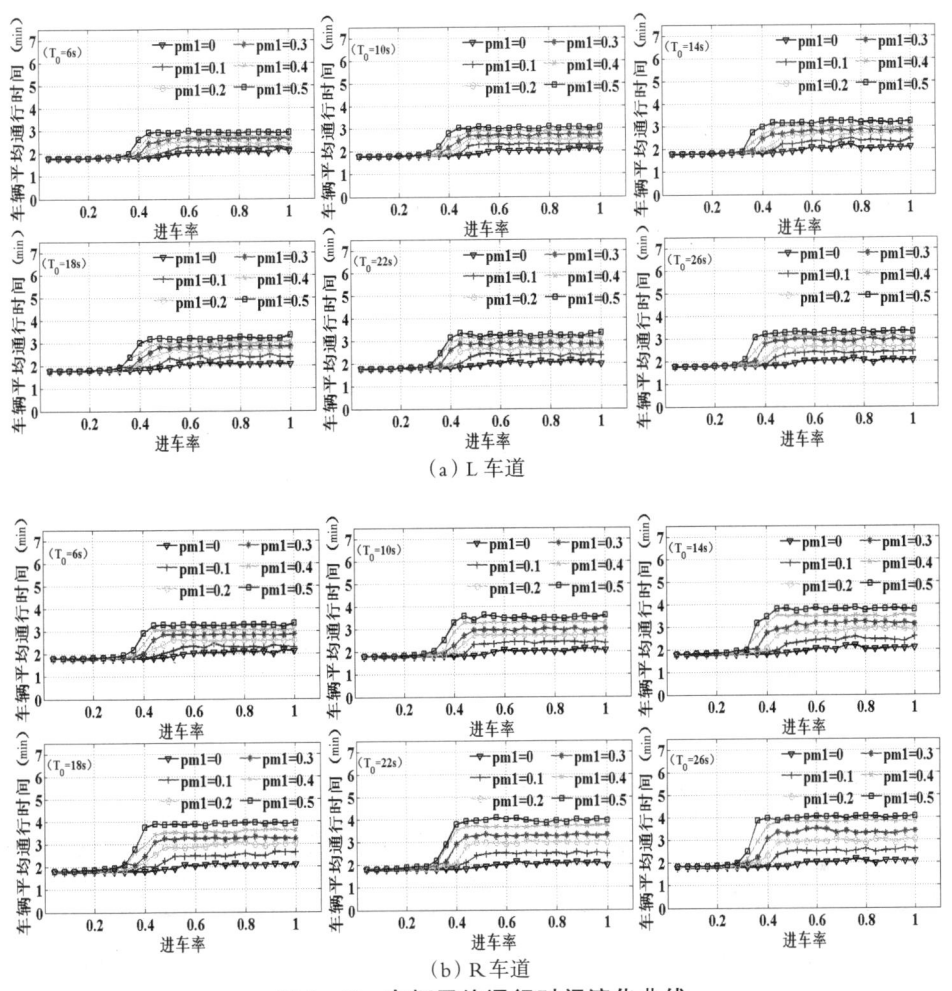

图 3-18 车辆平均通行时间演化曲线

（2）延误指数演化分析。从图 3-19 可以得出，延误指数呈现以下演化特征。

特征 3-26：随着出租车停靠持续时间 T_0 的增加，L 车道和 R 车道延误指数都呈现增加趋势；给定出租车停靠持续时间 T_0 时，L 车道和 R 车道延误指数随着出租车混合率 pm1 的增加而增加。

特征 3-27：与随意停靠情形类似，延误指数呈现先增加后保持稳定的趋势，原因相似，此处不再赘述。

特征 3-28：对比图 3-19(a) 和图 3-19(b) 可得，L 车道延误指数增幅要小于 R 车道，L 车道延误指数最高达到 1.83，而 R 车道延误指数最高达到 2.26。

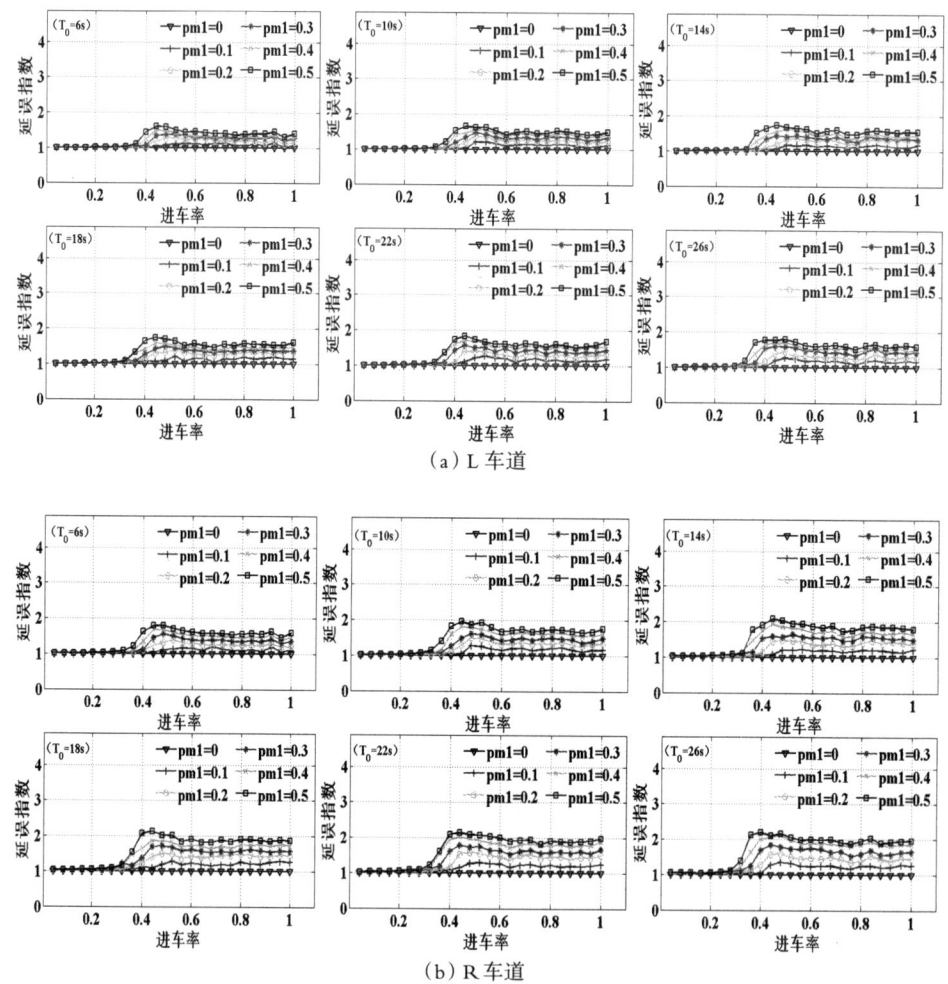

图 3-19 延误指数演化曲线

(四) 车流平均密度演化分析

根据所收集的仿真数据绘制两类出租车停靠行为情形下车流平均密度演化曲线，如图 3-20、图 3-21 所示。

1. 随意停靠情形下车流平均密度演化分析

从图 3-20 可以得出，出租车随意停靠情形下道路车流平均密度呈现以下演化特征。

特征 3-29：随着出租车停靠持续时间 T_0 的增加，L 车道和 R 车道车流平均密度随之下降；给定出租车停靠持续时间 T_0 时，L 车道和 R 车道车流平均密度随着出租车混合率 pm1 的增加而下降，这是因为出租车随意停靠行为导致的车辆聚集带虽然长度、持续时间较短，但是由于形成多个，导致道路被分割成多个停靠出租车上游车辆聚集带与下游稀疏带相间的道路时空特征（见图 3-8 和图 3-9），且通过前面时空特征分析可知下游稀疏带长度随着出租车停靠持续时间 T_0 的增加而增加，这也使得道路中整体车流密度随着出租车停靠持续时间 T_0 的增加反而降低。

特征 3-30：当进车率 p_{in} 较小时，即车流处于低密度时，L 车道和 R 车道车流平均密度呈线性增加趋势；随着 p_{in} 的增加，即车流处于高密度时，L 车道和 R 车道车流平均密度逐渐达到最高且不再随着 p_{in} 的增加而变化。另外从图中可以看出，在高密度时，pm1 = 0 时的道路车流密度要大于 pm1 > 0 时的车流密度，这是因为随着 p_{in} 的增加，随意停靠出租车诱发临时瓶颈效应凸显，虽然在出租车上游形成较为密集的车辆聚集带，但同时也阻止了更多车辆进入道路，故总体而言，道路车流密度反而降低。

特征 3-31：对比图 3-20(a) 和图 3-20(b) 可得，L 车道车流平均密度要大于 R 车道，L 车道车流平密度最低达到 23.51veh/km，而 R 车流平密度最低为 19.72veh/km。

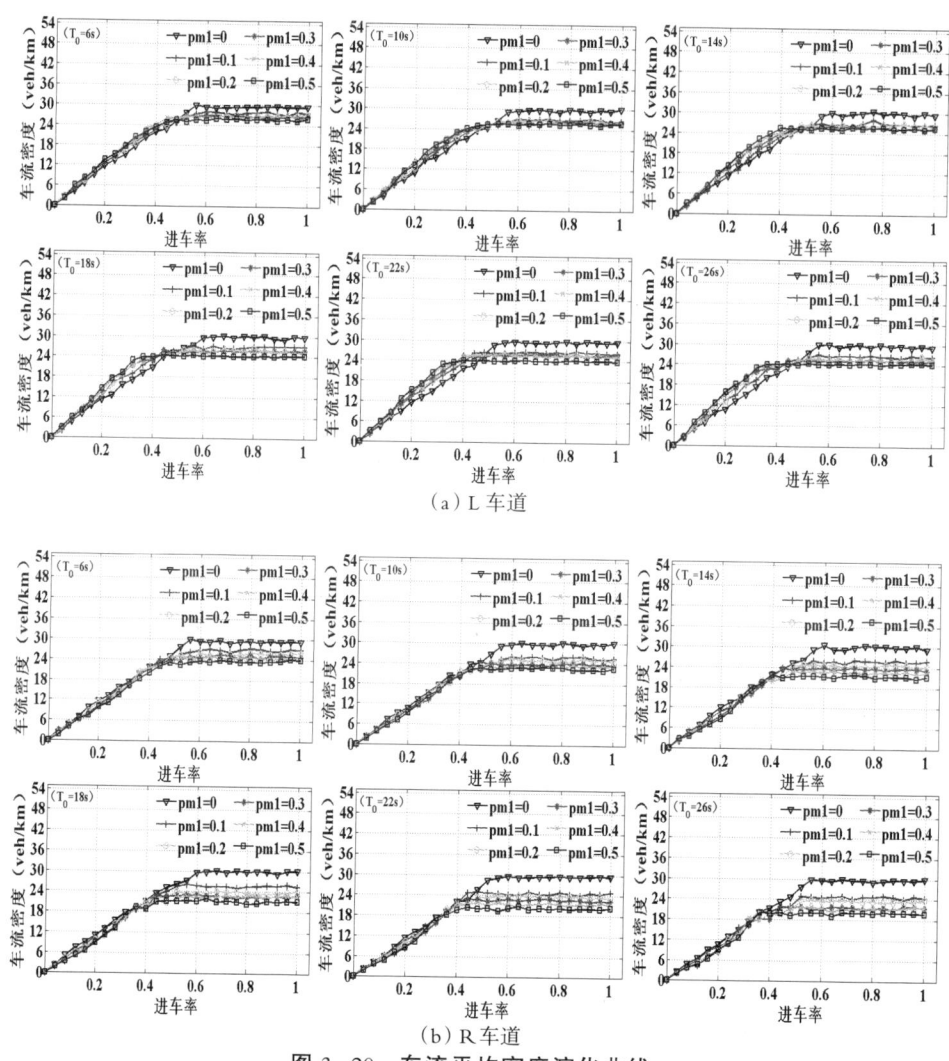

(a) L车道

(b) R车道

图 3-20　车流平均密度演化曲线

2. 定点停靠情形下车流平均密度演化分析

定点停靠情形下主要对停靠站上游区域车流平均密度进行统计并分析。从图 3-21 可以得出，出租车定点停靠情形下道路车流密度呈现以下演化特征。

特征 3-32：与出租车随意停靠情形不同，随着出租车停靠持续时间

| 第三章 出租车停靠行为影响下的城市道路交通流仿真与演化

T_0 的增加 L 车道和 R 车道车流平均密度随之增加,且 L 车流平均密度要小于 R 车道车流平均密度;给定出租车停靠持续时间 T_0 时,L 车道和 R 车道车流平均密度随着出租车混合率 pm1 的增加而增加。

特征 3-33:当进车率较小时,即车流处于低密度时,在停靠出租车上游附近区域,L 车道和 R 车道车流平均密度明显增大,且 R 车道车流

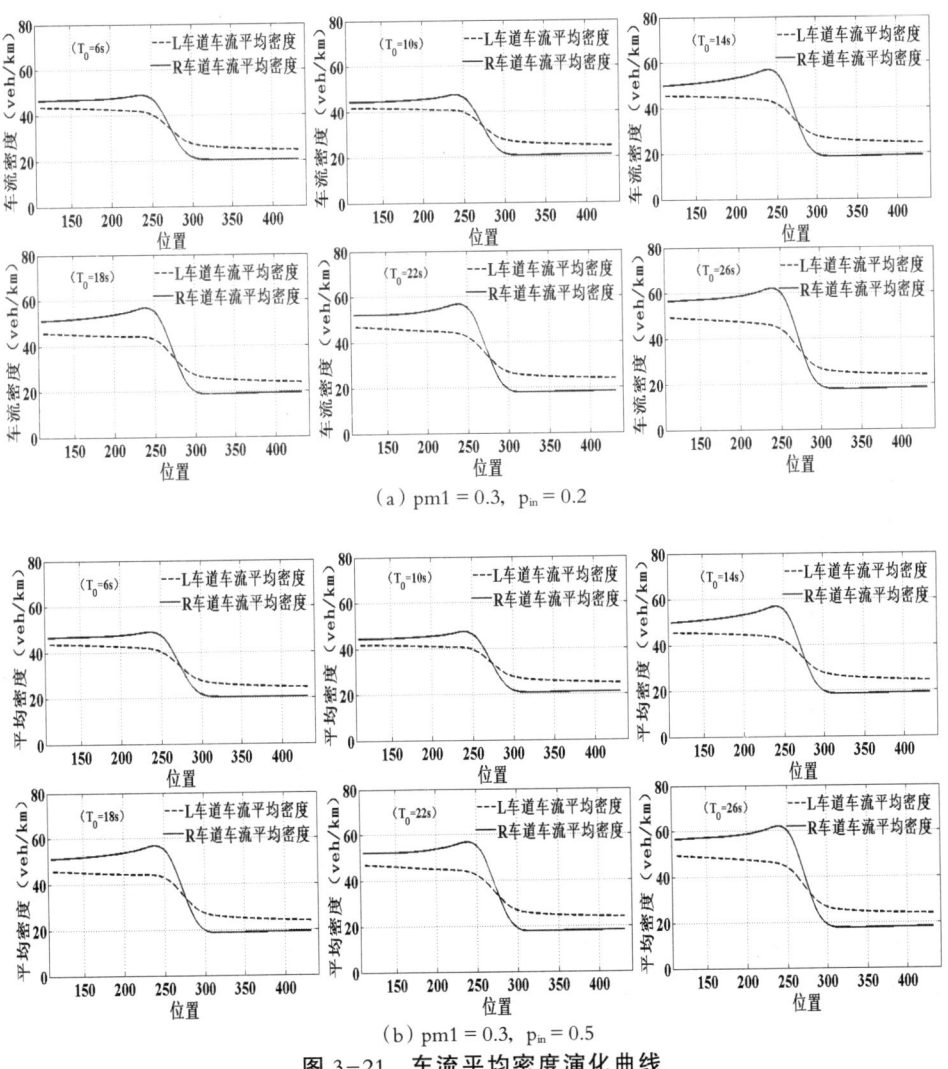

图 3-21 车流平均密度演化曲线

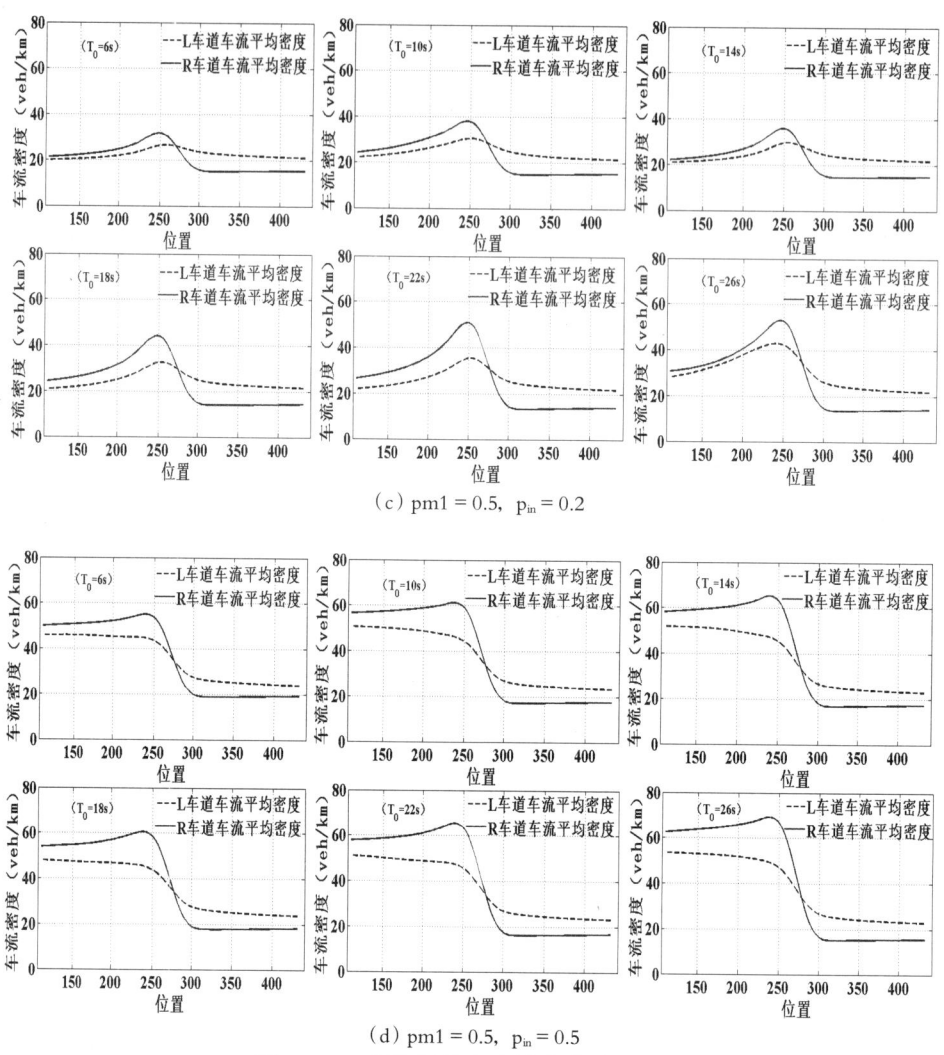

(c) pm1 = 0.5，p_{in} = 0.2

(d) pm1 = 0.5，p_{in} = 0.5

图 3-21 车流平均密度演化曲线（续）

平均密度略大于 L 车道车流平均密度；当 p_{in} 进一步增加时，即车流处于高密度时，随着靠近出租车停靠点，L 车道车流平均密度呈现小幅下降趋势，而 R 车道车流平均密度则呈现增加趋势，这是因为当 L 车道有停靠需求出租车靠近停靠点时，就会换道至 R 车道以便进行停靠，使得 L 车道车流平均密度随之降低，而 R 车道车流平均密度则升高。

特征 3-34：在出租车停靠点下游附近区域，车流平均密度明显大幅降低，且 L 车道车流平均密度要高于 R 车道车流平均密度，随着车辆驶离出租车停靠站，两车道车辆平均密度逐渐趋于一致。

3. 两种停靠行为情形下车流平均密度演化特征差异分析

对比两种停靠行为情形下车流平均密度演化特征，可以得出呈现以下差异。

特征 3-35：随意停靠情形下 L 车道和 R 车道车流平均密度随着出租车停靠持续时间 T_0 的增加而降低，而出租车定点停靠情形下 L 车道和 R 车道车流平均密度则随着出租车停靠持续时间的增加而增加。

特征 3-36：对于给定出租车停靠持续时间 T_0，可以得出，随着出租车混合率 pm1 的增加，出租车随意停靠情形下 L 车道和 R 车道车流平均密度随之降低，而出租车定点停靠情形下 L 车道和 R 车道车流平均密度呈现增加趋势。

以上差异说明，出租车随意停靠情形下虽然道路车流平均密度较低，但其实质是阻止了更多车辆进入道路，尤其是对 R 车道而言，从随意停靠情形下 R 车道车流量最低可得，虽然道路车流平均密度较低，但是由于多个临时交通瓶颈导致车流量、车辆平均速度降低。

第四节　本章小结

本章针对现实城市交通中出租车随意停靠和定点停靠行为诱发的固定交通瓶颈问题，提炼出出租车两种停靠行为及驾驶人驾驶行为特征，建立了出租车随意停靠规则、定点停靠规则、出租车换道规则、出租车更新规则和普通车辆被停靠出租车阻碍时的强制换道规则,以此构建两种停靠行为影响下的元胞自动机交通流模型。上述模型,突破已有考虑车辆停靠行为的城市道路交通流演化相关研究中车辆(如公交车)到达车站必须停靠的限制(Zhao 等),分别针对我国城市出租车常见的随意停靠情形和定点停靠情形,建立适用性更强的无站点按需随意停靠规则和固定站点按需定点停靠规则。并通过计算机进行仿真模拟,分析进车率 p_{in}、出租车停靠持续时间 T_0 和出租车混合率 $pm1$ 可变时出租车随意停靠行为和定点停靠行为对道路交通流的影响和演化规律。

通过分析可得以下具体结果:

第一,两种停靠行为都会诱发交通瓶颈,对道路交通流产生影响,但存在差异,出租车随意停靠行为会诱发"多个、位置随机、短时"的交通瓶颈,在停靠出租车上游形成长度较短的车辆聚集带,在较短时间内就会消散,而定点停靠行为则诱发"单个、位置固定、长时"的交通瓶颈,在停靠出租车上游形成较长聚集带,需要较长时间才能消散,存在明显的走停波,下游则呈现车辆稀疏带。

第二,随着进车率 p_{in} 的增加,两种停靠行为情形下车流量均呈现先线性增加,后保持稳定的特征,且饱和车流量随着出租车混合率 $pm1$ 的增加而降低,同时两种停靠行为情形下 R 车道车流量下降幅度要大于 L 车道。

第三,车辆受到的延误随着出租车停靠持续时间 T_0 的增加而增加,车辆平均速度随之降低,车辆平均通行时间、延误指数随之增加,随意停靠情形下车流平均密度随之降低、定点停靠情形下车流平均密度随之增加。

第四,给定出租车停靠持续时间 T_0,当进入道路的车辆较少,即道路处于车流低密度时,出租车随意停靠行为导致的车辆延误要大于出租车定点停靠情形,尤其是对 R 车道而言;随着进入道路车辆的增加,即道路车流处于高密度时，出租车定点停靠行为对交通流影响更大。

因此，交通管理部门在进行出租车停靠站点设置、停靠行为机制建立和管理时，应根据交通实时数据，对不同道路，分不同时段设置多种停靠机制，并严格规定出租车停靠持续时间，减少因出租车不合理停靠而引发的延误，在方便大众出行的同时，最大限度地减少出租车停靠行为诱发的道路交通拥堵，保证道路通行效率。

第四章 清洁车作业行为影响下的城市道路交通流仿真与演化

城市清洁车作为美化城市环境和缓解雾霾的重要工具发挥着显著作用。为保证作业效果，城市市政管理部门对城市清洁车作业速度有着明确规定，远低于正常车速，使得其具有慢速行驶、占用路面的作业行为特征，往往会对正常行驶车辆产生阻碍，形成车辆聚集带，呈现明显的"移动瓶颈"效应，加剧了城市交通堵塞。为此，市政管理部门制定了错峰作业的调度措施，但多基于已有经验，缺乏有效的理论分析和依据。

自 GAZIS 和 Herman[70] 于 1992 年针对高速路中重型慢车引发车辆"成簇"慢行排队问题，提出"移动瓶颈"（Moving Bottleneck）概念并构建模型展开分析以来，国内外学者在此基础上，运用交通波、概率论和运筹学等理论，构建宏观模型和实测交通数据的方法，对移动瓶颈特征及道路通行能力、交通流的影响进行了深入分析。随着交通仿真技术特别是微观仿真在交通领域的应用，研究者运用元胞自动机、多主体建模等微观仿真方法对高速公路环境下货车、重型车辆等大型车辆诱发的移动瓶颈进行模拟和数值分析，较好地呈现了大型车辆对高速公路交通流的影响和演化规律。

但以往研究中宏观模型不能体现个体车辆微观行为，实测研究受客观因素影响存在数据不完整的情形，微观仿真研究多是针对高速公路环境，分析大型货车或者重型卡车等车辆造成的移动瓶颈对道路交通流的影响。而城市清洁车作业行为特征与高速公路大型车辆行驶行为特征具有较大差异。首先，高速环境下所构建模型中慢车往往位于最右侧车道行驶，而城市交通中清洁车辆可在任何车道行驶；其次，高速公路环境下车辆遵守左侧车道为超车或者快车道，而城市交通中，大多车辆未严格遵守左侧车道为超车道或快车道；最后，高速公路环境下大型车辆（慢车）虽然与普通车辆（快车）速度相比速度较慢，但与城市道路中车辆速度相比仍然较快，在此情形下，快车即使被慢车阻碍不能以期望速度行驶，其换道行为较城市道路中车辆更为理性，以避免追尾、碰撞等风险，而城市道路中车辆换道行为则更为激进。

为此，本章首先对我国城市清洁车作业行为影响下的道路交通瓶颈特征进行提炼和分析；然后构建基于清洁车作业行为的道路交通流模型，对进车率、清洁车作业速度可变且清洁车位于不同车道情形下的道路交通流进行仿真模拟，采集数据分析城市清洁车作业行为影响下的城市道路交通流演化规律；最后通过对实测数据的分析说明理论模型的有效性，并对本章研究结果进行小结。

第一节　清洁车作业行为影响下的城市道路交通特征分析

以下分别对两车道和三车道交通环境下清洁车作业行为特征及道路交通特征进行分析。

第四章 清洁车作业行为影响下的城市道路交通流仿真与演化

一、清洁车作业行为影响下的道路交通特征分析

当清洁车作业时会诱发以下交通现象。

（1）清洁车作业时占用一个车道慢速行驶开展作业，这一行为对后车造成阻碍，形成移动瓶颈，使后车延误，发生车辆排队。

（2）当后车受到阻碍，短时间内不能前行，就会强行换道超越清洁车，可能与邻道后车发生冲突，进一步加剧延误，如图4-1所示。

(a) 两车道　　　　　　　　(b) 三车道

图4-1　清洁车作业情形下的道路交通实景示意图

二、道路区域划分

根据清洁车作业实际情形进一步抽象，可以将道路划分为两类区域。

一是车辆冲突区域C。该区域位于清洁车上游附近。当清洁车作业时，其所在车道后车受到阻碍，导致排队车辆增多，为了尽快超越清洁车，驾驶人更倾向于在相邻车道行驶，一般都会提前减速、换道调整驾驶状态，当短时间内不能换道时，就会采取强制换道，与邻道直行车辆发生冲突。

二是自由区域A和B。该区域，普通车辆自由行驶、换道。其抽象示意图如图4-2所示。

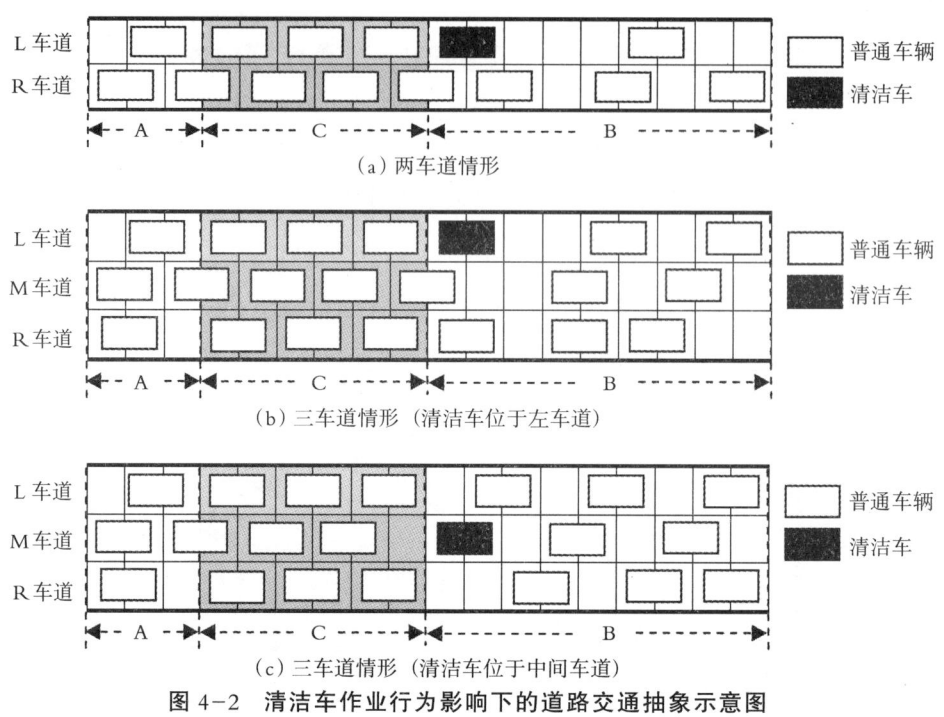

图 4-2 清洁车作业行为影响下的道路交通抽象示意图

第二节 考虑城市清洁车作业行为的城市道路交通流模型构建

以城市较为常见的单向两车道和三车道道路系统为对象,研究清洁车作业行为对道路交通流的影响,所构建道路系统属基本路段,无交叉口、非机动车和行人影响,道路线形条件良好。其中两车道道路系统中,清洁车辆位于 L 车道,三车道道路系统中,又分为清洁车位于 L 车道和 M 车道两种情形。

第四章 清洁车作业行为影响下的城市道路交通流仿真与演化

根据元胞自动机理论并考虑城市道路中车辆速度较低特征，设定每辆普通车辆占用 5 个元胞，清洁车占用 6 个元胞。将每个时刻划分为 2 个子时间步：在第 1 个时间步内，车辆按照定义好的规则进行换道；在第 2 个时间步内，车辆在各自所在车道按照单车道位置更新规则进行更新。整个道路系统中有且仅有一辆作业清洁车。模型参数定义如下。

$d_n^{hj}(t)$ 表示 t 时刻车辆 n 与本车道、左右车道上前后相邻车辆间的空元胞数。h = 0，1，2 分别表示本车道、相邻左车道和相邻右车道；j = f，b 分别表示 n 车的前车和后车。

$v_n(t)$ 表示车辆 n 在 t 时间步的速度。

$v_n^f(t)$ 表示当前车道前车速度。

$v_n^{1b}(t)$ 表示相邻左车道后车速度。

$v_n^{2b}(t)$ 表示相邻右车道后车速度。

v_{max} 表示普通车辆最大行驶速度。

v_c 表示清洁车最大速度，满足 $v_c < v_{max}$。

p_{in} 表示单位时间步内车辆进入道路系统的概率。

p_{out} 表示单位时间步内车辆离开道路系统的概率。

交通流模型由两部分构成。一是清洁车作业时的位置更新规则；二是普通车辆换道和位置更新规则。

一、清洁车更新规则

清洁车在作业过程中不换道，除非遇到前车阻挡，否则以恒定速度 v_c 行驶作业，具体如下。

加速：

$$v_n(t) \to \min(v_n(t) + 1, v_c) \tag{4-1}$$

减速：

$$v_n(t) \rightarrow \min(v_n(t), d_n^{0f}(t)) \tag{4-2}$$

位置更新：

$$x_n(t+1) \rightarrow x_n(t) + v_n(t) \tag{4-3}$$

与规则相比，清洁车更新少了随机慢化，这是因为本章构建的道路系统中不考虑其他因素导致的清洁车随机慢化。

二、普通车辆换道规则

在定义普通车辆换道规则时，要综合考虑车辆类型、车道和所在区域三个因素，具体换道规则如下。

（一）清洁车作业情形下普通车辆换道规则

1. C1规则，自由换道

普通车辆位于A、B区域，未受到前车阻挡时，车辆自由换道。

情形1：两车道。

$$d_n^{1f}(t) > d_n^{0f}(t) \text{ and } d_n^{0f}(t) < \min(v_n(t)+1, v_{max}) \tag{4-4}$$

$$d_n^{1b}(t) > (v_{max}+1) - \min(v_n(t)+1, v_{max}) \tag{4-5}$$

当式（4-4）和式（4-5）同时成立时，则普通车辆自由换道，否则不换道。

情形2：三车道。

情形2.1：L车道普通车辆换道。

$$d_n^{2f}(t) > d_n^{0f}(t) \text{ and } d_n^{0f}(t) < \min(v_n(t)+1, v_{max}) \tag{4-6}$$

$$d_n^{2b}(t) > (v_{max}+1) - \min(v_n(t)+1, v_{max}) \tag{4-7}$$

当式（4-6）和式（4-7）同时成立时，L车道普通车辆向M车道自由换道。

第四章 清洁车作业行为影响下的城市道路交通流仿真与演化

情形 2.2：M 车道普通车辆换道。

一是 L 车道相同位置元胞没车，R 车道相同位置元胞有车，则可向 L 车道换道。

$$d_n^{1f}(t) > d_n^{0f}(t) \text{ and } d_n^{0f}(t) < \min(v_n(t) + 1, v_{max}) \tag{4-8}$$

$$d_n^{1b}(t) > (v_{max} + 1) - \min(v_n(t) + 1, v_{max}) \tag{4-9}$$

当式 (4-8) 和式 (4-9) 同时成立时，车辆向 L 车道换道，否则不换道。

二是 R 车道相同位置元胞没车，L 车道相同位置元胞有车，则可向 R 车道换道。

$$d_n^{2f}(t) > d_n^{0f}(t) \text{ and } d_n^{0f}(t) < \min(v_n(t) + 1, v_{max}) \tag{4-10}$$

$$d_n^{2b}(t) > (v_{max} + 1) - \min(v_n(t) + 1, v_{max}) \tag{4-11}$$

当式 (4-10) 和式 (4-11) 同时成立时，车辆向 R 车道换道，否则不换道。

三是 L 车道和 R 车道相同位置元胞都没车，则可向 L 车道或者 R 车道换道。

$$d_n^{0f}(t) < \min(v_n(t) + 1, v_{max}) \tag{4-12}$$

$$d_n^{2f}(t) > d_n^{0f}(t) \text{ and } d_n^{1f}(t) > d_n^{0f}(t) \tag{4-13}$$

$$d_n^{1b}(t) > (v_{max} + 1) - \min(v_n(t) + 1, v_{max}) \tag{4-14}$$

$$d_n^{2b}(t) > (v_{max} + 1) - \min(v_n(t) + 1, v_{max}) \tag{4-15}$$

$$d_n^{2f}(t) > d_n^{1f}(t) \tag{4-16}$$

当式 (4-12) 至式 (4-15) 同时满足，且式 (4-16) 成立时，车辆向 R 车道换道，当式 (4-16) 不成立时，车辆向 L 车道换道，其他条件下不换道。

情形 2.3：R 车道普通车辆换道。

$$d_n^{1f}(t) > d_n^{0f}(t) \text{ and } d_n^{0f}(t) < \min(v_n(t) + 1, v_{max}) \quad (4-17)$$

$$d_n^{1b}(t) > (v_{max} + 1) - \min(v_n(t) + 1, v_{max}) \quad (4-18)$$

当式（4-17）和式（4-18）同时成立时，车辆向 R 车道换道，否则不换道。

2. C2 规则，强制换道

普通车辆位于 A、B 区域，受到前车阻挡时，车辆强制换道。

情形 1：两车道。

$$d_n^{0f}(t) < \min(v_n(t) + 1, v_{max}) \quad (4-19)$$

$$d_n^{1b}(t) \geqslant 2 \text{ and } d_n^{1f}(t) \geqslant 1 \quad (4-20)$$

$$v_n(t) \geqslant v_n^f(t) \quad (4-21)$$

当式（4-19）、式（4-20）和式（4-21）同时成立时，则普通车辆强制换道，否则不换道。

情形 2：三车道。

情形 2.1：L 车道车辆强制换道。

$$d_n^{0f}(t) < \min(v_n(t) + 1, v_{max}) \quad (4-22)$$

$$d_n^{2b}(t) \geqslant 2 \text{ and } d_n^{2f}(t) \geqslant 1 \quad (4-23)$$

$$v_n(t) \geqslant v_n^f(t) \quad (4-24)$$

当式（4-22）、式（4-23）和式（4-24）同时成立时，L 车道车辆向 M 车道强制换道，否则不换道。

情形 2.2：M 车道车辆强制换道。

一是 L 车道相同位置元胞没车，R 车道相同位置元胞有车，则可向 L 车道换道。

$$d_n^{0f}(t) < \min(v_n(t) + 1, v_{max}) \quad (4-25)$$

$$d_n^{1b}(t) \geqslant 2 \text{ and } d_n^{1f}(t) \geqslant 1 \quad (4-26)$$

$$v_n(t) \geq v_n^f(t) \tag{4-27}$$

当满足式（4-25）、式（4-26）和式（4-27）同时成立时，M 车道车辆向 L 车道强制换道，否则不换道。

二是 R 车道相同位置元胞没车，L 车道相同位置元胞有车，则可向 R 车道换道。

$$d_n^{0f}(t) < \min(v_n(t) + 1, v_{max}) \tag{4-28}$$

$$d_n^{2b}(t) \geq 2 \text{ and } d_n^{2f}(t) \geq 1 \tag{4-29}$$

$$v_n(t) \geq v_n^f(t) \tag{4-30}$$

当式（4-28）、式（4-29）和式（4-30）同时成立，M 车道车辆向 R 车道强制换道，否则不换道。

三是 L 车道和 R 车道相同位置元胞都没车，则可向 L 车道或者 R 车道换道。

$$d_n^{0f}(t) < \min(v_n(t) + 1, v_{max}) \tag{4-31}$$

$$d_n^{1f}(t) \geq 1 \text{ and } d_n^{2f}(t) \geq 1 \tag{4-32}$$

$$d_n^{1b}(t) \geq 2 \text{ and } d_n^{2b}(t) \geq 2 \tag{4-33}$$

$$d_n^{2f}(t) > d_n^{1f}(t) \tag{4-34}$$

$$v_n(t) \geq v_n^f(t) \tag{4-35}$$

当式（4-31）至式（4-35）同时成立，且式（4-34）成立时，车辆向 R 车道强制换道，当式（4-44）不成立时，车辆向 L 车道强制换道，其他条件下不换道。

情形 2.3：R 车道车辆强制换道。

$$d_n^{0f}(t) < \min(v_n(t) + 1, v_{max}) \tag{4-36}$$

$$d_n^{1b}(t) \geq 2 \text{ and } d_n^{1f}(t) \geq 1 \tag{4-37}$$

$$v_n(t) \geq v_n^f(t) \tag{4-38}$$

当式（4-36）、式（4-37）和式（4-38）同时成立时，R车道车辆向M车道强制换道，否则不换道。

3. C3规则，激进强制换道

当车辆位于C区域时，由于该区域靠近清洁车，车辆都具有强烈的第一时间换道至清洁车所在邻道、次邻道行驶，以期尽快超越清洁车，避免长时间跟随清洁车慢速行驶。两车道和三车道情形下，车辆换道行为不同，具体如下。

情形1：两车道。

此情形下，L车道普通车辆具有强烈的第一时间换道至R车道行驶的愿望，以期尽快超越清洁车，避免长时间跟随清洁车慢速行驶；而R车道普通车辆除非遇到极端情况，如在R车道上无法继续行驶而只有变换车道后方可继续前行，否则更愿意在R车道行驶。

$$d_n^{2r}(t) \geq 1 \text{ or } d_n^{0f}(t) = d_n^{2r}(t) = 0 \tag{4-39}$$

$$d_n^{2b}(t) \geq 1 \tag{4-40}$$

$$d_n^{0f}(t) = 0 \text{ and } d_n^{1f}(t) \geq 1 \tag{4-41}$$

当式（4-39）和式（4-40）成立时，L车道普通车辆向R车道强制换道；当式（4-41）成立时，R车道普通车辆向L车道换道，否则不换道。式（4-40）表示换道车辆与邻道后车间距要大于1个元胞距离。

情形2：三车道。

根据清洁车所在车道不同，又可以分成两种子情形。

情形2.1：清洁车位于L车道。

L车道车辆强制换道行为与两车道情形下L车道车辆激进换道行为相同；M车道车辆则更倾向于在本车道或者被动换道至R车道行驶，除非本车道和R车道无法行驶，才会换道至L车道；R车道车辆则更倾向于在本车道行驶，除非本车道无法前行才会换道至M车道。具体换道规则如下。

情形 2.1.1：L 车道车辆激进强制换道。

$$d_n^{2f}(t) \geq 1 \text{ or } d_n^{0f}(t) = d_n^{2f}(t) = 0 \qquad (4-42)$$

$$d_n^{2b}(t) \geq 1 \qquad (4-43)$$

当式（4-42）和式（4-43）成立时，L 车道车辆强制换道至 M 车道。

情形 2.1.2：M 车道车辆激进强制换道。

一是 L 车道相同位置没车，R 车道相同位置有车，则可向 L 车道换道。

$$d_n^{0f}(t) = 0 \text{ and } d_n^{1f}(t) > 0 \text{ and } d_n^{1b}(t) > v_n^{1b}(t) \qquad (4-44)$$

当式（4-44）成立时，车辆向 L 车道换道，否则不换道。

二是 R 车道相同位置没车，L 车道相同位置有车，则可向 R 车道换道。

$$d_n^{2f}(t) \geq 1 \text{ or } d_n^{0f}(t) = d_n^{2f}(t) = 0 \qquad (4-45)$$

$$d_n^{2b}(t) \geq 2 \qquad (4-46)$$

当式（4-45）和式（4-46）成立时，车辆向 R 车道换道，否则不换道。

三是 L 车道和 R 车道相同位置都没车，则可向 L 车道或者 R 车道换道。

$$d_n^{2f}(t) > d_n^{1f}(t) \qquad (4-47)$$

$$d_n^{2f}(t) \geq 1 \text{ or } d_n^{0f}(t) = d_n^{2f}(t) = 0 \qquad (4-48)$$

$$d_n^{2b}(t) \geq 2 \qquad (4-49)$$

$$d_n^{0f}(t) = 0 \text{ and } d_n^{1f}(t) > 1 \text{ and } d_n^{1b}(t) > v_n^{1b}(t) \qquad (4-50)$$

当式（4-47）、式（4-48）和式（4-49）成立时，车辆向 R 车道换道；当式（4-50）成立且式（4-47）不成立时，车辆向 L 车道换道，其他条件下不换道。比较后可以发现，M 车道车辆向 L 车道（清洁车所在车道）换道条件比向 R 车道换道条件苛刻得多，这也符合现实情形，现实中位于 M 车道的车辆更倾向于在本车道或者换道至 R 车道行驶，除非不得已（在本车道无法行驶且 R 车道相同位置有车，换道至 L 车道才能继续通行）才会换道至 L 车道（清洁车所在车道）行驶。

情形 2.1.3：R 车道车辆换道。

$$d_n^{0f}(t) = 0 \text{ and } d_n^{1f}(t) > 1 \tag{4-51}$$

$$d_n^{1b}(t) > v_n^{1b}(t) \tag{4-52}$$

当式（4-51）和式（4-52）成立时，R 车道车辆换道至 M 车道。

情形 2.2：清洁车位于 M 车道。

情形 2.2.1：L 车道车辆换道。

$$d_n^{0f}(t) = 0 \text{ and } d_n^{2f}(t) \geq 0 \tag{4-53}$$

$$d_n^{2b}(t) > v_n^{2b}(t) \tag{4-54}$$

当式（4-53）和式（4-54）成立时，L 车道车辆换道至 M 车道。

情形 2.2.2：M 车道车辆换道。

M 车道车辆可以选择换道至 L 车道和 R 车道，换道规则如下。

一是 L 车道相同位置没车，R 车道相同位置有车，则可向 L 车道换道。

$$d_n^{1f}(t) \geq 1 \text{ or } d_n^{0f}(t) = d_n^{1f}(t) = 0 \tag{4-55}$$

$$d_n^{1b}(t) \geq 1 \tag{4-56}$$

当式（4-55）和式（4-56）成立时，车辆向 L 车道换道，否则不换道。

二是 R 车道相同位置没车，L 车道相同位置有车，则可向 R 车道换道。

$$d_n^{2f}(t) \geq 1 \text{ or } d_n^{0f}(t) = d_n^{2f}(t) = 0 \tag{4-57}$$

$$d_n^{2b}(t) \geq 1 \tag{4-58}$$

当式（4-57）和式（4-58）成立时，车辆向 R 车道换道，否则不换道。

三是 L 车道和 R 车道相同位置元胞都没车，则可向 L 车道或者 R 车道换道。

$$d_n^{2f}(t) > d_n^{1f}(t) \tag{4-59}$$

$$d_n^{1f}(t) \geq 1 \text{ or } d_n^{0f}(t) = d_n^{1f}(t) = 0 \tag{4-60}$$

$$d_n^{1b}(t) \geq 1 \tag{4-61}$$

第四章 清洁车作业行为影响下的城市道路交通流仿真与演化

$$d_n^{2f}(t) \geq 1 \text{ or } d_n^{0f}(t) = d_n^{2f}(t) = 0 \tag{4-62}$$

$$d_n^{2b}(t) \geq 1 \tag{4-63}$$

当式 (4-59)、式 (4-62) 和式 (4-63) 成立时，车辆向 R 车道换道；当式 (4-60) 和式 (4-61) 成立且式 (4-59) 不成立时，车辆向 L 车道换道，其他条件下不换道。

情形 2.2.3：R 车道车辆换道。

$$d_n^{0f}(t) = 0 \text{ and } d_n^{1f}(t) \geq 0 \tag{4-64}$$

$$d_n^{1b}(t) > v_n^{1b}(t) \tag{4-65}$$

当式 (4-64)、式 (4-65) 成立时，R 车道车辆换道至 M 车道。

同时定义 p_{change} 为普通车辆强制换道率，表示车辆换道的可能性，根据车辆所处车道不同取不同值。

$$p_{change} = \begin{cases} p_0 = 1 & \text{位于清洁车所在车道车辆，向清洁车所在车道邻道激进强制换道} \\ p_1 & \text{位于清洁车所在车道邻道车辆，向清洁车所在车道激进强制换道} \\ p_5 & \text{位于清洁车所在车道邻道车辆，向清洁车所在车道次邻道激进强制换道} \\ p_6 & \text{位于清洁车所在车道次邻道车辆，向清洁车所在车道邻道激进强制道} \end{cases} \tag{4-66}$$

式 (4-66) 表示，当满足换道条件时，位于清洁车所在车道车辆会以概率 p_0 换道至邻道，位于清洁车所在车道邻道车辆会以概率 p_1 换道至清洁车所在车道，位于清洁车所在车道邻道车辆会以概率 p_5 换道至清洁车所在车道次邻道，位于清洁车辆所在车道次邻道车辆会以概率 p_6 换道至清洁车所在车道邻道。其中 $p_1 < p_6 < p_5 < p_0$。

从以上驾驶人激进强制换道规则、换道率可以得出，车辆按照"清洁车所在车道次邻道→清洁车所在车道邻道→清洁车所在车道"方向换道要比按照"清洁车所在车道→清洁车所在车道邻道→清洁车所在车道次邻道"方向换道条件苛刻得多，这也符合现实情形。

三、普通车辆位置更新规则

清洁车作业情形下普通车辆采用规则更新，定义 p_4 为随机慢化率，表示车辆随机慢化的可能性，具体更新规则如下。

加速：

$$v_n(t) \rightarrow \min(v_n(t) + 1, v_{max}) \tag{4-67}$$

减速：

$$v_n(t) \rightarrow \min(v_n(t), d_n^{of}(t)) \tag{4-68}$$

随机慢化：以概率 p_4 慢化。

$$v_n(t) \rightarrow \max(v_n(t) - 1, 0) \tag{4-69}$$

位置更新：

$$x_n(t+1) \rightarrow x_n(t) + v_n(t) \tag{4-70}$$

定义 p_2 为车辆自由换道概率，表示满足换道规则时，车辆换道的可能性；p_3 为车辆强制换道率，表示满足换道规则时，车辆强制换道的可能性。当满足规则 C1、C2 和 C3 时，车辆以概率 p_1、p_2 和 p_{change} 换道。

第三节 数值模拟及结果分析

一、基本参数设定

在前面所构建理论模型的基础上，运用 Matlab 软件编写仿真程序，分别构建单向两车道和三车道道路系统，并收集数据，分析市政清洁车作业行为对道路交通流的影响和演化规律。设定道路长度为 1000 个元

第四章 清洁车作业行为影响下的城市道路交通流仿真与演化

胞,每个元胞长度为 1.5 米,对应道路长度为 1500 米。为了更加准确地分析不同清洁车作业速度对道路交通流演化的影响,设定普通车辆占据 5 个元胞、清洁车占用 6 个元胞,车辆长度分别为 7.5 米和 9 米,普通车辆最大速度 v_{max} = 13 千米/小时,对应车速为 70.2 千米/小时。清洁车作业速度对道路交通流有着重要影响,为此清洁车作业最大行驶车速 v_c 取多个值,具体如表 4-1 所示。

表 4-1 清洁车辆作业速度 v_c

速度度量单位	清洁车辆作业速度 v_c					
元胞数(个)	1	2	3	4	5	6
实际速度 km/h	5.4	10.8	16.2	21.6	27	32.4

两车道情形下,清洁车在 L 车道行驶;三车道情形下,清洁车分别在 L 车道和 M 车道行驶。将道路划分为两类三个区域 A、B 和 C,其中 L_C = 15,L_A 和 L_B 长度随清洁车行驶位置不同而动态变化。取激进强制换道率 p_1 = 0.9,自由换道率 p_2 = 0.7,强制换道率 p_3 = 0.8。每个仿真时间步长为 1 秒,为避免暂态的影响,前 10000 个时间步模拟结果舍弃不用,对后 10000 个时间步数据进行统计并分析,并且进行多次仿真采集数据求平均值,避免了随意因素的干扰。数值模拟采用开放性边界条件,将 L 车道和 R 车道入口处 14 个元胞长度区域设定为发车区,模拟车辆进入道路,定义 p_{in} 为单位时间步内车辆进入道路系统的概率,即当进车条件满足时,车辆从发出区(元胞 1,2,…,v_{max} + 1)以概率 p_{in} 进入 L 车道和 R 车道,出车概率 p_{out} = 1,表示只要满足出车条件,车辆就离开道路系统。为分析道路交通流状态和演化过程,在各车道 A 区域和 B 区域即清洁车上下游分别设置 6 个虚拟探头采集交通流数据。

二、各车道车流量和道路时空演化分析

(一) 各车道车流量演化分析

通过计算机程序模拟，采集车流量数据，绘制如图 4-3、图 4-4 和图 4-5 所示道路车流量分布图，从图中可以看出，车流量曲线存在转折点，将清洁车作业情形下各车道交通流划分为自由流和饱和流，各车道车流量都是先呈线性增加后达到饱和并趋于稳定，进一步分析可以得到以下车流量演化特征。

1. 两车道情形

特征 4-1：从图 4-3 可以得出，随着进车率 p_{in} 的增加，当道路中有清洁车时，各车道交通流曲线呈现先线性增加（自由流）后略有降低再保持稳定（饱和流）的三阶段演化特征，将三种演化阶段分界点对应的 p_{in} 分别定义为 p_{in}^c 和 p_{in}^u。与无清洁车作业情形下道路车流量相比，清洁车作业行为会导致道路各车道饱和车流量大幅下降，且随着清洁车最大车速 v_c 的增加，各车道饱和车流量呈现增加趋势，各车道车流量达到饱和的进车率 p_{in} 随之增加（$0.15 < p_{in}^c < 0.35$），这表明过低的清洁车作业速度即会对车辆稀疏的道路交通流产生显著影响。

特征 4-2：当车流处于低密度时（$p_{in} \leq p_{in}^c$，p_{in}^c 随着 v_c 变化取不同值），随着 p_{in} 的增加，有无清洁车作业情形下 L 车道和 R 车道车流量均线性增加，此时，L 车道车流量与无清洁车作业情形下各车道车流量变化基本一致，而 R 车道车流量较 L 车道车流量略低；当车流处于中等密度时（$p_{in}^c < p_{in} \leq p_{in}^u$），两车道车流量均略有下降。

特征 4-3：当车流处于高密度时（$p_{in} > p_{in}^u$），清洁车作业情形下各车道车流量相继达到饱和并保持稳定，此时饱和车流量对应于清洁车作业造

成的移动瓶颈的通行能力,饱和车流量较无清洁车作业情形呈下降趋势。

当 $v_c \leq 2$ 时,L 车道和 R 车道车流量无明显差异;当 $v_c \geq 3$ 时,R 车道车流量要低于 L 车道车流量;随着清洁车作业速度的增加,L 车道和 R 车道车流量下降幅度分别由 $v_c = 1$ 时的 80.00%(0.071 veh/s)、81.43%(0.063 veh/s)变为 $v_c = 6$ 时的 52.86%(0.162 veh/s)、57.14%(0.151 veh/s),$v_c = 1$ 和 $v_c = 6$ 时平均车流量分别为 0.067 veh/s 和 0.157 veh/s。产生上述现象的原因在于,当 p_{in} 增加时,清洁车作业行为造成的"移动瓶"颈效应凸显,对道路车辆干扰大幅增加,造成更多 L 车道车辆向 R 车道强制换道或者激进强制换道,使得换道车辆与 R 车道正常行驶车辆冲突增多,延误增加,导致 R 车道饱和车流量下降幅度要大于 L 车道饱和下降幅度,同时移动瓶颈对 L 车道和 R 车道都会产生影响,使得各车道饱和车流量都产生下降。

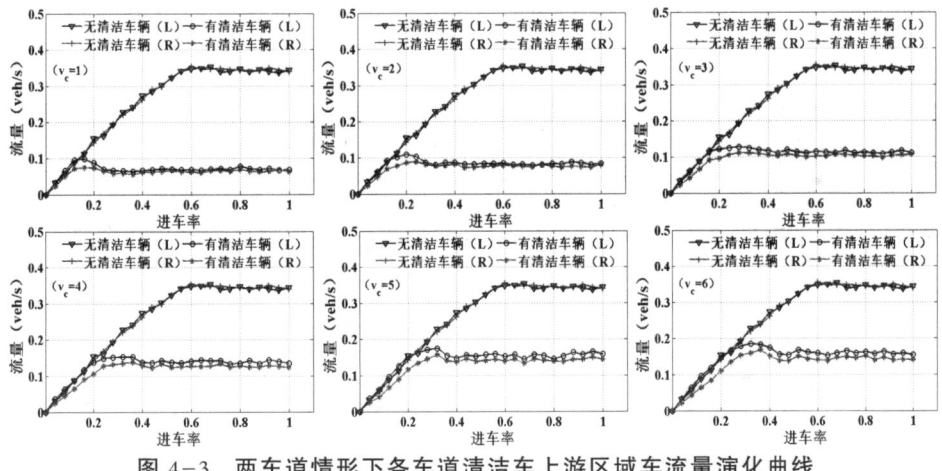

图 4-3 两车道情形下各车道清洁车上游区域车流量演化曲线

2. 三车道情形

(1)清洁车位于 L 车道。

特征 4-4:从图 4-4 可以得出,与两车道情形类似,当道路中有清洁车作业时,道路各车道饱和车流量会大幅下降,且随着 v_c 的增加,各车道清洁车上游饱和车流量呈现增加趋势,各车道车流量达到饱和的进车率 p_{in} 随之增加,此时,$0.25 < p_{in}^c < 0.35$,这表明即使道路中车辆较少时,过低的清洁车作业速度也会对道路交通流产生显著影响。与两车道相比,p_{in}^c 下界增加,由 0.15 增加至 0.25,这说明三车道情形下较大的进车率才能使清洁车上游道路车流量达到饱和。

特征 4-5:当车流处于低密度时($p_{in} \leq p_{in}^c$,p_{in}^c 随着 v_c 的变化取不同值),随着 p_{in} 的增加,有无清洁车作业情形下各车道车流量均呈线性增加,此时,M 车道和 R 车道车流量与无清洁车作业情形下各车道车流量变化基本一致,而 L 车道车流量较其他车道增幅略低,这说明,当道路中车辆较少时,清洁车作业行为对 L 车道车流量影响更大;当车流处于中等密度时($p_{in}^c < p_{in} \leq p_{in}^u$),三车道车流量均略有下降。

特征 4-6:当车流处于高密度时($p_{in} > p_{in}^u$),清洁车作业情形下各车道清洁车上游车流量相继达到饱和并保持稳定,此时饱和车流量对应于清洁车作业造成的移动瓶颈的通行能力;同时饱和车流量较无清洁车作业情形呈下降趋势,且当 $v_c = 1$ 时,M 车道和 R 车道车流量下降幅度要小于 L 车道车流量,而当 $v_c = 1$ 时,三车道车流量下降幅度基本一致,饱和车流量相近,当 $v_c \geq 3$ 时,M 车道和 R 车道车流量下降幅度要大于 L 车道车流量,即 M 车道和 R 车道饱和车流量小于 L 车道饱和车流量。随着清洁车作业速度的增加,L 车道、M 车道和 R 车道车流量下降幅度分别由 $v_c = 1$ 时的 79.39%(0.069veh/s)、72.64%(0.089veh/s)、72.73%(0.091veh/s)变为 $v_c = 6$ 时的 42.42%(0.192veh/s)、49.70%(0.175veh/s)、48.48%(0.174veh/s),$v_c = 1$ 和 $v_c = 6$ 时三车道平均车流量分别为 0.083veh/s 和 0.180veh/s。

第四章 清洁车作业行为影响下的城市道路交通流仿真与演化

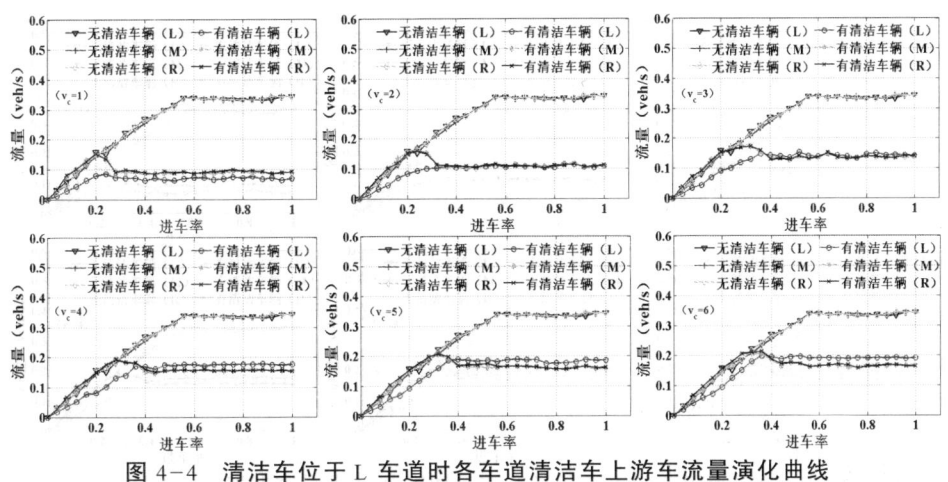

图 4-4 清洁车位于 L 车道时各车道清洁车上游车流量演化曲线

（2）清洁车位于 M 车道。

特征 4-7：从图 4-5 可以得出，与前两种情形类似，当道路中有清洁车作业时，道路各车道饱和车流量会大幅下降，且随着清洁车最大车速 v_c 的增加，各车道饱和车流量呈现增加趋势，各车道车流量达到饱和的进车率 p_{in} 随之增加，此时 $0.25 < p_{in}^c < 0.35$，这表明即使道路中车辆较少时，过低的清洁车作业速度也会对道路车流量产生显著影响。

特征 4-8：当车流处于低密度时（$p_{in} \leq p_{in}^c$，p_{in}^c 随着 v_c 的变化取不同值），随着 p_{in} 的增加，有无清洁车作业情形下各车道车流量均呈线性增加，清洁车作业情形下 L 车道和 R 车道车流量与无清洁车作业情形下各车道车流量变化基本一致，而 M 车道车流量较其他车道车流量略低；当车流处于中等密度时（$p_{in}^c < p_{in} \leq p_{in}^u$），三车道车流量均略有下降。

特征 4-9：当车流处于高密度时（$p_{in} > p_{in}^u$），清洁车作业情形下各车道车流量相继达到饱和并保持稳定，此时饱和车流量对应于清洁车作业造成的移动瓶颈的通行能力；同时饱和车流量较无清洁车作业情形呈下降趋势；给定清洁车作业速度 v_c，道路车流量下降幅度由大到小分别为 M

车道车流量、R 车道车流量和 L 车道车流量；随着清洁车作业速度的增加，L 车道、M 车道和 R 车道车流量下降幅度分别由 $v_c = 1$ 时的 71.21%（0.0966veh/s）、78.79%（0.0684veh/s）、73.33%（0.0903veh/s）变为 $v_c = 6$ 时的 40.90%（0.199veh/s）、50.00%（0.164veh/s）、48.48%（0.175veh/s），$v_c = 1$ 和 $v_c = 6$ 时三车道的平均车流量分别为 0.0851veh/s 和 0.179veh/s，与清洁车位于 L 车道情形平均车流量相比，$v_c = 1$ 时清洁车位于 L 车道情形车流量较低，而 $v_c = 6$ 时，两种情形车流量基本相等。产生上述现象的原因在于，当 p_{in} 增加时，清洁车作业行为造成的"移动瓶颈"效应凸显，对道路车辆干扰大幅增加，造成更多 M 车道车辆向 L 车道和 R 车道强制换道或者激进换道，使得换道车辆与 L 车道和 M 车道正常行驶车辆冲突增多，延误增加，造成各车道饱和车流量均下降。

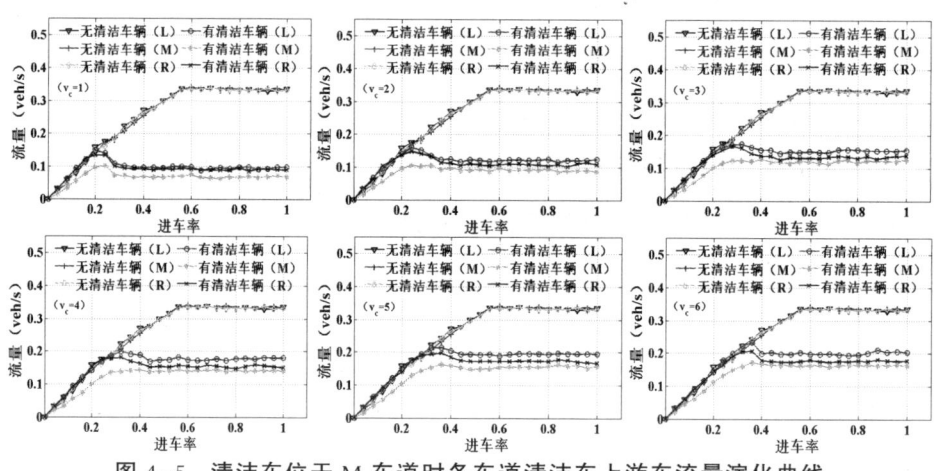

图 4-5 清洁车位于 M 车道时各车道清洁车上游车流量演化曲线

3. 三种清洁车作业行为情形下清洁车上游车流量演化异同分析

（1）相同演化特征。三种清洁车作业行为情形下，各车道清洁车上游区域饱和车流量较无清洁车作业情形大幅下降，随着清洁车作业速度 v_c 的增加，饱和车流量呈现增加趋势。

（2）不同演化特征。

特征4-10：两车道情形下道路车流量低于三车道情形下道路车流量，这说明清洁车作业行为对两车道道路车流量影响更大。

特征4-11：三车道情形下，清洁车位于M车道时整体车流量与清洁车位于L车道时整体车流量相近，区别在于清洁车位于L车道时，M车道和R车道饱和车流量小于L车道饱和车流量，而当清洁车位于M车道时，车流量从小到大依次为M车道、R车道、L车道。

（二）道路时空演化分析

图4-6至图4-9分别给出了$v_c = 1, 3, 6$时，车流处于自由流状态（$p_{in} = 0.2$）和饱和流状态（$p_{in} = 0.5$）的道路时空图。

1. 清洁车作业情形下道路时空图演化分析

（1）两车道情形下道路时空演化特征分析。

从图4-6至图4-9可以看出，L车道和R车道时空演化呈现类似规律。

特征4-12：在自由流状态（见图4-6和图4-7），清洁车作业行为诱发移动瓶颈，对上游车辆形成一定阻碍，L车道和R车道车辆在靠近清洁车上游都形成车辆聚集带，且车辆聚集带随清洁车移动而移动，车辆聚集带较窄，当v_c较小时［见图4-6、图4-7(a)和图4-7(b)］，车辆聚集带宽度随时间增加而增加，当增大至一定程度时［见图4-6和图4-7(c)］，车辆聚集带宽度不随时间变化而变化，基本保持稳定，并且随着v_c的增加，车辆聚集带密度和宽度呈现下降趋势。整体而言，当道路中车辆较少时，清洁车作业行为对靠近清洁车上游局部区域车流产生影响，未对上游区域大范围交通流产生影响。

特征4-13：在饱和流状态（见图4-8和图4-9），与自由流状态相比，清洁车作业行为诱发的"移动瓶颈"效应凸显，清洁车上游车辆聚集带长度明显增加，并向上游迅速扩散，车辆聚集带长度随时间增加而

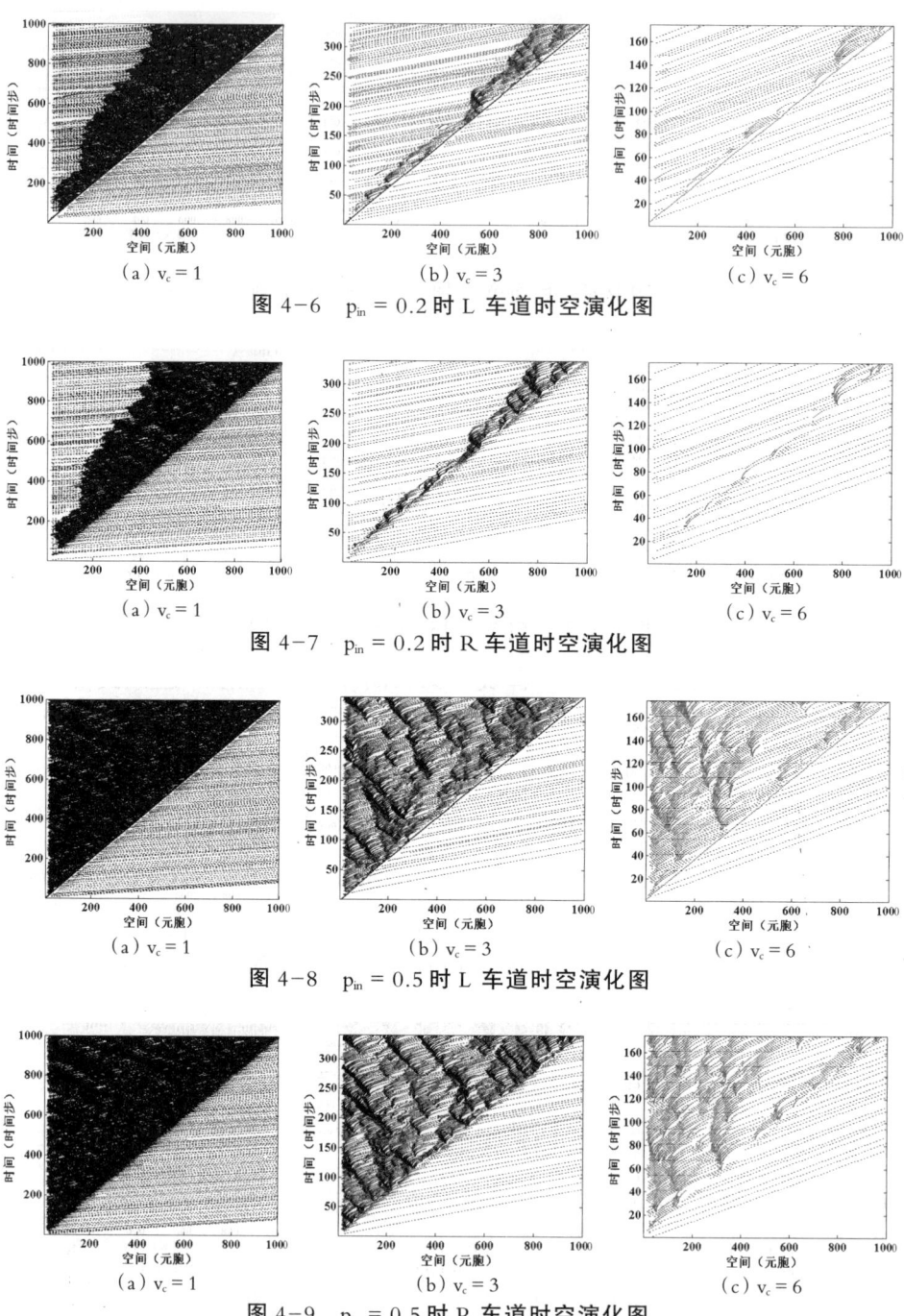

图 4-6　$p_{in}=0.2$ 时 L 车道时空演化图

图 4-7　$p_{in}=0.2$ 时 R 车道时空演化图

图 4-8　$p_{in}=0.5$ 时 L 车道时空演化图

图 4-9　$p_{in}=0.5$ 时 R 车道时空演化图

第四章 清洁车作业行为影响下的城市道路交通流仿真与演化

增加，短时内难以消散，上游车流密度远高于下游。随着清洁车作业速度的增大，清洁车上游车辆聚集带密度随之变得稀疏。

另外可得，随着清洁车作业速度 v_c 的增加，清洁车离开道路系统所花费的时间也随之减少，$v_c=1,3,6$ 时清洁车离开道路系统的时间分别为 1000 时间步、380 时间步和 175 时间步。

（2）三车道情形下道路时空演化分析。

1）清洁车位于 L 车道。从图 4-10、图 4-11 和图 4-12 可以看出，与两车道情形类似，三车道时空演化呈现相同规律。

特征 4-14：在自由流状态（见图 4-10、图 4-11 和图 4-12），清洁车作业行为诱发移动瓶颈，对上游普通车辆形成一定阻碍，各车道车辆在靠近清洁车上游都形成车辆聚集带，且聚集带随清洁车移动而移动，聚集带较窄，随着 v_c 的增大，车辆聚集带密度随之减小，且车辆聚集带

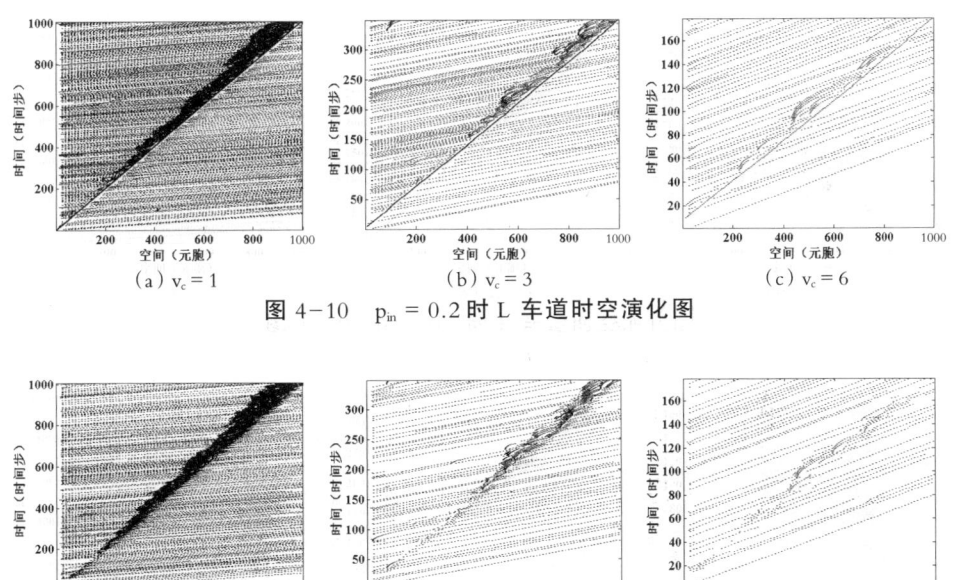

(a) $v_c=1$ （b) $v_c=3$ （c) $v_c=6$

图 4-10　$p_{in}=0.2$ 时 L 车道时空演化图

(a) $v_c=1$ （b) $v_c=3$ （c) $v_c=6$

图 4-11　$p_{in}=0.2$ 时 M 车道时空演化图

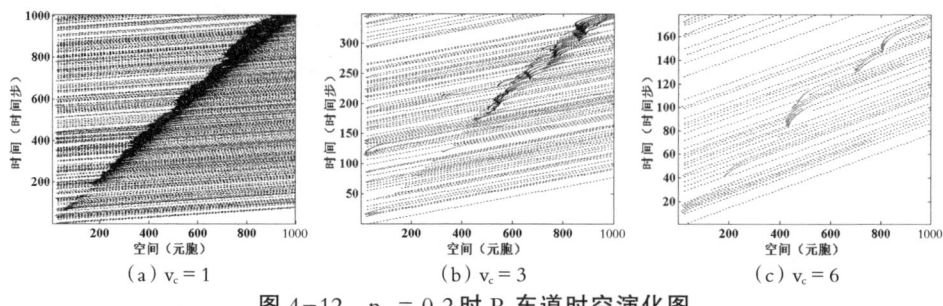

图 4-12 $p_{in} = 0.2$ 时 R 车道时空演化图

长度不随时间变化而增加,基本保持稳定,整体而言,当道路中车辆较少时,清洁车作业行为未对上游区域交通流产生大范围影响。

特征 4-15：在饱和流状态（见图 4-13、图 4-14 和图 4-15),"移动瓶颈"效应凸显,清洁车上游车辆聚集带长度明显增加,向上游区域迅速扩散,车辆聚集带宽度随时间推移呈增长趋势,短时间内难以消散,对清洁车上游区域影响显著,上游车流密度远高于下游区域,下游区域

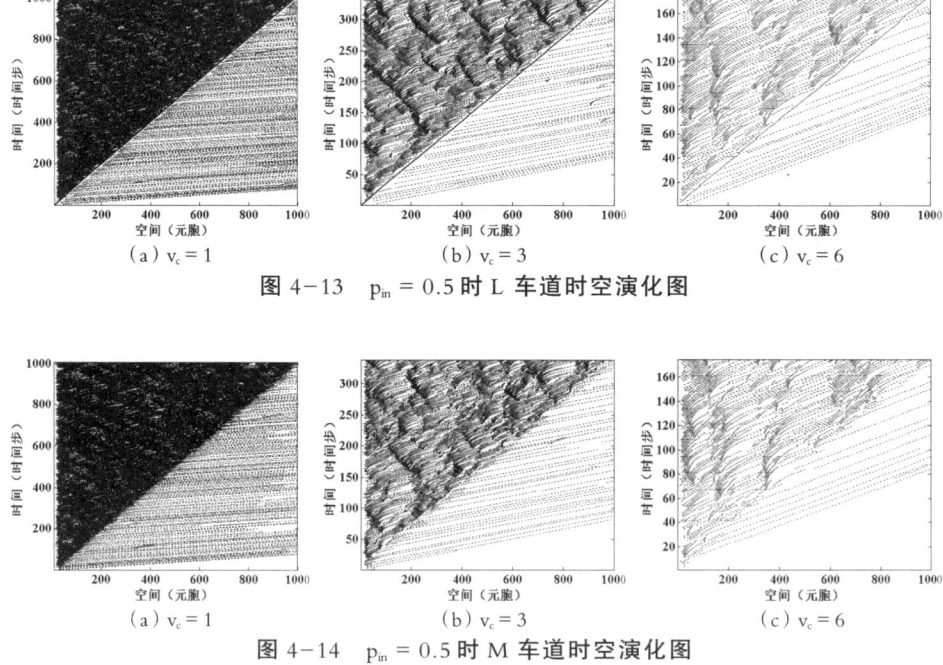

图 4-13 $p_{in} = 0.5$ 时 L 车道时空演化图

图 4-14 $p_{in} = 0.5$ 时 M 车道时空演化图

第四章 清洁车作业行为影响下的城市道路交通流仿真与演化

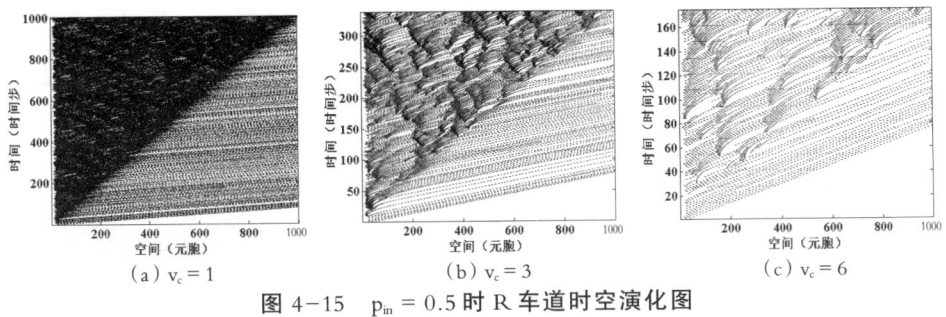

图 4-15　$p_{in} = 0.5$ 时 R 车道时空演化图

处于自由流状态。随着 v_c 的增大，车辆聚集带密度随之变得稀疏。

2）清洁车位于车道。从图 4-16 至图 4-21 可得，清洁车位于 M 车道情形下各车道时空演化与清洁车位于 L 车道情形下基本类似，在此不再赘述。

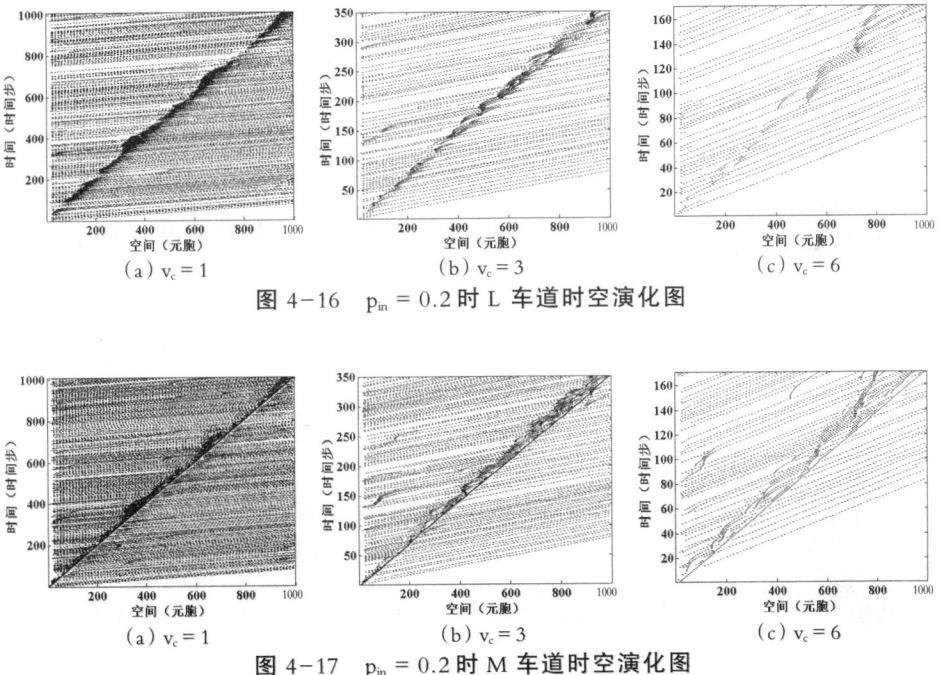

图 4-16　$p_{in} = 0.2$ 时 L 车道时空演化图

图 4-17　$p_{in} = 0.2$ 时 M 车道时空演化图

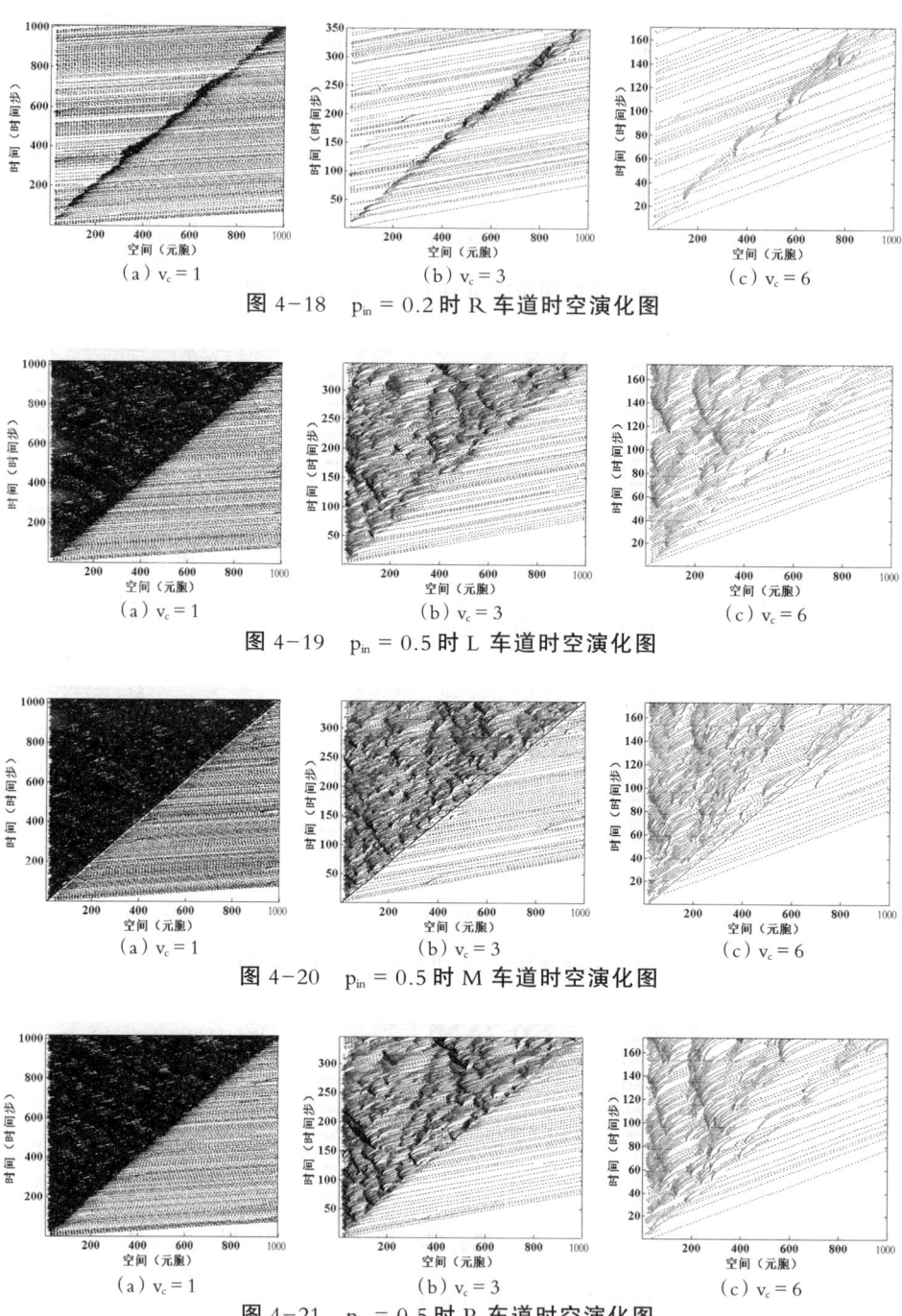

图 4-18　$p_{in} = 0.2$ 时 R 车道时空演化图

图 4-19　$p_{in} = 0.5$ 时 L 车道时空演化图

图 4-20　$p_{in} = 0.5$ 时 M 车道时空演化图

图 4-21　$p_{in} = 0.5$ 时 R 车道时空演化图

通过以上分析，对比两车道情形和三车道情形道路时空图演化规律，可以得出，两车道情形下清洁车作业行为诱发的车辆聚集带宽度更宽、密度更大、持续时间更长。

3）三种清洁车作业情形下道路时空演化特征异同分析。相同演化特征。两种道路环境清洁车作业行为都会诱发移动交通瓶颈，在清洁车上游形成车辆聚集带，而清洁车下游则呈现自由流状态；随着清洁车作业速度 v_c 的增加，车辆聚集带长度在减小，清洁车的"移动瓶颈"效应在减弱；对于给定清洁车作业速度，当道路中车辆较少时，清洁车上游车辆聚集带长度较短，能在较短时间内消散，未对上游大范围道路交通造成影响，随着道路中车辆的增多，清洁车上游车辆聚集带长度大幅增加，短时间内难以消散，对上游大范围道路交通造成影响。同时，随着 v_c 的增加，两种道路环境下道路时空特征无明显差异。

不同演化特征。当 $p_{in} = 0.2$ 时，两车道情形下清洁车作业行为形成的车辆聚集带长度随着时间增加呈现增加趋势；而三车道情形下，车辆聚集带宽度更窄，宽度基本不随时间变化而变化，并且当清洁车位于 L 车道情形时的车流聚集带宽度比清洁车位于 M 车道情形略宽。当 $p_{in} = 0.5$ 时，两车道情形和三车道情形车辆聚集带长度无明显差异，但两车道情形车辆聚集带密度更大。

三、清洁车作业速度可变时的交通流演化分析

（一）车辆平均速度演化分析

根据所收集的仿真数据绘制如清洁车作业行为情形下车辆平均速度曲线，图 4-22、图 4-23 和图 4-24 所示。

1. 两车道情形

通过对图 4-22 曲线分析，可以得到车辆平均速度呈现以下演化特征。

特征4-16：当车流处于低密度时（$p_{in} \leq p_{in}^c$），随着p_{in}的增加各车道车辆平均速度呈线性下降趋势，L车道和R车道车辆平均速度下降幅度无明显差异；无清洁车作业情形下各车道车辆平均速度略有下降；当车流处于中等密度时（$p_{in}^c < p_{in} \leq p_{in}^u$），两车道车流量均略有下降。

特征4-17：当车流处于高密度时（$p_{in} > p_{in}^u$），各车道车辆平均速度不再下降，保持稳定，L车道车辆平均速度要略高于R车道车辆平均速度，p_{in}^c随着v_c的增加而增加。从图4-22第1个子图（$v_c = 1$）和第6个子图（$v_c = 6$）可以得出，随着v_c的增加，清洁车作业情形下L车道和R车道车辆平均速度较无清洁车作业情形降幅分别由$v_c = 1$时的73.15%（15.62千米/小时）、74.0%（14.28千米/小时）变为$v_c = 6$时的40.80%（34.45千米/小时）、43.21%（33.05千米/小时）。

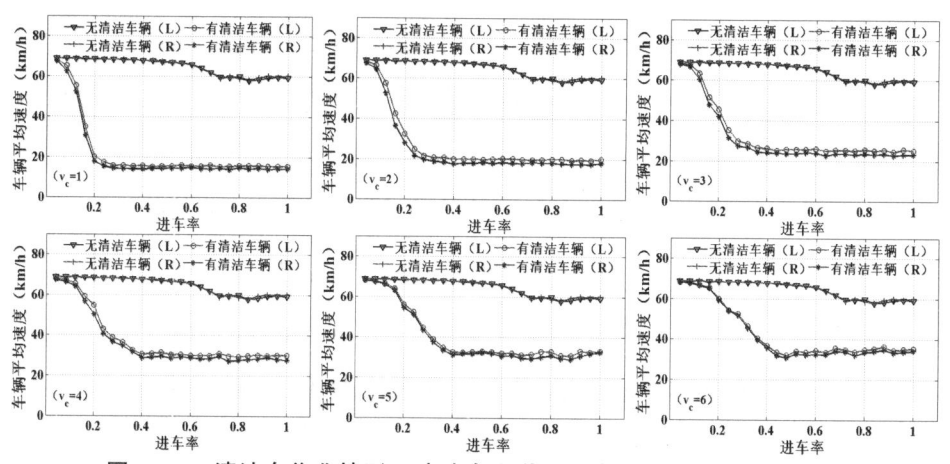

图4-22 清洁车作业情形下清洁车上游区域车辆平均速度演化曲线

2. 三车道情形

（1）清洁车位于L车道。通过对图4-23曲线分析，可以得到各车道车辆平均速度呈现以下演化特征。

特征4-18：当$p_{in} \leq p_{in}^c$即车流处于低密度时，随着p_{in}的增加，清洁车作业情形下各车道车辆平均速度基本保持不变。当 $p_{in}^c < p_{in} \leq p_{in}^u$ 即车流处于中等密度时，各车道车辆平均速度呈线性增加，当 $v_c = 1$ 时，各车道车辆平均速度下降幅度相似，无明显差异；当 $v_c = 2$ 时，M 车道和 R 车道车辆平均速度下降幅度略大于 L 车道车辆平均速度；当 v_c 进一步增大时（$v_c > 3$），M 车道和 R 车道车辆平均速度下降幅度较 L 车道车辆平均速度下降幅度更为明显。无清洁车作业情形下各车道车辆平均速度略有下降。

特征 4-19：当 $p_{in} > p_{in}^u$ 时，各车道车辆平均速度不再下降，保持稳定，此时，L 车道车辆平均速度要略高于 M 车道和 R 车道车辆平均速度，M 车道和 R 车道车辆平均速度相近。随着 v_c 的增加，清洁车作业情形下 L 车道、M 车道和 R 车道车辆平均速度较无清洁车作业情形降幅分别由 $v_c = 1$ 时的 71.43%（16.29 千米/小时）、74.64%（14.90 千米/小时）、75.00%（14.24 千米/小时）变为 $v_c = 6$ 时的 27.68%（42.03 千米/小时）、38.04%（35.73 千米/小时）、38.06%（35.44 千米/小时）。

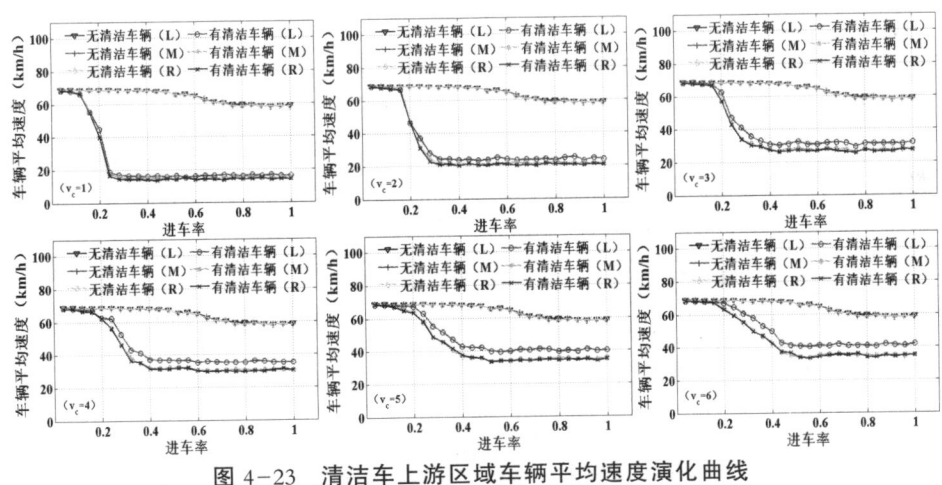

图 4-23　清洁车上游区域车辆平均速度演化曲线

（2）清洁车位于 M 车道。通过对图 4-24 曲线分析，可以得到各车道车辆平均速度呈现以下演化特征。

特征 4-20：当车流处于低密度时（$p_{in} \leq p_{in}^c$），随着 p_{in} 的增加，清洁车作业情形下各车道车辆平均速度基本保持不变。当车流处于中等密度时（$p_{in}^c < p_{in} \leq p_{in}^u$），各车道车辆平均速度呈线性增加，当 $v_c \geq 2$ 时，各车道车辆平均速度下降幅度相似，无明显差异；当 $v_c \geq 3$ 时，M 车道和 R 车道车辆平均速度下降幅度略大于 L 车道车辆平均速度。无清洁车作业情形下各车道车辆平均速度略有下降。

特征 4-21：当车流处于高密度时（$p_{in} > p_{in}^u$），各车道车辆平均速度不再下降，保持稳定，此时，L 车道车辆平均速度要略高于 M 车道和 R 车道车辆平均速度，M 车道和 R 车道车辆平均速度大小相近；随着 v_c 的增加，清洁车作业情形下 L 车道、M 车道和 R 车道车辆平均速度较无清洁车作业情形降幅分别由 $v_c = 1$ 时的 71.43%（15.67 千米/小时）、71.32%（15.25 千米/小时）、71.26%（16.66 千米/小时）变为 $v_c = 6$ 时的 22.32%（44.53 千米/小时）、31.63%（39.76 千米/小时）、31.56%（39.83 千米/小时）。

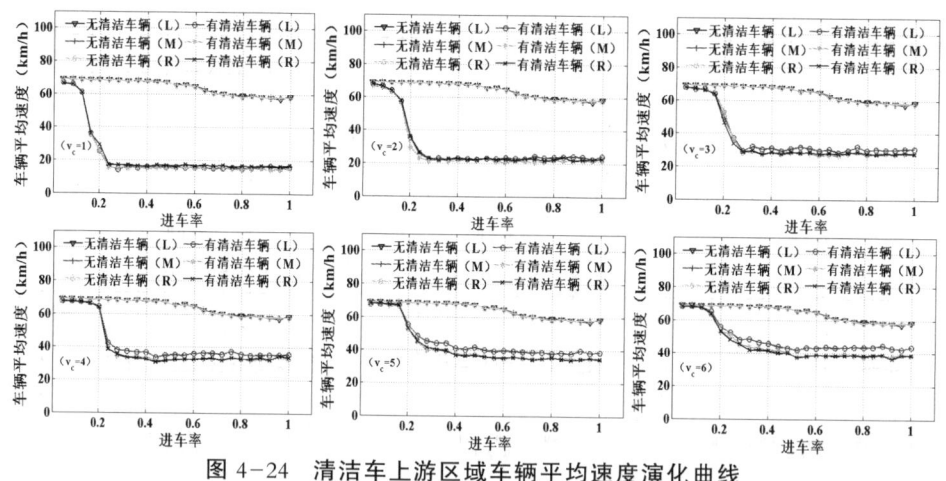

图 4-24 清洁车上游区域车辆平均速度演化曲线

（二）车辆延误演化分析

根据所收集的仿真数据绘制清洁车作业行为情形下车辆平均通行时

间和延误指数演化曲线,如图 4-25、图 4-26 和图 4-27 所示。

1. 两车道情形

从图 4-25 可以得出,车辆延误呈现以下演化特征。

特征 4-22:从图 4-25(a)可得,当车流处于低密度时($p_{in} \leq p_{in}^c$),随着 p_{in} 的增加,清洁车作业情形下各车道车辆平均通行时间基本保持不变;当车流处于中等密度时($p_{in}^c < p_{in} \leq p_{in}^u$),各车道车辆平均通行时间呈线性增加,且随着 v_c 的增加车辆平均通行时间斜率呈现减小趋势,这表明车辆的平均通行时间增幅在下降;当车流处于高密度时($p_{in} > p_{in}^u$),随着 p_{in} 的增加,车辆平均通行时间不再增加保持稳定,此时,随着 v_c 的增加车辆平均通行时间呈现下降趋势,并且当 $v_c \leq 4$ 时,L 车道车辆平均通行时间要大于 R 车道车辆平均通行时间,当 $v_c \geq 5$ 时,L 车道和 R 车道车辆平均通行时间趋于一致。

特征 4-23:从图 4-25(b)可得,车辆延误指数与车辆平均通行时间具有相类似的演化趋势,当 $v_c \leq 4$ 时,L 车道延误指数要大于 R 车道车辆延误指数,当 $v_c \geq 5$ 时,L 车道和 R 车道延误指数趋于一致。同时从

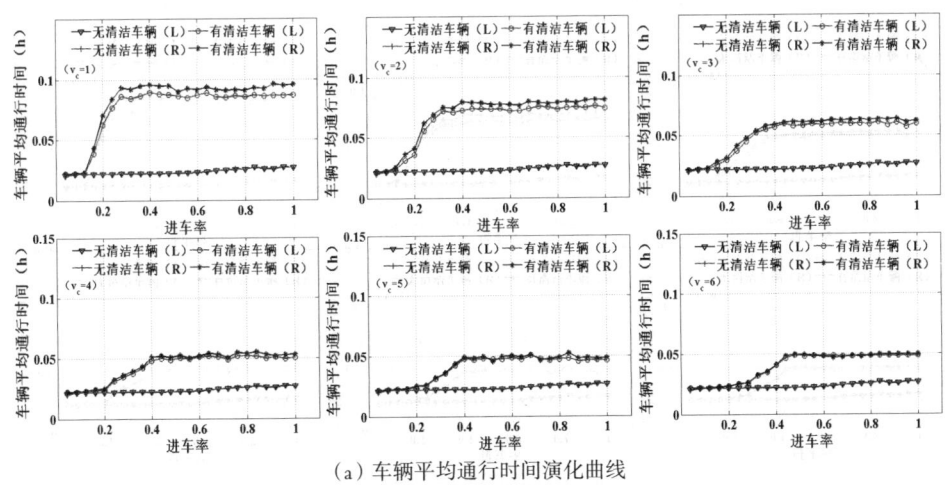

(a)车辆平均通行时间演化曲线

图 4-25 清洁车上游区域车辆延误演化曲线

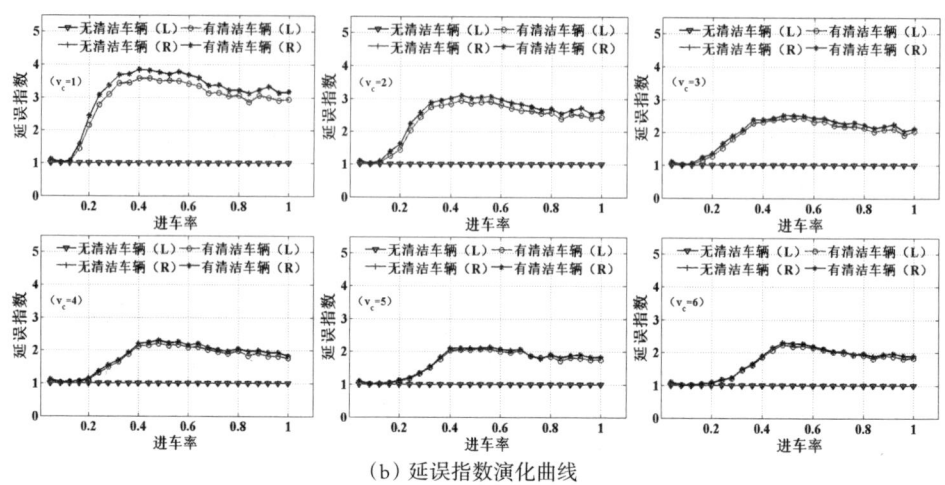

(b) 延误指数演化曲线

图 4-25 清洁车上游区域车辆延误演化曲线（续）

图中还可以得出，当 $v_c = 1$ 时，L 车道和 R 车道平均延误指数分别为 3.63 和 3.91，即清洁车作业速度为 5.4 千米/小时，L 车道和 R 车道车辆通行此路段花费的时间将分别是畅通时的 3.63 倍和 3.91 倍；当 $v_c = 3$ 时，即清洁车作业速度为 16.2 千米/小时，L 车道和 R 车道平均延误指数分别为 2.41 和 2.53；当 $v_c = 6$ 时，即清洁车作业速度为 32.4 千米/小时，L 车道和 R 车道平均延误指数延误指数分别降低至 1.85 和 1.91。

2. 三车道情形

（1）清洁车位于车道。从图 4-26 可以得出，车辆延误呈现以下演化特征。

特征 4-24：从图 4-26(a) 可得，与两车道情形演化特征类似，当车流处于低密度时（$p_{in} \leq p_{in}^c$），随着 p_{in} 增加，各车道车辆平均通行时间基本保持不变；当车流处于中等密度时（$p_{in}^c < p_{in} \leq p_{in}^u$），各车道车辆平均通行时间呈线性增加，且随着 v_c 的增加车辆平均通行时间斜率呈现减小趋势，这表明车辆平均通行时间增幅在降低；当车流处于高密度时（$p_{in} > p_{in}^u$），随着 p_{in} 增加，车辆平均通行时间不再增加，保持稳定，此时，随着 v_c 的增

第四章 清洁车作业行为影响下的城市道路交通流仿真与演化

加车辆平均通行时间呈现下降趋势，且当 $v_c = 1$ 时，L 车道车辆平均通行时间要大于 M 车道和 R 车道车辆平均通行时间，当 $v_c = 2$ 时，三车道车辆平均通行时间相近，当 $v_c \geq 3$ 时，L 车道车辆平均通行时间则要小于 M 车道和 R 车道车辆平均通行时间。

特征 4-25：从图 4-26(b) 可得，当 $v_c = 1$ 时，L 车道延误指数要大于 M 车道和 R 车道延误指数，当 $v_c = 2$ 时，三车道延误指数相近，当 $v_c \geq 3$ 时，L 车道延误指数则要小于 M 车道和 R 车道延误指数。同时，当 $v_c = 1$ 和 $p_{in} = 0.5$ 时，L 车道、M 车道和 R 车道平均延误指数分别为 3.32、3.10 和 3.15，即当 v_c 为 5.4 千米/小时时，L 车道、M 车道和 R 车道车辆通行此路段花费的时间将分别是畅通时的 3.32 倍、3.10 倍和 3.15 倍，当 $v_c = 3$ 时，即 v_c 为 16.2 千米/小时时，L 车道、M 车道和 R 车道平均延误指数分别为 2.06、2.25 和 2.24，当 $v_c = 6$ 时，即 v_c 为 32.4 千米/小时时，L 车道、M 车道和 R 车道平均延误指数分别降低至 1.65、1.77 和 1.77。

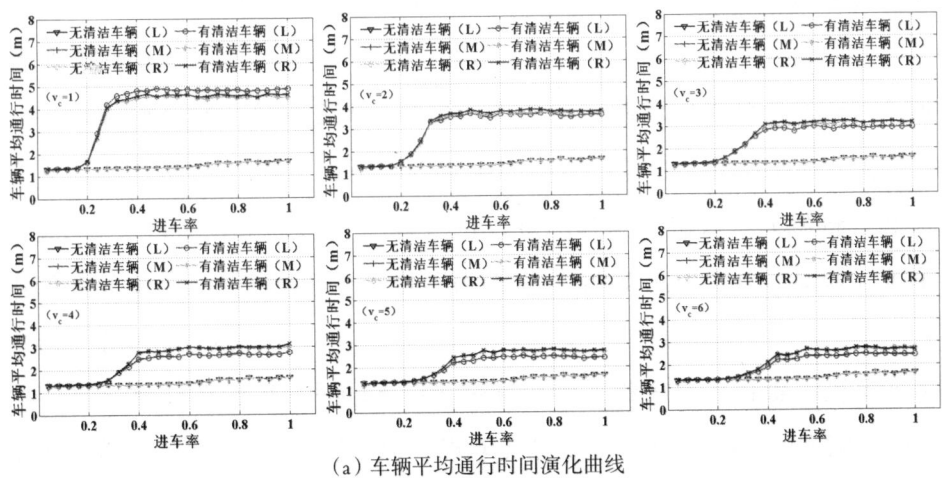

(a) 车辆平均通行时间演化曲线

图 4-26 清洁车上游区域车辆延误演化曲线

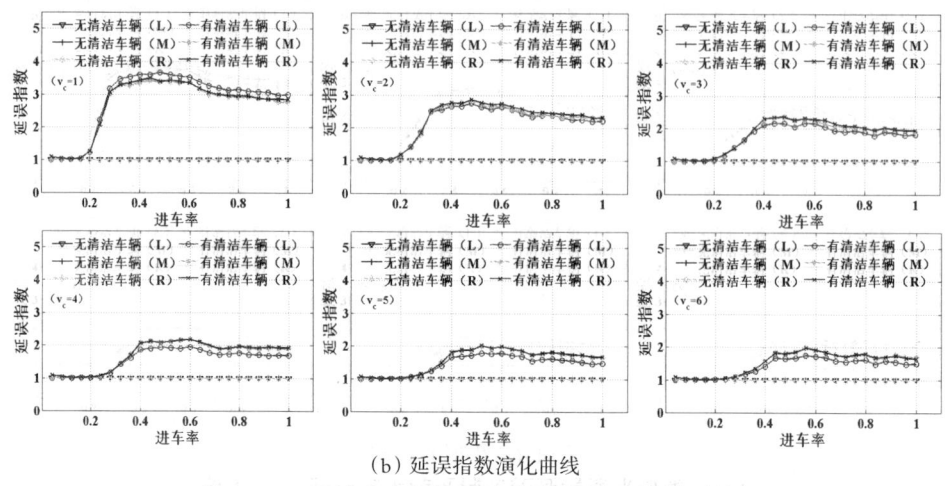

(b) 延误指数演化曲线

图 4-26 清洁车上游区域车辆延误演化曲线（续）

（2）清洁车位于 M 车道。从图 4-27 可以得出，车辆延误呈现以下演化特征。

特征 4-26：从图 4-27(a) 可得，与前面两种情形演化特征类似，当 $p_{in} \leqslant p_{in}^c$ 即车流处于低密度时，随着 p_{in} 的增加，清洁车作业情形下各车道车辆平均通行时间基本保持不变；当 $p_{in}^c < p_{in} \leqslant p_{in}^u$ 即车流处于中等密度时，各车道车辆平均通行时间呈线性增加，且随着 v_c 的增加车辆平均通行时间斜率呈现减小趋势，这表明车辆的平均通行时间增幅在降低。当 $p_{in} > p_{in}^u$，即车流处于高密度时，随着 p_{in} 的增加，车辆平均通行时间不再增加，保持稳定，此时，随着 v_c 的增加车辆平均通行时间呈现下降趋势，并且当 $v_c \leqslant 2$ 时，M 车道车辆平均通行时间要大于 L 车道和 R 车道车辆平均通行时间，L 车道和 R 车道车辆平均通行时间大小相近；当 $v_c \geqslant 3$ 时，M 车道和 R 车道车辆平均通行时间相近，而 L 车道车辆平均通行时间则要低于 M 车道和 R 车道车辆平均通行时间。

特征 4-27：从图 4-27(b) 可得，延误指数与车辆平均通行时间具有相类似的演化趋势，当 $v_c \leqslant 2$ 时，M 车道延误指数要大于 L 车道和 R 车道延误指数，L 车道和 R 车道延误指数大小相近；当 $v_c \geq 3$ 时，M 车道和 R 车道延误指数相近，而 L 车道车辆延误指数则要低于 M 车道和 R 车道延误指数。同时从图中还可以得到，当 $v_c = 1$ 时，L 车道、M 车道和 R 车道平均延误指数分别为 3.01、3.20 和 3.01，即当 v_c 为 5.4 千米/小时时，L 车道、M 车道和 R 车道车辆通行此路段花费的时间将分别是畅通时的 3.01 倍、3.20 倍和 3.01 倍，当 $v_c = 3$ 时，即当 v_c 为 16.2 千米/小时时，

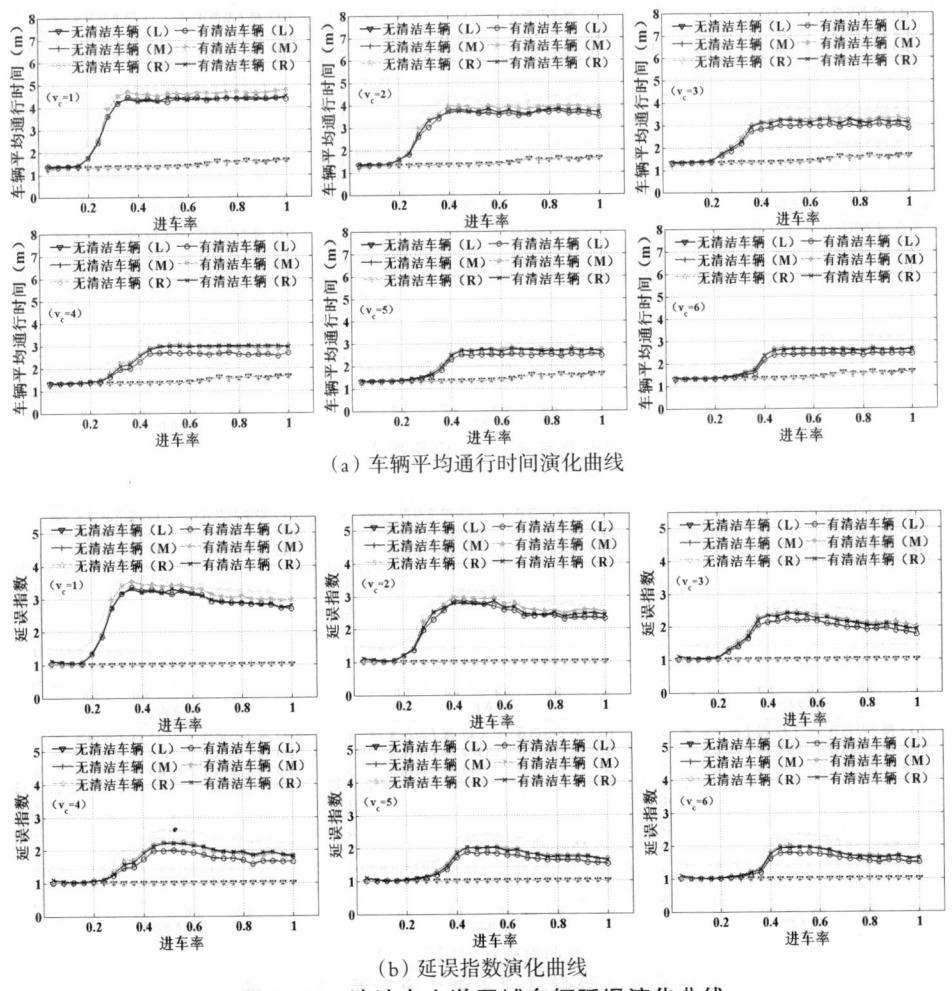

(a) 车辆平均通行时间演化曲线

(b) 延误指数演化曲线

图 4-27 清洁车上游区域车辆延误演化曲线

L车道、M车道和R车道平均延误指数分别为2.01、2.22和2.15，当v_c = 6时，即当v_c为32.4千米/小时时，L车道、M车道和R车道平均延误指数分别为降低至1.60、1.76和1.73。

（三）车流平均密度演化分析

根据所收集的仿真数据，绘制清洁车上下游区域车流平均密度曲线，如图4-28、图4-29和图4-30所示。由于清洁车作业时的移动性，每个时间步清洁车的位置都会发生变化，为分析靠近清洁车上下游附近区域车流平均密度演化特征，特以清洁车位置为基准，分别选取上下游特定区域，统计分析给定区域的车流平均密度，由于选取区域起始位置相对于清洁车辆位置固定不变，故称为相对位置。

1. 两车道情形

从图4-28(a)、图4-28(b)可以得出，两车道情形下车流平均密度呈现以下演化特征。

特征4-28：在清洁车上游区域，无论道路中车辆多与少（p_{in} = 0.2, 0.5），车流平均密度都明显稠密，其中R车道车流平均密度略大于L车道车流平均密度，同时，随着v_c的增加，清洁车上游区域车流平均密度呈现下降趋势。另外，从图中还可以得出，随着靠近清洁车，R车道车流平均密度呈增加趋势，且在紧靠清洁车附近平均车流密度呈现增加趋势；而L车道车流平均密度在靠近清洁车时呈现小幅下降趋势，这是因为当L车道车辆靠近清洁车时，为了尽快超越清洁车，都会在第一时间换道至R车道，导致车流平均密度略有下降，这与现实情形相一致。

特征4-29：在清洁车下游区域，车流平均密度明显大幅降低，随着车辆驶离清洁车，两车道车辆平均密度趋于一致，并保持稳定；不同点在于，随着v_c的增加，当p_{in} = 0.2时，下游区域两车道车流平均密度较为平稳，而当p_{in} = 0.5时，两车道车流平均密度随着远离清洁车，呈现小

第四章 清洁车作业行为影响下的城市道路交通流仿真与演化

幅增加趋势，这是因为车辆平均速度随着远离清洁车，呈现逐步增加的特征，越靠近清洁车，车辆速度越低，使得不同区域车辆平均速度存在显著差异，由于车辆需要一定时间才能将速度增加至正常水平，导致靠近清洁车区域车辆间隙较大，即车流平均密度较低，而随着驶离清洁车，车辆速度逐渐趋于一致，车辆间距逐步稳定，使得车流平均密度也趋于一致，并保持稳定。

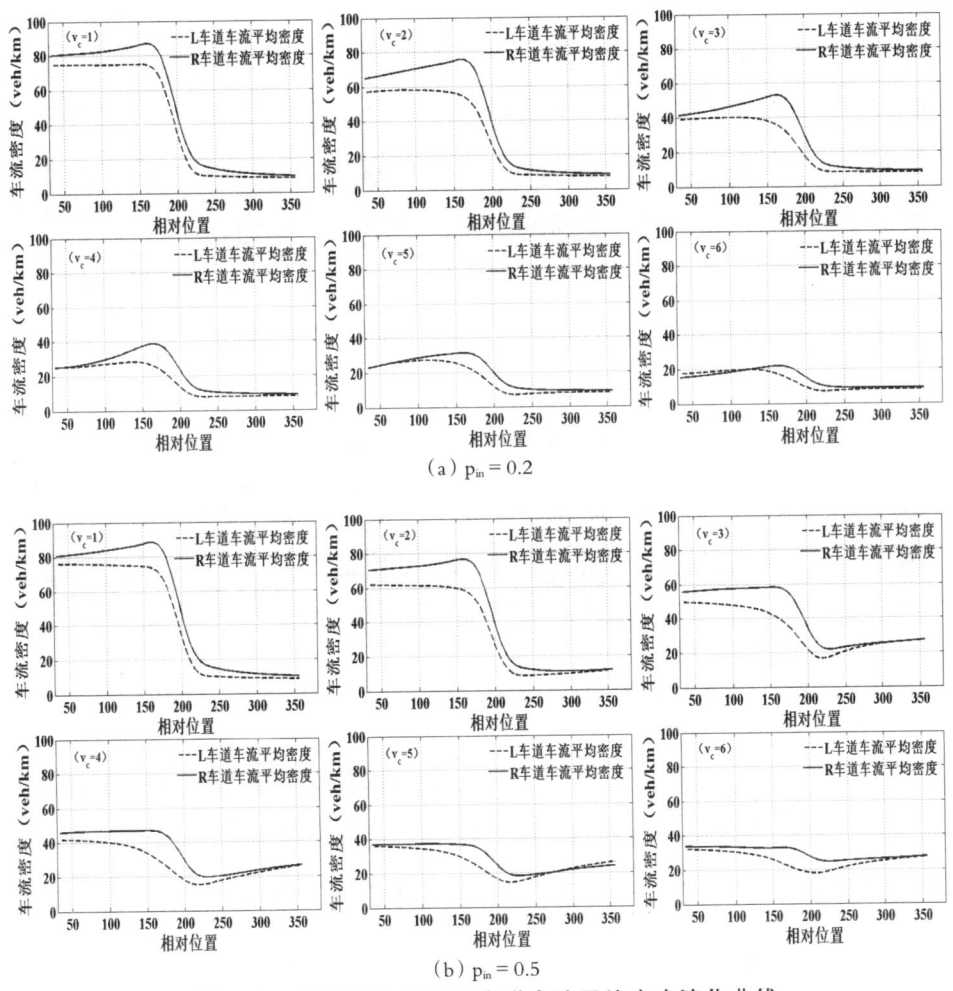

图 4-28 清洁车上下游各车道车流平均密度演化曲线

特征 4-30：随着 v_c 的增加，$p_{in}=0.2$ 时的上游区域车流平均密度要小于 $p_{in}=0.5$ 时的上游区域车流平均密度，且清洁车上下游区域车流平均密度差随之缩小；而当 $v_c \geq 3$ 且 $p_{in}=0.2$ 时的下游区域车流平均密度要小于 $p_{in}=0.5$ 时的下游区域车流平均密度。

2. 三车道情形

（1）清洁车位于 L 车道。从图 4-29(a)、图 4-29(b) 可以得出，车流平均密度呈现以下演化特征。

特征 4-31：在清洁车上游附近区域，无论道路中车辆多与少（$p_{in}=0.2, 0.5$），车流平均密度都明显稠密，且 M 车道和 R 车道车流平均密度大于 L 车道车流平均密度；同时，随着 v_c 的增加，清洁车上游区域车流平均密度呈现下降趋势。另外还可得，随着靠近清洁车，当 $p_{in}=0.2$ 且 $v_c \leq 3$ 时，三车道车流平均密度均呈增加趋势，且在紧靠清洁车附近平均车流密度呈现增加趋势，当 $v_c > 3$ 时，M 车道和 R 车道车流平均密度仍呈现增加趋势，而 L 车道车流平均密度在靠近清洁车时呈小幅下降趋势；当 $p_{in}=0.5$ 时，不同 v_c，M 车道和 R 车道车流平均密度均呈现增加

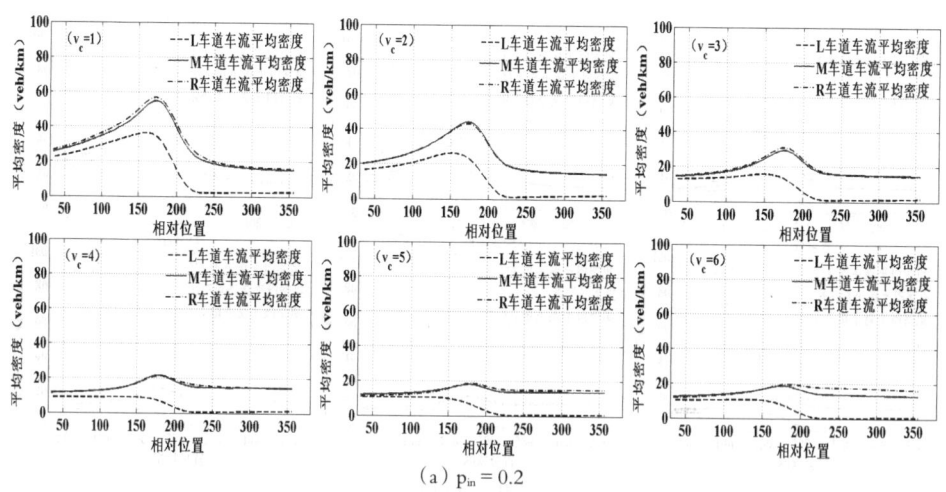

(a) $p_{in}=0.2$

图 4-29 清洁车上下游各车道车流平均密度演化曲线

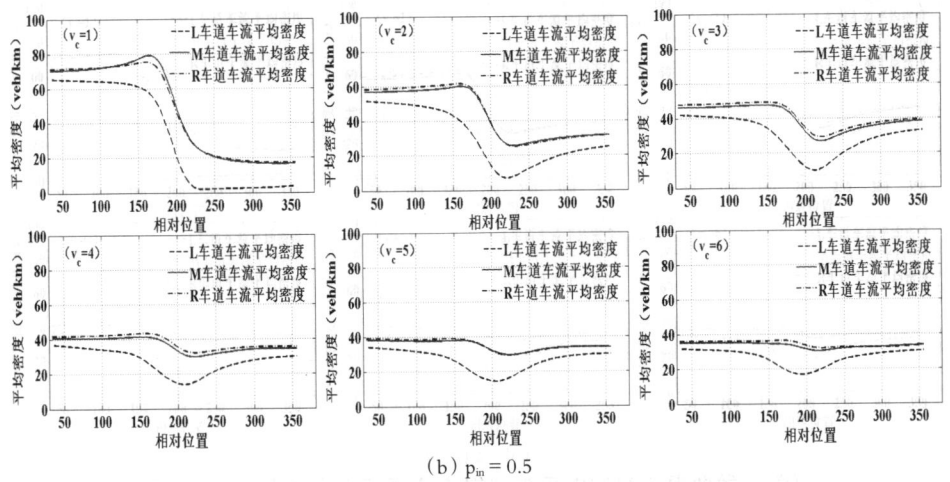

(b) $p_{in} = 0.5$

图 4-29　清洁车上下游各车道车流平均密度演化曲线（续）

趋势，而 L 车道车流平均密度在靠近清洁车时呈小幅下降趋势。

特征 4-32：在清洁车下游区域，车流平均密度明显稀疏，随着车辆驶离清洁车，当 $p_{in} = 0.2$ 时，M 车道和 R 车道车流平均密度逐渐趋于一致，而 L 车道车流平均密度则低于上述两车道；而当 $p_{in} = 0.5$ 时，清洁车下游区域三车道车流平均密度呈先增加后逐渐趋于一致并保持稳定的特征。

特征 4-33：随着 v_c 的增加，$p_{in} = 0.2$ 时的上游区域车流平均密度要小于 $p_{in} = 0.5$ 时的上游区域车流平均密度，且清洁车上下游区域车流平均密度差随之缩小。

（2）清洁车位于 M 车道。从图 4-30(a)、图 4-30(b) 可以得出，车流平均密度呈现以下演化特征。

特征 4-34：在清洁车上游附近区域，无论道路中车辆多与少（$p_{in} = 0.2, 0.5$），车流平均密度都明显稠密，且 M 车道和 R 车道车流平均密度大于 L 车道车流平均密度；同时，随着 v_c 的增加，清洁车上游区域车流平均密度呈现下降趋势。在逐渐靠近清洁车时，当 $p_{in} = 0.2$ 且 $v_c \leq 4$ 时，三车道车流平均密度均呈增加趋势，且在紧靠清洁车附近平均车流密度发生陡增，车流处于拥挤状态，当 $v_c > 4$ 时，L 车道和 R 车道车流平均密度仍呈现增加趋势，而 M 车道车流平均密度在靠近清洁车时呈小幅下降趋势。当 $p_{in} = 0.5$ 时，不同 v_c，L 车道和 R 车道车流平均密度均呈现增加趋势，而 M 车道车流平均密度在靠近清洁车时呈小幅下降趋势。

特征 4-35：在清洁车下游区域，车流平均密度明显稀疏，随着车辆驶离清洁车，当 $p_{in} = 0.2$ 时，清洁车下游区域车流平均密度演化与 v_c 大

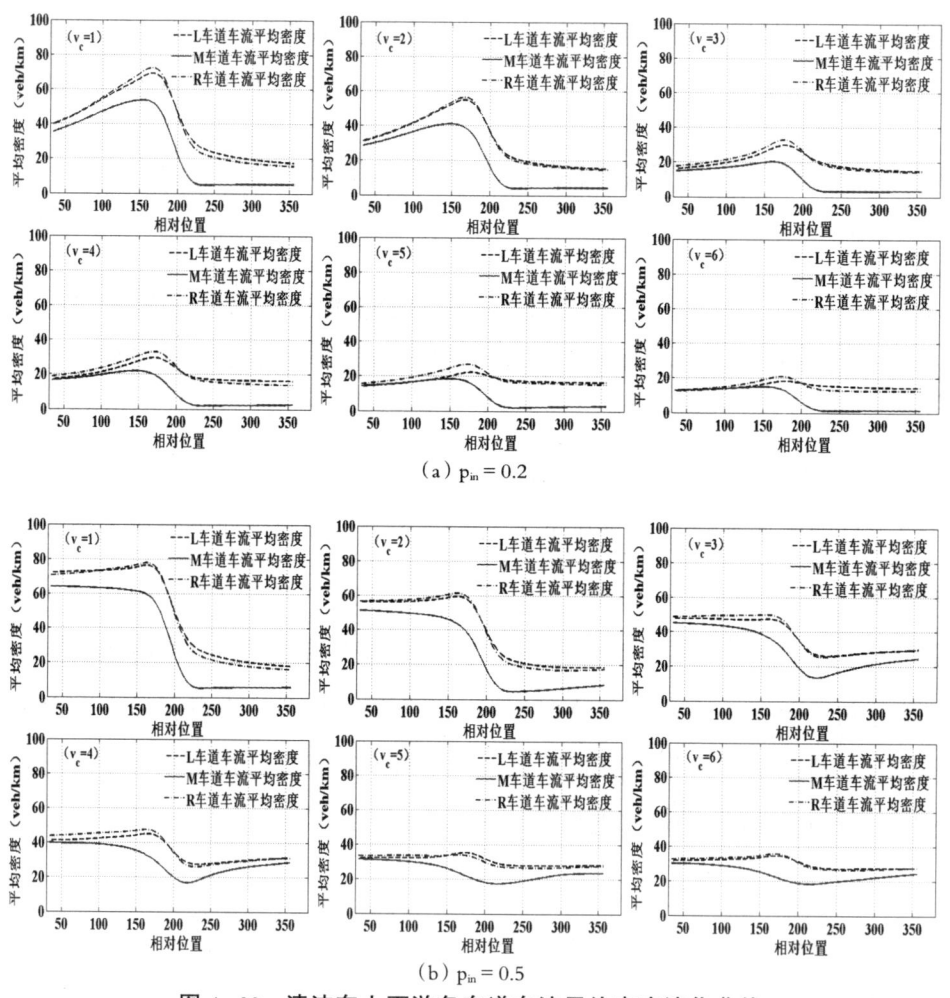

图 4-30 清洁车上下游各车道车流平均密度演化曲线

小无关，呈现一致，均是 L 车道和 R 车道车流平均密度逐渐趋于一致，而 M 车道车流平均密度则低于上述两车道；当 $p_{in} = 0.5$ 且 $v_c \geq 3$ 时，随着车辆驶离清洁车，三车道车流平均密度呈先增加后逐渐趋于一致并保持稳定的特征。

特征 4-36：随着 v_c 的增加，$p_{in} = 0.2$ 时的上游区域车流平均密度要小于 $p_{in} = 0.5$ 时的上游区域车流平均密度。同时，随着 v_c 增加，清洁车上下游车流平均密度差随之减小。

第四节 实测数据分析

为了验证仿真模型对现实交通流演化趋势模拟的有效性，根据所选实测路段辖区，对西安市城市管理局碑林分局进行了走访调研，调研发现，为了有效避开交通高峰，减少延误，管理部门根据以往经验设定西安市清洁车作业时间每天有三个常规时间段，分别是 5：00-7：00、9：00-11：00、15：00-17：00，只有在这些时间段，清洁车才允许上路作业。清洁车作业速度按照车辆出厂设置规定为 5 千米/小时，现实中存在两类清洁车辆，一是清扫车，二是洒水车，通过实测发现，洒水车速度一般较高，而清扫车速度则较慢，这与两类清洁车作业方式和内容有关，并且在实际作业中，由于驾驶员个体差异、路面整洁程度等因素，清洁车作业速度会呈现一定的波动，但一般最大作业速度不会超过 15 千米/小时。为了与本书所构建交通环境相匹配，特选取西安市二环东路、南路两车道和三车道各一路段作为实测路段，通过定点拍摄和跟随实测的方式收集实际交通数据并进行分析。连续三天选择 9：00-11：00 和 15：00-

17：00作为采集数据时间段，由于清洁车作业会受到天气、车辆、临时调整等因素的影响，所以实测时间会有所差异，另外由于其移动性特征、所选实测道路长度等因素，使得采集时长有所限制，具体统计结果如表4-2和表4-3所示。

表4-2 两车道情形实测数据统计

时间段	清洁车作业速度（千米/小时）	L车道		R车道	
		车流量(Veh)	车辆平均速度（千米/小时）	车流量(Veh)	车辆平均速度（千米/小时）
9：00-9：10	无	2227	59.50	2306	58.40
9：32-9：35	5.5	1026	19.57	985	20.33
15：17-15：19	8	1178	23.75	1108	22.27
10：12-10：14	9.5	1225	34.52	1220	33.16

表4-3 三车道情形实测数据统计

时间段	清洁车作业速度（千米/小时）	L车道		M车道		R车道	
		车流量(Veh)	车辆平均速度（千米/小时）	车流量(Veh)	车辆平均速度（千米/小时）	车流量(Veh)	车辆平均速度（千米/小时）
8：50-9：00	无	2160	59.20	2231	60.25	2145	59.62
9：21-9：24	5	1301	24.49	1282	23.76	1288	25.92
10：14-10：16	7.5	1460	38.35	1419	38.71	1425	39.26
16：19-16：21	14	1613	46.17	1583	45.34	1590	45.82

由表4-2、表4-3实测数据和图4-31、图4-32(a)、图4-32(b)可得到以下结论。

(1) 城市清洁车作业行为使得道路平均车流量、车辆平均速度下降，且两车道情形车流量较三车道情形车流量、车辆平均速度下降幅度要大于三车道情形。

(2)随着清洁车作业速度的增加各车道平均车流量和车辆平均速度随之增加。

(3)从图 4-31(b) 和图 4-32(b) 可得,清洁车作业行为会在清洁车上游区域形成车辆聚集带,在清洁车下游区域形成车辆稀疏带,由于道路中车辆较少,此时车辆聚集带长度较短,比较而言,两车道情形下车辆聚集带长度要大于三车道情形。同时,从图 4-31(a) 和图 4-32(a) 可得 L 车道车流平均密度随着靠近清洁车而呈下降趋势,而 M 车道和 R 车道车流平均密度则呈现增加趋势,这一实测结果与仿真所得车流平均密

(a)   (b)

图 4-31 西安市二环东路城市清洁车作业实景图(两车道情形)

(a)   (b)

图 4-32 西安市二环南路城市清洁车作业实景图(三车道情形)

度演化规律相一致。

（4）当L车道车辆靠近清洁车时，会提前减速，等待换道时机，当在一定时间内无法换道至M车道时，L车道车辆往往选择强制换道，使得M车道车辆采取减速措施以免发生事故，对M车道车辆会产生影响，通过图4-32(b)可以明显看出M车道靠近清洁车刹车灯亮起，尤其通过所录制交通视频更能明显反映这一特征。

通过以上分析，可以得出所构建理论模型反映出了现实交通中的交通现象和交通流演化特征。

第五节　本章小结

本章针对以往"移动瓶颈"研究中宏观模型不能体现个体车辆微观行为，实测研究受客观因素影响存在数据不完整情形以及微观仿真研究多针对高速公路环境下的不足，围绕城市清洁车作业行为诱发的移动交通瓶颈问题，建立体现清洁车慢速、占用路面作业行为的更新规则、普通车辆换道规则和普通车辆被作业清洁车阻碍时的强制换道规则，同时针对城市常见的两车道和三车道交通环境，构建元胞自动机交通流模型。一方面，以往混合交通流研究中慢车换道规则和更新规则不适用于清洁车作业时的换道和更新情形；另一方面，相比Pedersen等和Karim等针对高速公路三车道环境下均质交通流的研究，本部分研究构建了能充分体现更为复杂的城市单向三车道环境下的混合交通流模型。通过计算机进行仿真模拟，分析进车率p_{in}和清洁车作业速度v_c可变时清洁车作业行为对道路交通流的影响和演化规律。并通过实测数据验证了理论模型的有效性。

第四章 清洁车作业行为影响下的城市道路交通流仿真与演化

通过分析可得以下具体结果。

第一，两种道路交通环境下清洁车作业行为都会诱发移动交通瓶颈，对道路交通流产生显著影响，会在清洁车上游形成移动车辆聚集带，下游则形成车辆稀疏带；并且两车道车辆聚集带长度、持续时间较三车道情形下车辆聚集带更长，随着清洁车作业速度 v_c 的增加，车辆聚集带密度逐渐降低，"移动瓶颈"效应减弱。

第二，随着进车率 p_{in} 的增加，两种道路环境下，各车道车流量均呈先增加后保持稳定的特征，且两车道情形下饱和车流量较三车道更低。随着清洁车作业速度 v_c 的增加，车辆平均速度随之增加，车辆平均通行时间、延误指数和车流平均密度随之降低。

第三，两车道情形下清洁车作业行为对道路交通的影响要大于三车道情形下清洁车作业行为对道路交通的影响，三车道环境下清洁车位于 L 车道对道路交通流整体的影响要略高于清洁车位于 M 车道情形，且不同情形下各车道交通流演化存在差异。

城市市政管理部门在制定清洁车作业机制时，要依据交通管理部门提供的不同路段、不同时段的交通实时大数据，制定细致科学的清洁车作业时间表和作业路线，在满足清洁作业要求的前提下，清洁车作业时应保持尽量高的行驶速度，可以有效减少延误，在美化城市环境的同时，减少由此带来的交通拥堵，保证道路通行效率。

第五章　新手驾驶行为影响下的城市道路交通流仿真与演化

根据北京、上海、西安、兰州等城市交管部门在日常交通管理中的发现，新手是诱发城市交通拥堵的重要原因之一。究其原因，这是由于新手受到驾驶技能不熟练、经验欠缺和心理不稳定等因素影响，导致新手具有"低速、跟车间距大、换道犹豫、加速慢"的驾驶行为特征。当道路中车辆较多时，新手驾驶车辆会对正常行驶车辆产生阻碍和干扰，形成车辆聚集带，使得新手驾驶车辆呈现"移动瓶颈"效应，诱发交通拥堵，导致道路通行效率下降。

国内外学者运用元胞自动机模型对包含快、慢车的混合交通系统进行了相关研究。1997年Chowdhury等[102]提出STNS模型，对由快、慢车组成的混合交通系统进行了研究，发现系统中的慢车作用被夸大了，即使系统中只有很少量的慢车，如两辆并排的慢车，在其后就会形成非常严重的排队现象，并且会维持较长时间不会消散。针对STNS模型的缺陷，Jia等[87]考虑当一辆快车被慢车阻挡时，快车驾驶人就可能鸣笛来催促慢车让道，提出了考虑鸣笛效应的H-STNS模型，研究假定快慢车除了速度以外的其他性质均无差异，得出鸣笛效应增加了慢车换道的频次，使得慢车的阻塞效应得到缓解，并发现在非对称的双车道模型中不宜采用鸣笛效应；在STNS基础上，Li等[88]考虑到慢车较少换道，而快车被慢车阻挡时换道欲望强烈，提出了能够体现强行换道的 A-STNS 模型，重点研究了给定慢车混合率情形下不同强制换道率对道路交通流的影响，研究发现快车的强行换道行为，使得许多在 STNS 模型中长时间存在的塞子可以在短时间内消散，但该模型中未考虑慢车不同速度情形和快、慢车的加速能力差异。孙有信等[62]建立了周期边界条件下的公交影响的双车道多速元胞自动机模型，该研究中除了将公交车定义为慢车外，还要考虑公交专用道、公交车停靠等情形，与本章所研究的新手驾驶行为特征不同。

现实中，新手驾驶车辆即使听到后车鸣笛，往往也较少换道，即鸣笛效应对新手驾驶人而言，作用有限。另外，如果后车鸣笛反而会增加新手的紧张情绪，严重的会导致新手驾驶车辆熄火抛锚，对道路交通造成更大影响，所以 H-STNS 模型并不适用于包含新手驾驶车辆的混合交通系统。同时，新手驾驶车辆的加速能力、随机慢化、最大速度、换道概率等与普通车辆都有明显不同，而以往研究中未综合考虑。为此，本章首先对新手驾驶行为影响下的道路交通瓶颈特征进行提炼和分析；然后构建基于新手驾驶行为的道路交通流模型，对新手驾驶车辆混合率、新手驾驶车辆加速率和新手驾驶车辆最大速度可变时道路交通流进行仿真模拟，采集数据分析新手驾驶行为影响下的城市道路交通流演化规律；最后对本章研究结果进行小结。

第一节　新手驾驶行为影响下的城市道路交通特征分析

当新手驾驶车辆在道路中行驶时，可能会诱发以下交通现象。

(1)新手驾驶车辆会占用一个车道以较慢速度行驶,对正常行驶车流产生阻碍,当道路中车辆较多时,就会形成移动瓶颈(见图 5-1),使后车延误,发生车辆排队。

(2)当后车受到新手驾驶阻碍,短时不能前行,就会强行换道超越新手驾驶车辆,可能与邻道后车发生冲突,导致邻道车辆发生延误。

(3)新手驾驶车辆加速能力、最大行驶速度与普通车辆存在差异。

(a)实景图

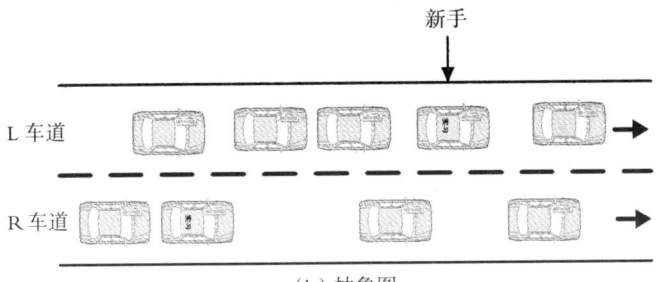

(b)抽象图

图 5-1 新手驾驶行为诱发的移动交通瓶颈示意图

第二节 考虑新手驾驶行为的城市道路交通流模型构建

以城市单向两车道道路系统为对象,构建包含新手驾驶车辆(慢车)和普通车辆(快车)的混合交通系统。所构建道路系统属基本路段,无交叉口、非机动车和行人影响,道路线形条件良好。

设定每辆车辆占用1个元胞,将每个时刻划分为2个子时间步,在第1个时间步内,车辆按照定义好的规则进行换道;第2个时间步内车辆在各自所在车道按照单车道位置更新规则进行更新。相关参数定义如下。

$d_n^{hj}(t)$ 表示 t 时刻车辆 n 与本车道、相邻车道上前后相邻车辆间的空元胞数,h = 0, 1 代表本车道和相邻车道;j = f, b 分别表示 n 车的前车和后车。

$v_n(t)$ 表示车辆 n 在 t 时间步的速度。

$v_n^f(t)$ 表示当前车道前车速度。

$v_n^{1b}(t)$ 表示相邻车道后车速度。

v_{max} 表示普通车辆最大行驶速度。

v_l 表示新手驾驶车辆的最大行驶速度,且 $v_l < v_{max}$。

p_{out} 表示单位时间步内车辆离开道路系统的概率。

pm 表示道路中新手驾驶车辆混合率。

p_a 表示新手驾驶车辆加速率。

交通流模型由两部分构成:一是车辆换道规则,包括新手驾驶车辆和普通车辆换道规则;二是车辆位置更新规则,包括新手驾驶车辆和普通车辆位置更新规则。

一、新手驾驶车辆和普通车辆换道规则

现实交通中，当道路中均为同质车辆时，车辆采取自由换道，由于此时车流量基本处于自由流状态，因此道路中车辆换道率较低。当道路中有新手驾驶车辆（慢车）时，车辆换道则有以下三种情形：

一是普通车辆（快车）被新手驾驶车辆阻挡。此时普通车辆换道欲望强烈，会采取强制换道行为。

二是普通车辆被普通车辆阻挡。由于受到新手驾驶车辆影响，当道路中车辆数达到一定规模时，普通车辆被普通车辆阻挡情形增多，被阻挡普通车辆也会采取强制换道行为，但此时强制换道安全距离要大于第一种情形。

三是新手驾驶车辆换道欲望较普通车辆更弱，换道安全距离更长。具体换道规则如下。

（一）普通车辆换道规则

1. C1 规则

道路中没有新手驾驶车辆，自由换道。

$$d_n^{1f}(t) > d_n^{0f}(t) \text{ and } d_n^{0f}(t) < \min(v_n(t)+1, v_{max}) \tag{5-1}$$

$$d_n^{1b}(t) > (v_{max}+1) - \min(v_n(t)+1, v_{max}) \tag{5-2}$$

当满足式（5-1）和式（5-2）时，则普通车辆以概率 p_1 换道至目标车道，否则不换道。

2. C2 规则

道路中有新手驾驶车辆，且普通车辆被新手驾驶车辆阻挡。

后车受到新手驾驶车辆阻碍时，具有强烈的第一时间换道行驶的愿望，以期尽快超越新手驾驶车辆，避免长时间跟随其慢速行驶，而新手

驾驶车辆相邻车道行驶的普通车辆除非遇到极端情况,如在无法继续行驶而只有变换车道后方可以继续前行时,则更愿意在所在车道行驶。具体换道规则如下。

$$d_n^{1f}(t) \geq 1 \text{ or } d_n^{0f}(t) = d_n^{1f}(t) = 0 \tag{5-3}$$

$$d_n^{1b}(t) \geq 1 \tag{5-4}$$

$$d_n^{0f}(t) = 0 \text{ and } d_n^{1f}(t) > 1 \text{ and } d_n^{1b}(t) > v_n^{1b}(t) \tag{5-5}$$

p_{change} 表示车辆换道的可能性,根据车辆所处车道不同取不同的值。

$$p_{change} = \begin{cases} p_3 = 1 & \text{当普通车辆被新手车辆阻挡} \\ p_4 & \text{其他} \end{cases} \tag{5-6}$$

当满足式(5-3)和式(5-4)时,普通车辆以概率 p_3 强制换道至目标车道,否则不换道,当不满足条件时,普通车辆则会跟随新手驾驶车辆行驶,等待换道时机;当满足式(5-5)时,普通车辆才会以概率 p_4 换道至新手驾驶车辆所在车道,其中 $p_4 < p_3$,对比式(5-3)、式(5-4)、式(5-5)和式(5-6)可以得出,车辆从新手驾驶车辆邻道向新手驾驶车辆所在车道换道要苛刻得多,这也符合现实情形。

3. C3规则

普通车辆被普通车辆阻挡。

当式(5-7)、式(5-8)和式(5-9)成立时,普通车辆以概率 p_2 强制换道,否则不换道。

$$d_n^{1f}(t) > 1 \text{ and } d_n^{0f}(t) < \min(v_n(t) + 1, v_{max}) \tag{5-7}$$

$$d_n^{1b}(t) \geq 2 \tag{5-8}$$

$$v_n(t) \geq v_n^f(t) \tag{5-9}$$

(二) 新手驾驶车辆换道规则

C4 规则

新手驾驶车辆换道规则。

当满足式（5-10）换道动机和式（5-11）安全条件时，新手驾驶车辆以概率 p_5 换道。

$$d_n^{1f}(t) > d_n^{0f}(t) \text{ and } d_n^{0f}(t) < \min(v_n(t)+1, v_l) - 1 \qquad (5-10)$$

$$d_n^{1b}(t) \geq v_{max} + 1 \qquad (5-11)$$

式（5-10）表示由于驾驶技能不熟练，新手在换道时往往犹豫不决，换道意愿不强，只有当新手驾驶车辆与本车道前车距离小于右车道前车距离，同时新手驾驶车辆与前车距离可接受程度要小于普通车辆对前车距离的可接受程度时，设定为 $d_n^{0f}(t) < \min(v_n(t)+1, v_l) - 1$，且新手驾驶车辆换道安全距离往往要大于普通车辆换道安全距离，设定为 $v_{max} + 1$，即式（5-11）所示。

在上述定义中有 $p_5 < p_4 < p_1 < p_2 < p_3$ 成立，均表示车辆换道的可能性。当满足规则 C1、C2、C3 和 C4 时，车辆以概率 p_1、p_2、p_3、p_4 和 p_5 变换车道。

二、新手驾驶车辆和普通车辆位置更新规则

（一）普通车辆位置更新规则

普通车辆以 NaSch 规则为基础，为与新手驾驶车辆加速能力区别开，将普通车辆加速能力设定为 2[85]，具体更新规则如下。

加速：

$$v_n(t) \to \min(v_n(t)+2, v_{max}) \qquad (5-12)$$

减速：

$$v_n(t) \to \min(v_n(t), d_n^{0f}(t)) \qquad (5-13)$$

随机慢化：以概率 p_6 随机慢化。

$$v_n(t) \to \max(v_n(t) - 1, 0) \tag{5-14}$$

位置更新：

$$x_n(t+1) \to x_n(t) + v_n(t) \tag{5-15}$$

（二）新手驾驶车辆位置更新规则

在定义新手驾驶车辆位置更新规则时，要考虑以下三个新手驾驶行为特征。

一是行车安全距离较大。考虑新手跟随行驶安全间距较大，引入安全距离 $d_n^{sf}(t)$，即新手只要发现与前车距离小于 $d_n^{sf}(t)$ 时，就采取减速措施，以保证与前车安全距离。

$$d_n^{sf}(t) = d_n^{0f}(t) + 1 \tag{5-16}$$

二是加速慢。为体现新手驾驶车辆加速慢特征，定义 p_a 为其加速概率，并设定其加速能力为 1。

三是随机慢化率高。定义新手慢化概率为 p_8，其随机慢化可能性要大于普通车辆，即有 $p_8 > p_6$ 成立。

综合以上分析，定义新手驾驶车辆更新规则如下。

加速：以概率 p_a 加速

$$v_n(t) \to \min(v_n(t) + 1, v_l) \tag{5-17}$$

减速：

$$v_n(t) \to \min(v_n(t), d_n^{sf}(t)) \tag{5-18}$$

随机慢化：以概率随机慢化

$$v_n(t) \to \max(v_n(t) - 1, 0) \tag{5-19}$$

位置更新：

$$x_n(t+1) \to x_n(t) + v_n(t) \tag{5-20}$$

| 第五章　新手驾驶行为影响下的城市道路交通流仿真与演化

第三节　数值模拟及结果分析

一、基本参数设定

在前面所构建理论模型基础上，运用 Matlab 软件编写仿真程序，构建单向双车道道路系统，收集数据，分析新手驾驶行为对道路交通流的影响和演化规律。设定道路长度为 1000 个元胞，每个元胞长度为 7.5 米，对应道路长度为 7500 米；每辆车占据 1 个元胞，车辆长度为 7.5 米，普通车辆最大速度 $v_{max} = 3$，对应车速为 81 千米/小时。新手驾驶车辆最大速度 v_l 对道路交通流有着重要影响，为此取多个新手驾驶车辆最大速度 v_l 值，如表 5-1 所示。

表 5-1　新手驾驶车辆最大速度 v_l

速度单位	新手驾驶车辆最大速度 v_l	
元胞数（个）	2	3
实际速度（km/h）	54	81

取车辆换道率 $p_1 = 0.7$、$p_2 = 0.8$、$p_4 = 0.6$，随机慢化率 $p_6 = 0.3$；新手驾驶车辆换道率 $p_5 = 0.3$、随机慢化率 $p_8 = 0.6$。为分析新手驾驶车辆加速能力对城市道路交通流的影响，加速率 p_a 取多个值，如表 5-2 所示。

表 5-2　新手驾驶车辆加速率 p_a

新手驾驶车辆加速率 p_a		
0.5	0.7	1

用新手车辆混合率 pm 体现道路中不同数量新手驾驶车辆，取值如表 5-3 所示。

表 5-3 新手驾驶车辆混合率 p_m

新手驾驶车辆混合率 p_m					
0	0.01	0.02	0.03	0.04	0.05

每个仿真时间步长为 1 秒，为避免暂态的影响，前 10000 个时间步模拟结果舍弃不用，对后 10000 个时间步数据进行统计并分析，并且进行多次仿真，采集数据求平均值，避免了随意因素的干扰。数值模拟采用周期性边界条件，车辆每次更新后监测道路上头车的位置 x_{lead}，如果 $x_{lead} > L_{road}$，那么头车将从道路的另一端进入系统，变为道路上的尾车，并且有 $x_{last} = x_{lead} - L_{road}$、$v_{last} = v_{lead}$。在仿真程序运行中发现，会出现入口区域不满足车辆进入条件而出口处车辆已满足离开道路条件的情形，为此，设立出口车辆缓冲池，用来临时存放离开道路而暂时无法进入道路的车辆，车辆按照离开道路先后顺序在缓冲池排队等待，当满足进车条件后，车辆顺次从入口进入道路，实现周期性循环。为分析道路交通流状态和演化过程，在各车道均匀设置 6 个虚拟探头采集相关数据。

为研究车流量、车辆速度和车流密度之间的关系，定义各类车的平均车流量、平均速度和平均密度如下。

$$\bar{\rho}(t) = \frac{N(t)}{2L_{road}} \tag{5-21}$$

$$\bar{v}(t) = \frac{1}{N(t)} \sum_{j=1}^{2} \sum_{i=1}^{N(t)} v_{j,i}(t) \tag{5-22}$$

$$\bar{Q}(t) = \bar{\rho}(t) \times \bar{v}(t) \tag{5-23}$$

式中，$\bar{\rho}(t)$ 为 t 时刻两车道平均车流密度，N(t) 为 t 时刻两车道车

第五章 新手驾驶行为影响下的城市道路交通流仿真与演化

辆总数，L_{road} 表示道路长度；$\bar{v}(t)$ 为 t 时刻两车道车辆平均速度，j = 1，2 分别表示 L 车道和 R 车道；$\bar{Q}(t)$ 为 t 时刻两车道平均车流量。

二、考虑新手驾驶车辆的混合交通流演化分析

本书选取新手驾驶车辆混合率 pm = 0.01 来研究混合交通流的演化规律，且新手驾驶车辆最大速度 v_l = 2，新手驾驶车辆加速率 p_a = 1。图 5-3 给出了双车道交通流的基本图，其中包含均质交通流和混合交通流。从图中可以得出，pm = 0.01 时的车流量和车辆平均速度介于 pm = 0 和 pm = 1 之间。

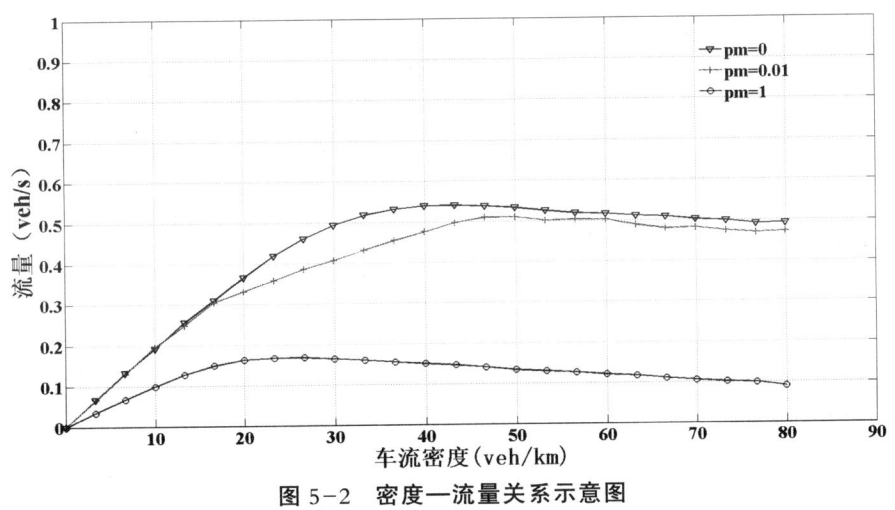

图 5-2　密度—流量关系示意图

从以往研究可知，混合交通流中往往会出现两辆慢车在不同车道中并行或者位置较近行驶的情形，此时，往往会在道路中形成"塞子"，"塞子"的存在使得跟随快车辆无法超越新手驾驶车辆，导致车流量和车辆平均速度明显下降，道路通行效率降低，且"塞子"难以自行消散[102]。从图 5-2 和图 5-3 中可以看出，当车流密度较小时，普通车辆（快车）

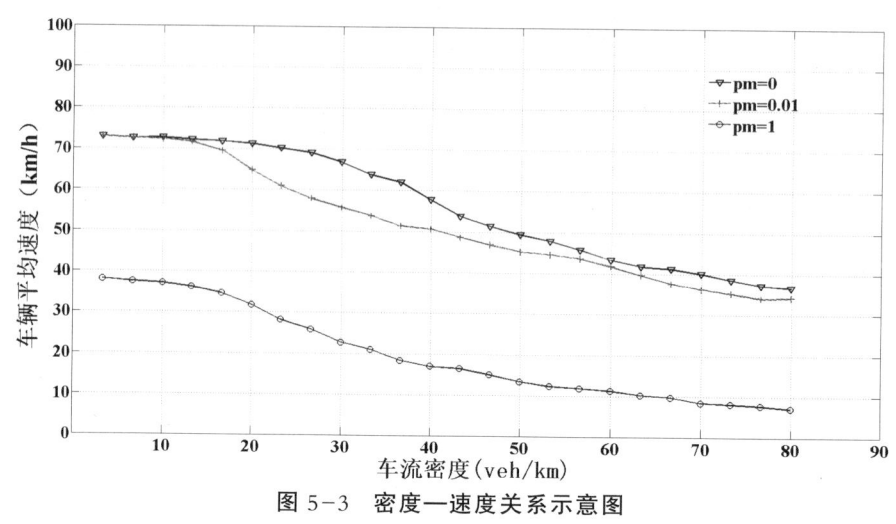

图 5-3 密度—速度关系示意图

可以比较容易超越新手驾驶车辆（慢车），此时由于慢车混合率非常小，因而道路车流量基本等于都是快车（pm = 0）的流量，但随着车流密度的不断增加，混合交通流的车流量和车辆平均速度基本图开始偏离 pm = 0 的基本图而向 pm = 1 时的基本图弯曲，产生上述现象正是因为前述新手驾驶车辆形成的"塞子"，对普通车辆形成阻碍，从而使得车流量和车辆平均速度下降。

从图 5-4 可以得出，换道频率随车流密度的增加呈现以下演化特征。

特征 5-1：混合交通流车辆换道频率明显大于均质交通流的车辆换道频率，均随车流密度增加而后达到最大接着呈减小趋势。在自由流区域，即车流密度较小时，混合交通流车辆换道频率与均质换道频率较为接近，随着车流密度的增加混合交通流车辆换道率逐渐偏离均质交通流车辆换道频率，在均达到最大时，随着车流密度的进一步增加，混合交通流车辆换道频率与均质交通流车辆换道频率呈现相同减小趋势。

第五章 新手驾驶行为影响下的城市道路交通流仿真与演化

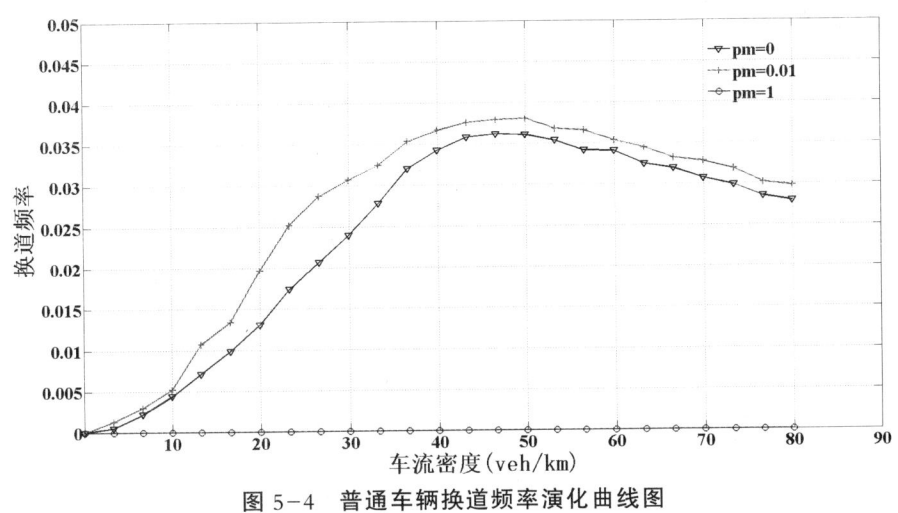

图 5-4 普通车辆换道频率演化曲线图

从图 5-5 中可以得出，新手驾驶车辆后车（被新手阻碍普通车辆）换道频率随车流密度增加而呈现以下演化特征。

特征 5-2：普通车辆由于受到新手驾驶车辆的阻碍，不能以期望速度行驶，导致其具有强烈的换道意愿，从图 5-5 中可得被新手驾驶车辆阻碍快车的换道频率随着车流密度的增加呈现先增加后下降并逐渐保持稳定的演化特征，这是由于随着车流密度的增加，被阻碍普通车辆完成强制换道的空间频次在降低并逐渐趋于稳定，进而使得换道频率也趋于稳定。而图 5-5 曲线分别表示道路中无新手驾驶车辆（pm = 0）和道路中都是新手驾驶车辆（pm = 1）的均质交通，无快车被慢车阻碍情形，故此时换道频率为 0。

为了进一步分析交通流演化规律，绘制车流密度分别为 10veh/km 和 60veh/km 情形下的道路时空图（见图 5-6 和图 5-7，其中黑色点代表普通车辆，红色点代表新手驾驶车辆）。从图 5-6 和图 5-7 中可得道路时空呈现以下特征。

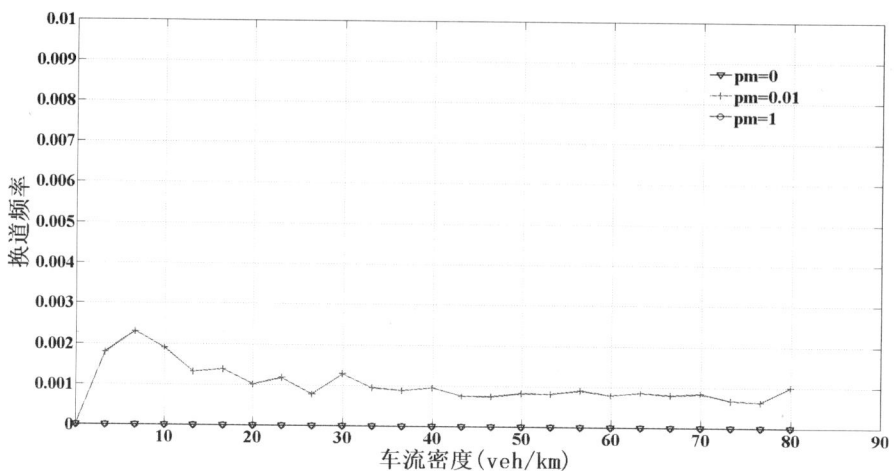

图 5-5 被新手驾驶车辆阻碍的普通车辆强制换道频率演化曲线图

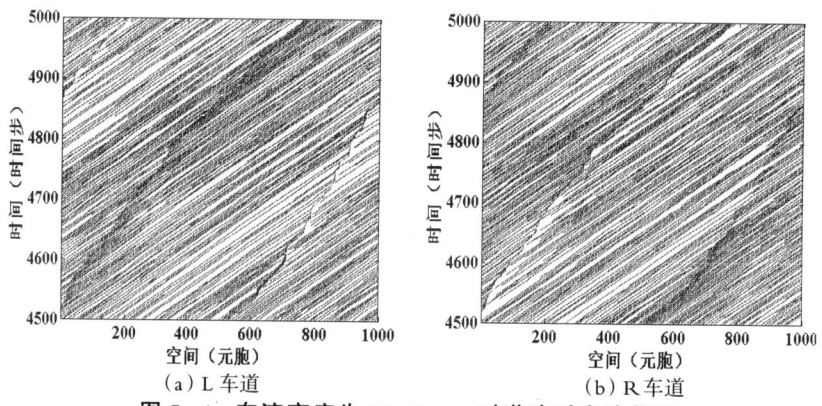

(a) L 车道　　　　　　　　　　(b) R 车道

图 5-6　车流密度为 10veh/km 时道路时空演化图

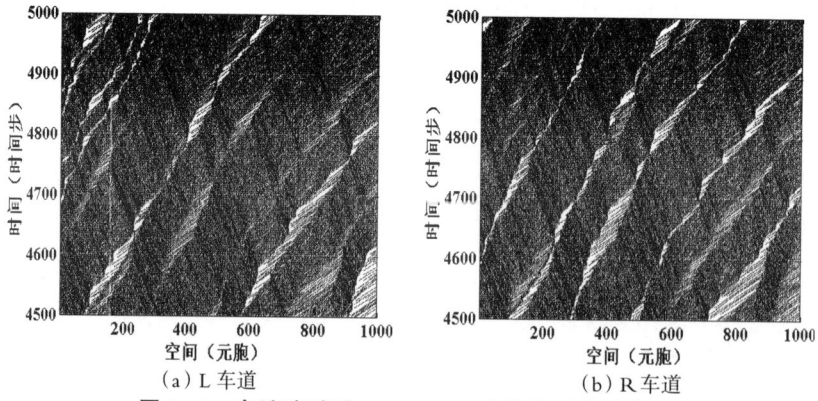

(a) L 车道　　　　　　　　　　(b) R 车道

图 5-7　车流密度为 60veh/km 时道路时空演化图

特征 5-3：从图 5-6 可得，当道路车流密度较小（10veh/km）时，普通车辆和新手驾驶车辆均可按照各自的期望速度行驶，普通车辆可以自由超越新手驾驶车辆，此时，交通流处于自由流状态，新手驾驶车辆几乎未对道路交通产生影响。

特征 5-4：从图 5-7 可得，当道路中车流密度较大（60veh/km）时，普通车辆受到新手驾驶车辆阻碍情形增多，造成普通车辆延误，时空图存在明显的走停波，在新手驾驶车辆上游形成车辆聚集带，且聚集带向上游传播，下游则形成车辆稀疏带，此时，道路交通处于拥堵状态。

三、新手驾驶车辆混合率对城市道路交通流的影响分析

对不同新手驾驶车辆混合率情形下的城市道路交通流进行仿真，其中 $p_a = 1$，$v_1 = 2$，收集数据绘制不同新手驾驶车辆混合率时的基本图（见图 5-8 和图 5-9）。图 5-10 和图 5-11 为车辆换道频率随车流密度的变化曲线。从图中可得，交通流呈现以下演化特征。

特征 5-5：从图 5-8 可得，车流量随着车流密度的增加先呈线性增加，后达到最大，接着呈下降趋势；在同一车流密度下，车流量随着新手驾驶车辆的混合率 pm 的增大而减小。当车流密度大于 17veh/km 后，pm > 0 情形下车流量曲线逐渐偏离 pm = 0 情形下车流量曲线，这表明此时 pm > 0 情形下车流量降幅要大于 pm = 0 情形下车流量降幅；当车流密度大于 46veh/km 后，pm > 0 情形下车流量演化趋势逐渐与 pm = 0 情形下车流量演化趋势趋同。

特征 5-6：从图 5-9 可得，车辆平均速度随着车流密度的增加先保持不变后降低的演化趋势；在同一车流密度下，车辆平均速度随着新手驾驶车辆的混合率 pm 的增大而减小。当车流密度大于 17veh/km 后，pm > 0 情形下车辆平均速度曲线逐渐偏离并低于 pm = 0 情形下车辆平均速度曲

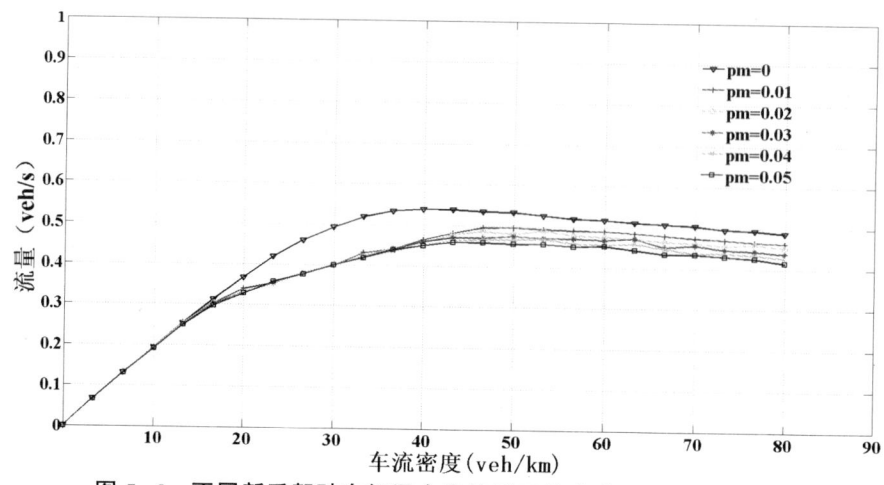

图 5-8　不同新手驾驶车辆混合率情形下的密度—流量关系曲线

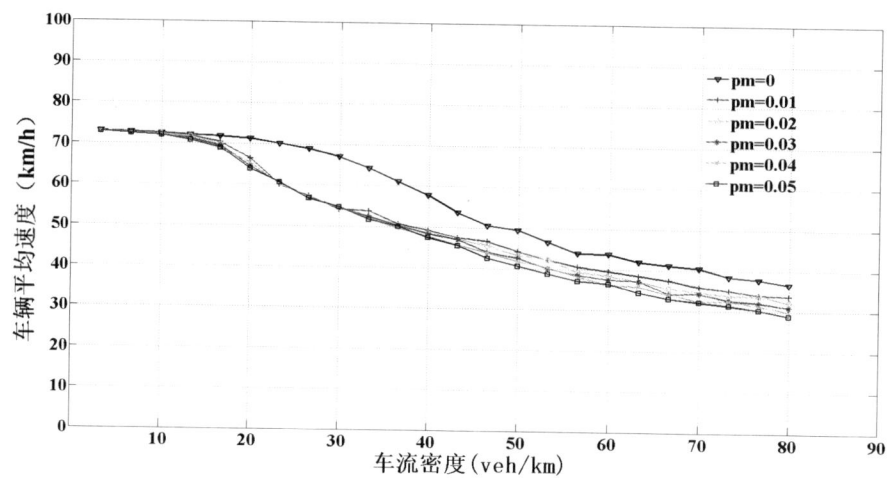

图 5-9　不同新手驾驶车辆混合率情形下的密度—车辆平均速度关系曲线

线，这表明此时 pm > 0 情形下车辆平均速度降幅要大于 pm = 0 情形下车辆平均速度降幅；当车流密度大于 46veh/km 后，pm > 0 情形下车辆平均速度演化趋势逐渐与 pm = 0 情形下的车辆平均速度演化趋势趋同。

特征 5-7：从图 5-10 可得，普通车辆换道频率随着车流密度的增加先呈现增加后达到最大值最后下降的趋势；普通车辆换道频率随着新手驾驶车辆的混合率 pm 的增加而增加。pm > 0 情形下普通车辆换道频率随着车流密度的增加逐渐偏离 pm = 0 情形下普通车辆换道频率曲线，当换道频率达到最大值后，pm > 0 情形下普通车辆换道频率逐渐向 pm = 0 情形下普通车辆换道频率曲线逼近，并在车流密度大于 46veh/km 后，pm > 0 情形下普通车辆换道频率与 pm = 0 情形下普通车辆换道频率演化呈相似趋势。

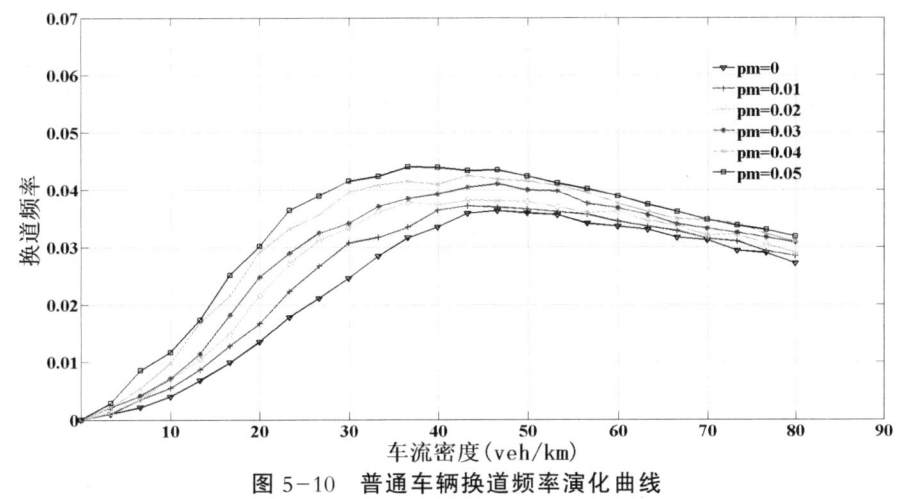

图 5-10　普通车辆换道频率演化曲线

特征 5-8：从图 5-11 可得，整体而言，被新手驾驶车辆阻碍的普通车辆强制换道频率随着车流密度的增加呈现先增加后减小，最后保持稳定的趋势。随着 pm 的增加，被新手驾驶车辆阻碍的普通车辆强制换道频率呈现增加趋势，并且强制换道频率的峰值对应的车流密度呈现增加趋势，这是因为随着道路中新手驾驶车辆数量的增加，普通车辆被阻碍的频次同时增加，所以导致被新手阻碍普通车辆强制换道频率增加。

为了进一步分析交通流演化规律，绘制车流密度分别为 10veh/km 和 60veh/km，新手驾驶车辆混合率 pm 为 0.01、0.03 和 0.05 情形下的道路时空图（见图 5-12 至图 5-15），从图中可得道路时空呈现以下特征：

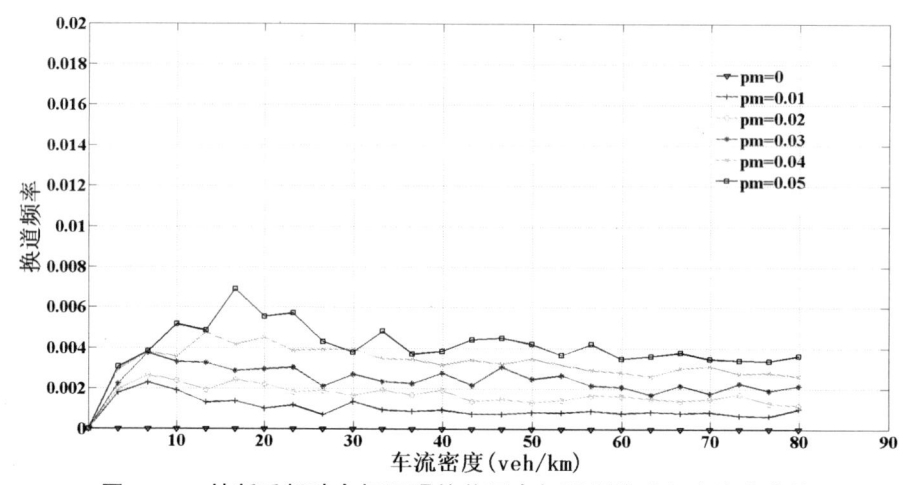

图 5-11　被新手驾驶车辆阻碍的普通车辆强制换道频率演化曲线

特征 5-9：从图 5-12 和图 5-13 可得，当车流密度较小时（10veh/km），道路中车辆基本可以自由行驶，随着 pm 的增加，道路中新手驾驶车辆增多，新手驾驶车辆的阻碍效应逐步显现，不过由于车流密度较小，被阻碍车辆可以在较短时间内完成强制换道、超车，各车道车辆基本可以保持自由通行，新手驾驶车辆几乎未对道路交通产生影响，移动瓶颈效应不明显。

特征 5-10：从图 5-14 和图 5-15 可得，当车流密度较大时（60veh/km），随着 pm 的增加，道路中新手驾驶车辆增多，新手驾驶车辆阻碍效应凸显，道路时空存在明显的走停波，由于车流密度较大，使得被新手驾驶车辆阻碍后车满足换道空间概率降低，难以在较短时间内完成换道、超车，导致跟随行驶车辆显著增多，在新手驾驶车辆上游形成车辆聚集带，车流呈现稠密状态，而在新手驾驶车辆下游车流则呈现较为稀疏的状态；当道路中有多辆新手驾驶车辆时，道路车流就以新手驾驶车辆为界被分割成稠稀相间的形态，呈现不均匀状态。

第五章　新手驾驶行为影响下的城市道路交通流仿真与演化

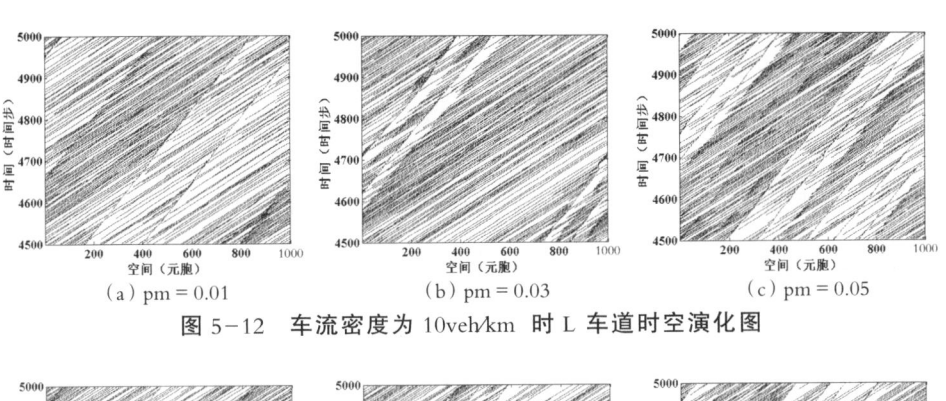

图 5-12　车流密度为 10veh/km 时 L 车道时空演化图

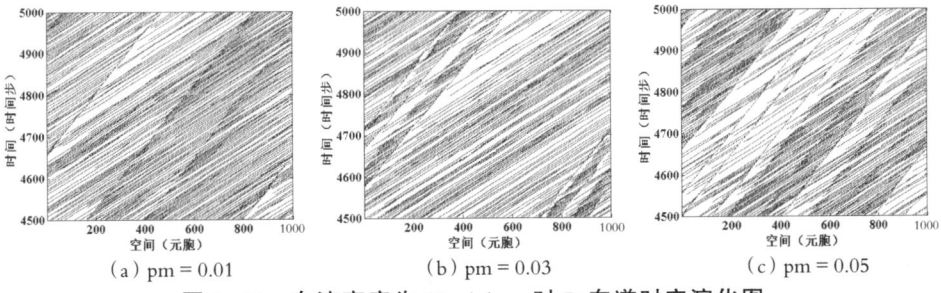

图 5-13　车流密度为 10veh/km 时 R 车道时空演化图

图 5-14　车流密度为 60veh/km 时 L 车道时空演化图

图 5-15　车流密度为 60veh/km 时 R 车道时空演化图

四、新手驾驶车辆加速率对城市道路交通流的影响分析

新手驾驶车辆加速能力，对城市道路交通流有着重要影响。为此，对新手驾驶车辆不同加速率情形下的城市道路交通流进行仿真分析，取 $v_l = 2$，如图 5-16 和图 5-17 所示。从图中可得，交通流呈现以下演化特征。

特征 5-11：从图 5-16 可得，给定 pm，随着新手驾驶车辆加速率 p_a 的增加，道路车流量呈现增加趋势，不同 pm 情形下车流量逐渐向 pm = 0 情形下的车流量曲线靠拢。给定 p_a，随着新手驾驶车辆混合率 pm 的增加，道路车流量呈现下降趋势。

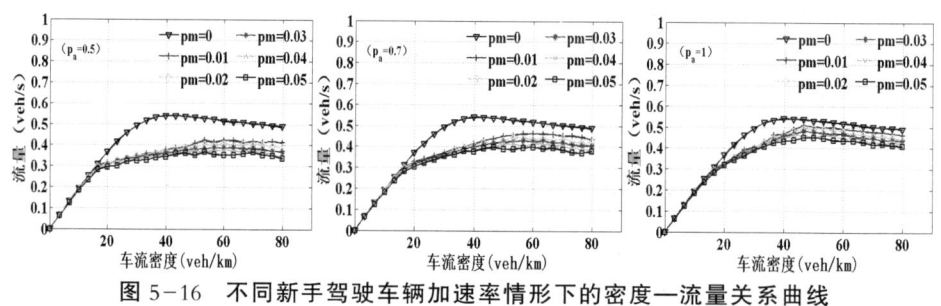

图 5-16 不同新手驾驶车辆加速率情形下的密度—流量关系曲线

特征 5-12：从图 5-17 可得，给定 pm，随着新手驾驶车辆加速率 p_a 的增加，普通车辆平均速度呈现增加趋势，不同 pm 情形下普通车辆平均速度逐渐向 pm = 0 情形下的车辆平均速度曲线靠拢。给定 p_a，随着新手驾驶车辆混合率 pm 的增加，车辆平均速度呈现下降趋势。

特征 5-13：从图 5-18 可得，给定 p_a，普通车辆换道频率随着车流密度的增加呈现先增加后下降并逐渐趋近的演化特征。随着新手驾驶车辆加速率 p_a 的增加，普通车辆换道频率随之增加。当 $p_a = 0.5$ 时，从第一张图中可以得出，当 pm > 0.03 时，普通车辆换道频率要大于无新手驾驶车

第五章 新手驾驶行为影响下的城市道路交通流仿真与演化

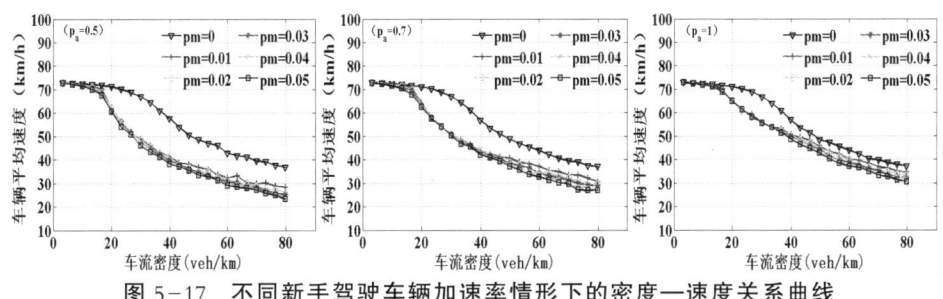

图 5-17 不同新手驾驶车辆加速率情形下的密度—速度关系曲线

图 5-18 普通车辆换道频率变化曲线

辆情形下的普通车辆换道频率；而当 pm ≤ 0.03 时，存在一个临界车流密度，当小于这个临界值时，普通车辆换道频率大于 pm = 0 情形下的普通车辆换道率，而当大于临界车流密度后，普通车辆换道频率小于 pm = 0 情形下的普通车辆换道率；当 p_a = 0.7 情形时有着类似的演化规律，不同之处在于此时 pm 的临界值为 0.02。而当 p_a = 1 时，pm > 0 情形下普通车辆换道频率均大于无新手驾驶车辆情形下的普通车辆换道率，与前两种情形不同。产生上述现象的原因在于，当新手驾驶车辆加速能力较弱时，由于其与普通车辆加速能力的差异，使得其与前车车距要大于正常车距，导致整个道路车辆间距较大，进而限制了进入道路的车辆数，当 pm ≤ 0.03 且车流密度较小时，由于新手驾驶车辆的阻碍，使得普通车辆换道频率大于 pm = 0 时的车辆换道频率，而随着车流密度的增加，pm = 0 情形下进入道路车辆要远大于 pm ≤ 0.03 情形，使得 pm = 0 情形下普通车辆换道频率更大；而对于 pm > 0.03 情形，则由于道路中新手驾驶车辆的增多，诱发了更多的换道行为，整体上换道频率要大于 pm = 0 情形；而随着新手驾驶车辆加速能力的增加，pm > 0 情形下的道路整体车辆间距逐渐与 pm = 0 情形下的车辆间距趋同，两种情形下道路中车辆数差异大幅缩小，故 pm > 0 情形下换道频率均大于 pm = 0 情形下的车辆换道频率。

为了进一步分析交通流演化规律，绘制车流密度分别为 10veh/km 和 60veh/km，新手驾驶车辆混合率 pm = 0.01，p_a 为 0.5、0.7 和 1 情形下的道路时空图（见图 5-19 至图 5-22），从图中可得道路时空呈现以下特征。

特征 5-14：从图 5-19 和图 5-20 可得，当车流密度较小时（10veh/km），不同新手驾驶车辆加速 p_a 情形下，道路时空无显著差异，各车道车辆均可自由通行，这表明当道路中车流密度较小时，新手驾驶车辆的加速能力对道路交通流影响无明显差异。

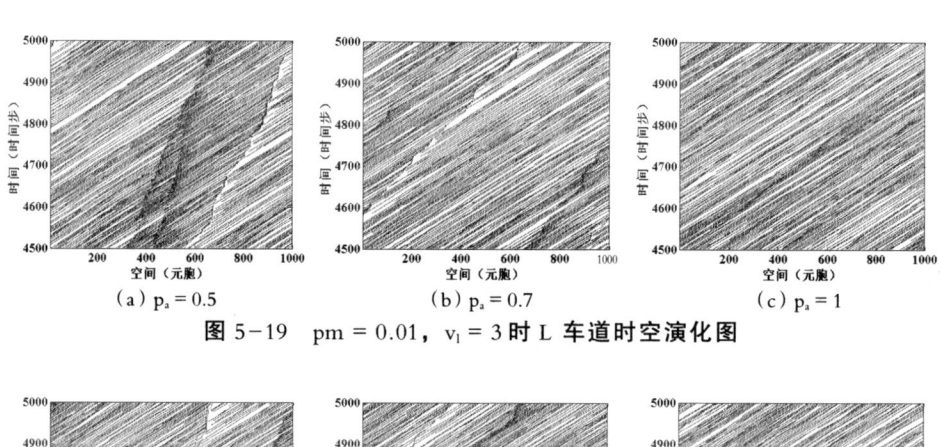

图 5-19　pm = 0.01，v_l = 3 时 L 车道时空演化图

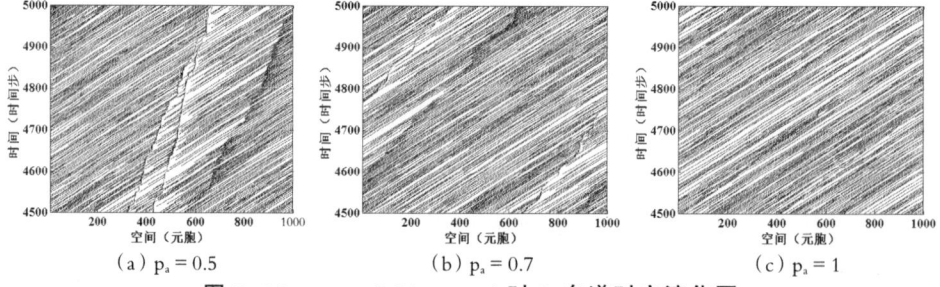

图 5-20　pm = 0.01，v_l = 3 时 R 车道时空演化图

特征 5-15：从图 5-21 和图 5-22 可得，当车流密度较大时（60veh/km），不同新手驾驶车辆加速 p_a 时，道路时空呈现显著差异，当 $p_a = 0.5$ 时，新手驾驶车辆诱发的移动瓶颈效应凸显，道路时空呈现明显的走停波，在新手驾驶车辆上游会形成稠密的车辆聚集带，并向上游传递，而在下游则呈现车辆稀疏带；而随着 p_a 的增加，新手驾驶车辆对道路车流的阻碍效应减弱，当 $p_a = 1$ 时道路时空基本呈现均匀状态，无明显的走停波，新手驾驶车辆上游无明显车辆聚集带，在下游的车辆稀疏带宽度明显缩短。

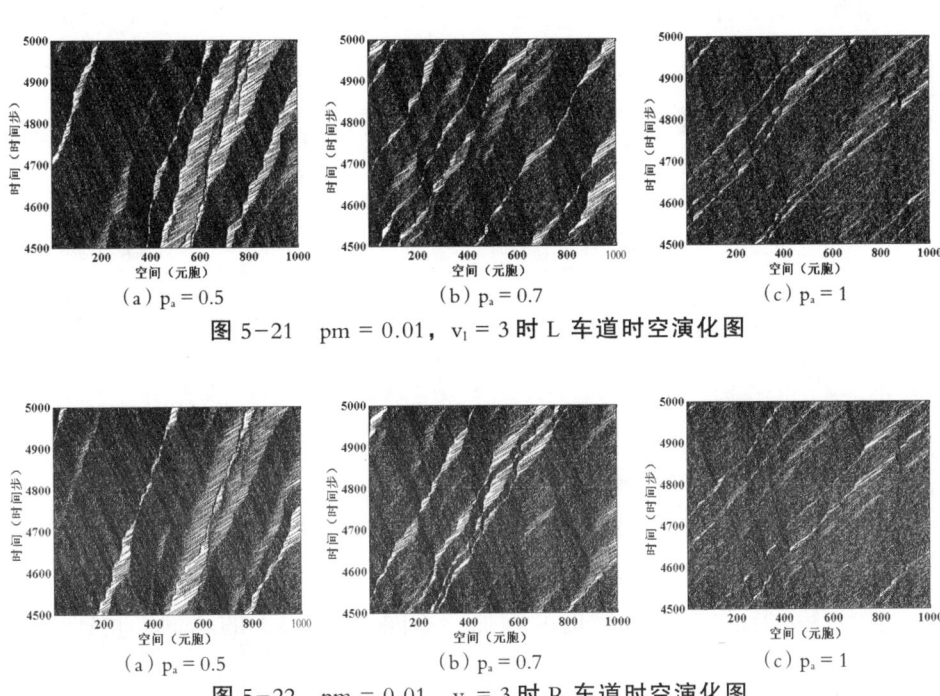

(a) $p_a = 0.5$　　(b) $p_a = 0.7$　　(c) $p_a = 1$

图 5-21　$pm = 0.01$，$v_l = 3$ 时 L 车道时空演化图

(a) $p_a = 0.5$　　(b) $p_a = 0.7$　　(c) $p_a = 1$

图 5-22　$pm = 0.01$，$v_l = 3$ 时 R 车道时空演化图

五、新手驾驶车辆最大行驶速度对城市道路交通流的影响分析

新手驾驶车辆最大速度，对城市道路交通流有着重要影响。为此，

对新手驾驶车辆不同最大速度情形下的城市道路交通流进行仿真分析，取 $p_a = 1$，绘制如图 5-23 和图 5-24 所示。图 5-25 为相对应的普通车辆随车流密度的演化曲线。从图中可得，交通流呈现以下演化特征。

特征 5-16：随着车流密度的增加，不同 pm 情形下的车流量呈现先增加达到最大后下降的趋势。给定新手驾驶车辆混合率 pm，车流量随着新手驾驶车辆最大速度 v_l 的增加而呈现增加趋势；当 $v_l = 2$、车流密度大于 17veh/km 小于 46veh/km 且 pm ≥ 0.01 时，车流量曲线向下偏离 pm = 0 情形下的车流量曲线，演化趋势不同；当车流密度大于 46veh/km 时，不同新手驾驶车辆混合率情形下（pm ≥ 0.01）的车流量演化趋势又与 pm = 0 时的车流量演化趋势相似。当 $v_l = 3$ 且 pm ≥ 0.01 时，车流量演化趋势与 pm = 0 时的车流量演化趋势相似。

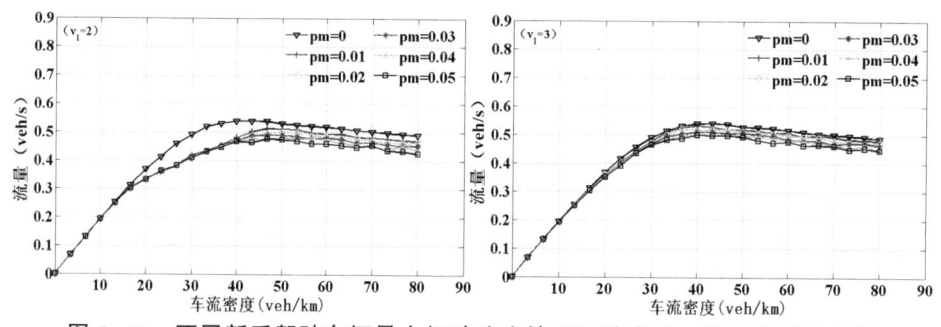

图 5-23 不同新手驾驶车辆最大行驶速度情形下的密度—流量关系示意图

特征 5-17：随着车流密度的增加，不同 pm 情形下的车辆平均速度呈现先保持不变后下降的趋势。给定新手驾驶车辆混合率 pm，车辆平均速度随着新手驾驶车辆最大速度 v_l 的增加而呈现增加趋势；当 $v_l = 2$、车流密度大于 17veh/km 小于 46veh/km 且 pm ≥ 0.01 时，车辆平均速度曲线向下偏离 pm = 0 时的车辆平均速度曲线，演化趋势不同；当车流密度大于 46veh/km 时，不同新手车辆混合率情形下（pm ≥ 0.01）的车辆平均速度演化趋势又与 pm = 0 时的车辆平均速度演化趋势相似。当 v_l = 3 且 pm ≥ 0.01 时，车辆平均速度演化趋势与 pm = 0 时的车辆平均速度演化趋势相似。

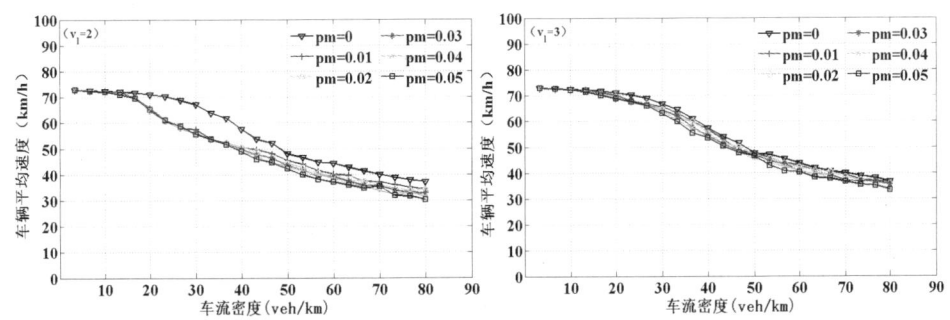

图 5-24　不同新手驾驶车辆最大行驶速度情形下的密度—速度关系示意图

特征 5-18：随着车流密度的增加，不同 pm 情形下的普通车辆换道频率呈现先增加达到最大后下降的演化趋势。给定新手驾驶车辆混合率 pm，普通车辆换道频率随着新手驾驶车辆最大速度 v_l 的增加而呈现减小趋势；当 v_l = 2 且 pm ≥ 0.01 时，随着车流密度的增加，普通车辆换道频率增长幅度要大于 pm = 0 时的普通车辆换道频率；当车流密度为大于 46veh/km 时，不同新手车辆混合率情形下（pm ≥ 0.01）的普通车辆换道频率演化趋势又与 pm = 0 时的普通车辆换道频率演化趋势相似。而 v_l = 3 且 pm ≥ 0.01 时的普通车辆换道频率偏离度较小，演化趋势与 pm = 0 时的普通车辆换道频率相似。

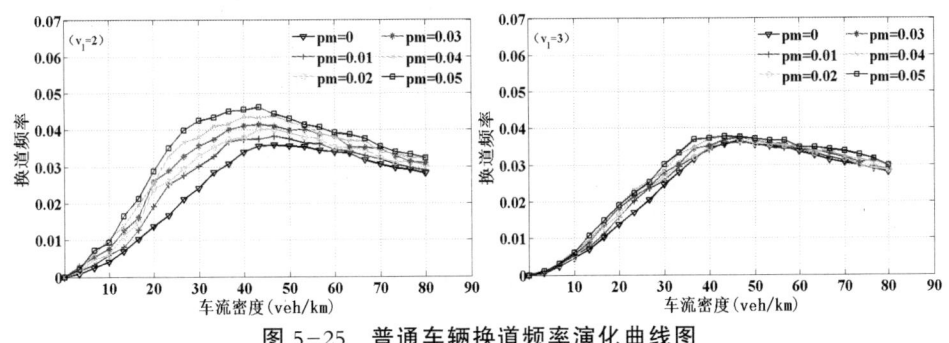

图 5-25　普通车辆换道频率演化曲线图

为了进一步分析交通流演化规律，绘制车流密度分别为 10veh/km 和 60veh/km，新手驾驶车辆混合率 pm = 0.02、p_a = 1 和 v_l = 2，3 情形下的道路时空图（见图 5-26 至图 5-29），从图中可得道路时空呈现以下特征。

特征 5-19：从图 5-26 和图 5-27 可得，当车流密度较小时（10veh/km），不同新手驾驶车辆最大速度 v_l 情形下道路时空无明显差异，这表明当道路中车辆较少时，新手驾驶车辆最大行驶速度 v_l 对道路交通影响无显著差异，新手驾驶车辆诱发的移动瓶颈效应不明显。

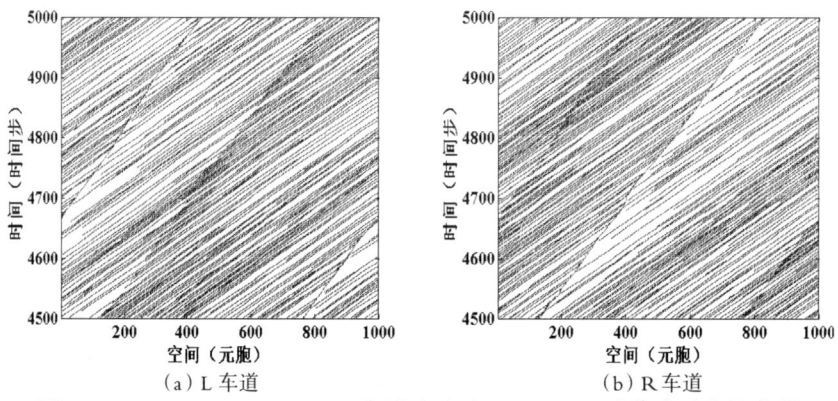

图 5-26　pm = 0.01，v_l = 2，车流密度为 10veh/km 时道路时空演化图

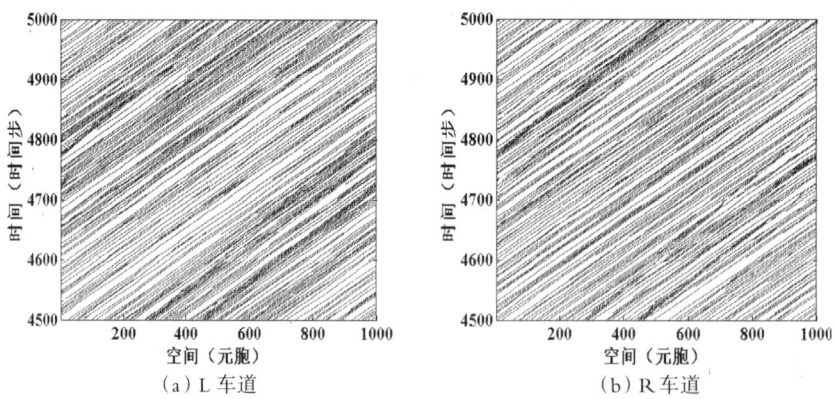

图 5-27　pm = 0.01，v_l = 3，车流密度为 10veh/km 时道路时空演化图

特征 5-20：从图 5-28 和图 5-29 可得，当车流密度较大时（60veh/km），新手驾驶车辆最大速度 $v_1 = 2$ 时，道路时空出现了较为明显的走停波，且上游车辆聚集带和下游车辆稀疏带较宽，新手驾驶车辆的阻碍效应明显，移动瓶颈效应凸显；而当新手驾驶车辆最大速度 $v_1 = 3$ 时，道路中上游车辆聚集带和下游车辆稀疏带明显变窄，车辆分布更加均匀，新手驾驶车辆的阻碍效应减弱。

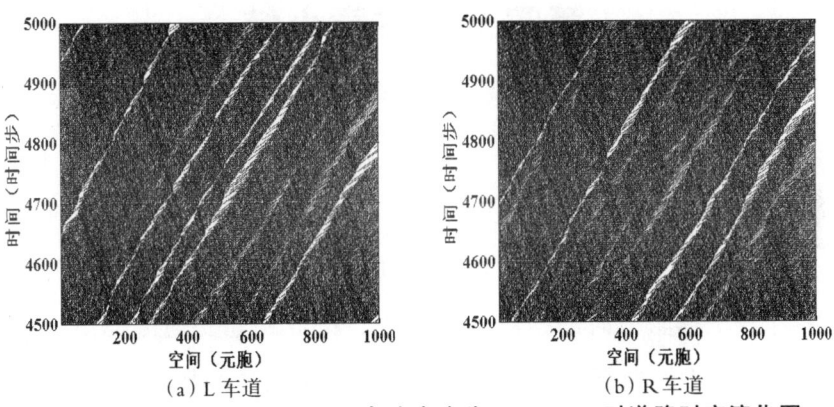

图 5-28　pm = 0.01，$v_1 = 2$，车流密度为 60veh/km 时道路时空演化图

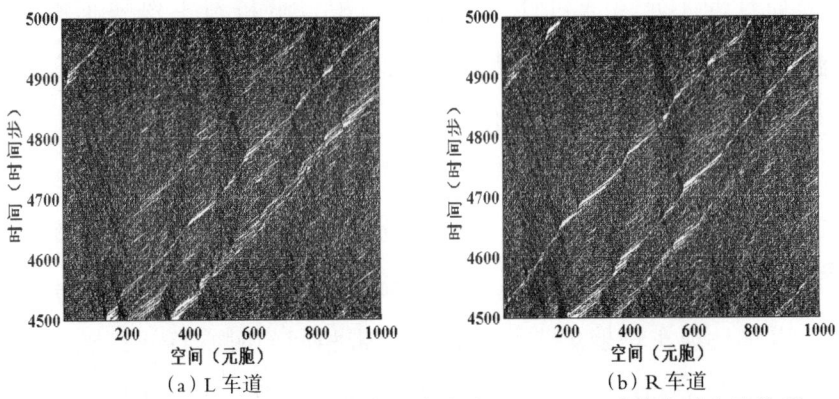

图 5-29　pm = 0.01，$v_1 = 3$，车流密度为 60veh/km 时道路时空演化图

对比新手驾驶车辆混合率 pm、新手驾驶车辆加速率 p_a 和新手驾驶车辆最大速度 v_1 可变时的交通流演化可以得出，新手驾驶车辆加速率 p_a 对道路交通流和通行效率的影响更为关键，即新手加速能力对道路交通影响更大。

第四节 本章小结

本章针对城市交通中新手"低速、跟车间距大、换道犹豫、加速慢"的驾驶行为诱发的移动交通瓶颈问题，在分析新手驾驶行为特征的基础上，建立了新手驾驶车辆换道规则、新手驾驶车辆更新规则和普通车辆被新手驾驶车辆阻碍时的强制换道规则，以此构建交通流模型。该模型充分体现了新手慢速行驶、跟车间距大、换道犹豫和加速慢的行为特征，弥补了 Jia 等和 Li 等提出的混合交通流模型中仅考虑车辆差异未考虑驾驶人异质性的不足。通过计算机仿真模拟，分析新手驾驶车辆混合率 pm、新手驾驶车辆加速率 p_a 和新手驾驶车辆最大速度 v_1 可变时新手驾驶行为对道路交通流的影响和演化规律。

通过分析可得以下具体结果。

第一，新手驾驶行为会诱发明显的移动瓶颈。在新手驾驶车辆上游和下游区域分别形成车辆聚集带和稀疏带，当道路中有多辆新手驾驶车辆时，道路呈现车辆聚集带与车辆稀疏带相间的时空特征；随着新手驾驶车辆加速率 p_a 和最大行驶速度 v_1 的增加，新手驾驶车辆诱发的瓶颈效应减弱，道路车流分布更为均匀。

第二，新手驾驶车辆最大行驶速度 v_1 对道路交通产生影响。给定新手驾驶车辆混合率 pm，随着新手驾驶车辆最大行驶速度 v_1 的增加，道路车流量、车辆平均速度随之增加。

第三，新手驾驶车辆加速能力对道路交通影响明显。通过对不同新手加速率 p_a 情形下的道路交通流演化分析可得，较小的新手驾驶车辆加速率 p_a 使道路中车辆间距加大，并且阻碍了更多车辆进入道路，降低了道路通行效率，使得新手驾驶车辆的"塞子"效应明显。比较而言，新手加速率 p_a 对道路交通流的影响更为关键，即新手加速能力对道路交通影响更大。

因此，交通管理部门在规范新手驾驶行为时，要充分制定合理新手驾驶技能评定方法和体系，加强对新手实际道路环境中行车能力的培训。同时，要根据交通大数据分析并结合交通实时数据，建立分时段、路段限制或者禁止新手驾驶车辆驶入机制，以减少由此带来的交通拥堵，保证道路通行效率。

第六章　事故车辆影响下的城市道路交通流仿真与演化

据公安部交通管理局统计，截至 2017 年底，全国汽车保有量为 2.17 亿辆，有 53 个城市的汽车保有量超过百万，北京、成都和西安等 24 个城市超过 200 万辆，7 个城市超过 300 万辆，这导致交通事故频发，当事故不能得到及时处理时，往往形成交通瓶颈，造成车辆延误。城市交管局在日常工作中发现，交通延迟有将近 60% 是由车辆抛锚、追尾、碰撞等事故引起的。另外，车辆在遇到交通瓶颈时的行为特征，又会进一步加剧交通拥堵。为此，全国主要城市都建立了交通轻微事故快速处理机制，以减少交通事故带来的拥堵，但多以经验为主，缺乏科学依据，因此，研究事故车辆影响下的城市交通流演化规律对优化事故车辆处理机制和缓解交通拥堵具有重要现实意义。

现有事故车辆影响下交通流演化研究主要从以下两个方面展开：

一是宏观研究，主要运用排队论、元胞传输模型、交通波、突变等理论展开相关讨论。Baykal-Gursoy 等（2008）建立道路异常事件导致的成批服务受干扰下的稳态 M/M/c 排队系统，用以模拟路段交通流特性；Li 等（2010）建立交通动态分配模型（DTA），分析交通事故对网络可靠性的影响；Long 等（2011）运用元胞传输模型考虑交通事故情形下双向方格城市道路交通拥堵的形成和消散；姬浩、杨蓓蓓等（2011）运用元胞传输模型考虑交通事故消散时间这一影响因素，分析上海市某段快速路交通事件发生位置处拥挤波的产生和消散规律；张敖木翰等[7]建立基于元胞传输模型的双层规划模型，模拟突发事故下的出行者动态路径选择行为，并提出拥堵控制策略；Chien等[8]运用交通波理论对不同交通事故状况下的事故延误进行分析，提出计算事故延误方法；陈涛等（2010）运用突变理论分析发现当城市道路中出现交通事故时，实际通行能力必然会变小，导致系统运行效率降低；李树彬等（2014）运用改进的中观交通仿真模型，模拟基于事故的理想格子网络的交通拥堵形成和消散过程，并依据交通拥堵传播空间结构特性，给出缓解交通拥堵策略。

二是微观研究，主要运用元胞自动机模型、车辆跟驰模型等理论展开研究。Bentalaeb等（2009）建立改进元胞自动机模型，研究高速公路单车道快慢车混合情形下，事故车辆对道路交通流的影响和演化特征；Zhu等（2013）建立一辆事故车辆影响下的元胞自动机交通流模型，分析对称性和非对称性换道规则对交通流量、换道频率等的影响；Yang等（2010）以改进的元胞自动机模型为基础，研究影响事故发生概率的因素，发现事故发生概率只取决于道路上的车辆数和车辆减速概率，车辆速度上限对事故发生概率几乎没有影响；Li等（2010）运用改进的元胞自动机模型模拟发现交通事故对交通流影响不仅扩展到上游交叉口，并会影响整个路网；钱勇生等（2014）建立NaSch模型为基础的高速公路交通流元胞自动机模型，分析事故车辆位于不同车道以及事故持续时间对交通流演化的影响；盛鹏等（2012）针对特殊交通事件诱发的道路突发瓶颈现象，建立元胞自动机交通流模型，并利用该模型分析不对称换道、瓶颈处抢道和不对称交替通行控制策略对道路交通流的影响；付蓬勃等（2014）在建立高速公路上考虑交通意外事件的元胞自动机交通流模型，对拥堵传播及有效干涉策略进行仿真；王永明（2011）针对高速公路事故车辆特征，建立"挤车变道"规则的元胞自动机模型，较为准确地模拟了高速公路上事故车辆所致拥堵的形成及传播过程；胡红等（2012）应用改进的跟驰模型考虑了驾驶员对突发事件的心理行为反应，构建最小安全跟车距离的应急疏散模型，研究突发事件影响下的应急疏散交通流特征和疏散交通实际情况；陈淑燕等（2011）建立基于车辆跟驰模型的绕行变道模型来分析事故车辆对交通流的影响；孔琳鹏（2014）考虑车辆在靠近事故车辆上游特定区域的汇合及换道行为，建立事故条件下双车道和三车道城市快速路元胞自动机模型，但未考虑不同事故持续时间情形下的道路交通流演化规律。

已有宏观研究不能刻画车辆遇到事故车辆时的个体行为特征，微观研究多针对高速公路环境下事故车辆对道路交通流的影响和演化，而城市道路中车辆较多，车速较慢，交通现象更为复杂，事故车辆更易诱发交通瓶颈，对道路交通流影响更为显著，针对城市道路研究要么考虑事故持续时间，要么考虑靠近事故车辆上游冲突区域长度对城市道路交通流的影响，未将二者结合考虑。为此，本章从微观角度构建事故车辆影响下的城市道路交通流模型，并通过计算机仿真，进行数值模拟，分析不同事故持续时间、不同冲突区域长度情形下的城市道路交通流演化规律，为事故车辆处理和缓解交通拥堵提供决策依据。

第一节 事故车辆影响下的道路交通特征分析

事故车辆往往会诱发以下交通现象。

（1）车辆发生事故后会占用一个车道，等待事故处理，对正常行驶车

辆产生阻碍,形成交通瓶颈(见图6-1),造成后车延误,发生车辆排队;

(2)当后车受到阻碍,短时不能前行,往往会强行换道以超越事故车辆,可能与邻道车辆发生冲突,进一步加剧延误;

(3)事故处理完毕后,道路车流逐步恢复自由通行,拥堵消散。

(a)实景图

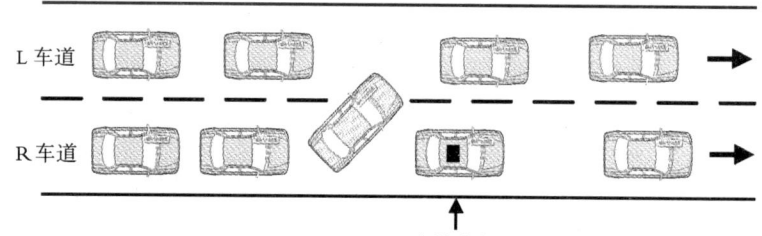

(b)抽象图

图6-1 事故车辆导致的交通瓶颈示意图

根据图6-1所示实景进一步抽象,可将道路划分为三类四个区域。

一是事故区域P:由两个元胞长度构成,即仅有一辆事故车辆。

二是冲突区域B:该区域位于事故车辆上游,定义为L_B。当车辆通过点X_A驶入该区域时,驾驶人就会减速慢行,并且倾向于换道至左车道行驶,以尽快通过,超越事故车辆,由于该区域靠近事故车辆,所以驾驶人具有第一时间换道至左车道行驶的期望,即车辆具有抢道行为,该区域车辆最大速度小于自由区域最大速度,设为v_{max}^B。

三是自由区域 A 和 C：在该区域车辆自由行驶、换道。具体情形如图 6-2 所示。

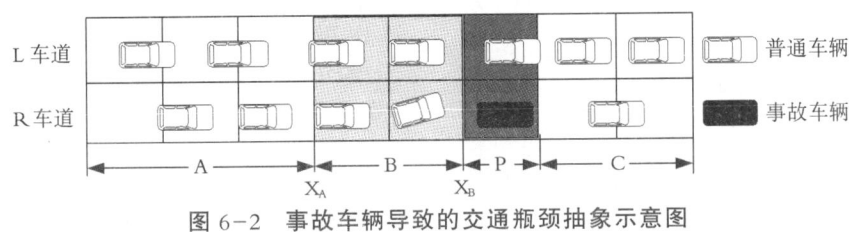

图 6-2 事故车辆导致的交通瓶颈抽象示意图

第二节 事故车辆影响下的城市道路交通流模型构建和道路性能指标定义

本书以城市较为常见的单向双车道道路系统为对象，研究事故车辆影响下的道路交通流演化，所构建道路系统属基本路段，无交叉口、无机动车和行人的影响，道路线形条件良好。

一、模型参数定义

根据元胞自动机理论并考虑城市道路中车辆速度较低特征，设定每辆车占用 2 个元胞。将每个时刻划分为 2 个子时间步。第 1 个时间步内，车辆按照所定义规则进行换道；第 2 个时间步内车辆在所在车道按照更新规则进行更新。整个系统存在两类车辆：普通车辆和事故车辆。

相关参数定义如下：定义 $d_n^{hj}(t)$ 为 t 时刻车辆 n 与本车道、相邻车道前后相邻车辆间空元胞数，其中 h = 0, 1 分别表示本车道、相邻车道，j = f, b 分别表示 n 车相邻前车和后车；v_{max} 为车辆最大速度，$v_n(t)$ 表示车辆在 t 时刻的速度；T_a 表示车辆发生事故时刻，T_d 表示事故持续时间；l = 1，2 分别代表 L 和 R 车道，$S^i = 0$，1 分别代表车辆是否发生事故，0 表示发生事故，其中 i = 1，2 分别表示普通车辆和事故车辆。

二、模型构建

模型共由三部分构成：一是事故车辆停靠规则；二是普通车辆换道规则；三是车辆更新规则，包括普通车辆和事故车辆更新规则。

（一）事故车辆停靠规则

当事故发生时，车辆停止行驶，停靠在 R 车道，用 p_1 表示事故发生概率，即车辆发生事故的可能性。具体规则如下。

if（l = 2 and p_1 and t = T_a）

$S^2 = 0$

$v_n(t + 1) = 0$

$x_n(t + 1) = x_n(t)$

else $S^2 = 1$ (6-1)

（二）普通车辆换道

现实交通中，车辆行驶中遇到前方慢速行驶车辆时，即使目标车道后方有其他车辆靠近，车辆换道欲望也比较强烈，即强行换道普遍存在[22]。本书定义车辆在 A、C 区域采取强制换道规则；当车辆进入 B 区域时，由于受到事故车辆阻碍，短时不能以期望速度行驶，此时，车辆往往会在第一时间忽略安全进行强制换道，即抢道。

1. A、C 区域换道规则

C1 规则：强制换道。

车辆在 A、C 区域行驶，若满足式（6-1），即：

$d_n^{1f}(t) \geq d_n^{0f}(t)$ and $d_n^{1f}(t) \geq 1$ and $d_n^{1b}(t) \geq 2$ (6-2)

$$d_n^{0f}(t) < \min(v_n(t) + 1, v_{max}) \tag{6-3}$$

则车辆强制换道，否则不换道。定义 p_2 为车辆强制换道率，表示满足换道条件时，车辆换道可能性大。

2. B 区域换道规则

C2 规则：抢道规则。

在事故车辆车道行驶车辆驶入 B 区域后，会不断观察相邻车道前后车辆间隙，等待换道时机以免被堵在事故车辆处；而处于事故车辆邻道车辆除非遇到特殊情况，如在本车道无法继续行驶而换道后方可继续前行才会选择换道，否则不换道。换道规则如下。

$$d_n^{1f}(t) \geq 1 \text{ or } d_n^{0f}(t) = d_n^{1f}(t) = 0 \text{ and } d_n^{1b}(t) \geq 1 \tag{6-4}$$

$$d_n^{0f}(t) = 0 \text{ and } d_n^{1f}(t) > 0 \text{ and } d_n^{1b}(t) \geq 2 \tag{6-5}$$

定义 p_{change} 为普通车辆抢道率，表示车辆抢道可能性，p_{change} 根据车辆所在车道不同取不同值，具体如下：

$$p_{change} = \begin{cases} p_3 = 1 & \text{车辆位于事故车辆所在车道} \\ p_4 & \text{车辆位于事故车辆所在车道邻道} \end{cases} \tag{6-6}$$

当满足式（6-4）时，则普通车辆以概率 p_3 从事故车辆车道抢道至邻道，否则不换道；当满足式（6-5）时，位于邻道车辆才会以 $p_4(p_4 < p_3)$ 抢道至事故车辆所在车道。对比式（6-4）、式（6-5）和式（6-6）可以得出，普通车辆从邻道换至事故车辆所在车道条件要更为苛刻，这也符合现实情形。

（三）车辆更新规则

普通车辆在 A、B、C 区域速度、位置更新规则类似，都采用 NS 更新规则，区别在于最大速度不同；而事故车辆速度和位置更新则与普通车辆更新有所不同，具体如下：

1. 普通车辆 A、C 区域更新规则

定义 p_5 为车辆随机慢化率，表示车辆随机慢化的可能性，更新规则如下：

Step1 加速，

$$v_n(t) \rightarrow \min(v_n(t) + 1, v_{max}) \qquad (6-7)$$

Step2 减速，

$$v_n(t) \rightarrow \min(v_n(t), d_n(t)) \qquad (6-8)$$

Step3 随机慢化，以概率 p_5 随机慢化，

$$v_n(t) \rightarrow \min(v_n(t) - 1, 0) \qquad (6-9)$$

Step4 位置更新，

$$x_n(t+1) \rightarrow x_n(t) + v_n(t) \qquad (6-10)$$

式中，$v_n(t)$、$x_n(t)$ 分别表示在 t 时刻车辆 n 的速度和位置，$d_n(t) = x_{n+1}(t) - x_n(t) - l_{veh}$ 表示在第 t 时间步内第 n 辆车和前车 n+1 之间的距离，l_{veh} 表示车长。

2. 普通车辆 B 区域更新规则

由于 B 区域更靠近事故车辆，进入该区域驾驶人往往采取减速、换道，同上定义 p_5 为车辆随机慢化率，更新规则如下：

Step1 加速，

$$v_n(t) \rightarrow \min(v_n(t) + 1, v_{max}^B) \qquad (6-11)$$

Step2 减速，

$$v_n(t) \rightarrow \min(v_n(t), d_n(t)) \qquad (6-12)$$

Step3 随机慢化，以概率 p_5 随机慢化，

$$v_n(t) \rightarrow \min(v_n(t) - 1, 0) \qquad (6-13)$$

Step4 位置更新，

$$x_n(t+1) \rightarrow x_n(t) + v_n(t) \qquad (6-14)$$

3. 事故车辆更新规则

事故车辆更新要考虑事故持续时间，具体规则如下：

if($t_0 > T_d$)

$S^2 = 1$

$v_n(t) \rightarrow \min(1, d_n(t))$

$x_n(t+1) \rightarrow x_n(t) + v_n(t)$

else $S^2 = 0$ (6-15)

式中，t_0 表示事故持续时长，即当 $t_0 > T_d$ 时，表示事故处理完毕，事故车辆按照上述规则更新车辆速度和位置，否则事故车辆保持静止状态。

第三节 数值模拟及结果分析

构建单向双车道道路系统，分析事故车辆对城市道路交通流影响及演化规律。将道路划分为 800 个元胞，每个元胞长度为 3.75 米，对应道路长度为 3000 米，事故车辆位于车道。每个时间步长为 1 秒，每辆车占据 2 个元胞，车辆最大速度 $v_{max} = 5$、$v_{max}^B = 3$，对应车速为 67.5 千米/小时、40.5 千米/小时。将道路划分为 A、B、C、P 四个区域，其中 B 区域初始长度 $L_B = 4$，即为 4 个元胞，P 区域长度为 2 个元胞，A 和 C 区域长度随事故车辆位置不同而动态变化。参照已有文献，取普通车辆强制换道概率 $p_2 = 0.7$，抢道率 $p_4 = 0.9$，车辆随机慢化率 $p_5 = 0.3$。为避免暂态影响，前 10000 个时间步模拟结果舍弃不用，对后 10000 个时间步数据进行统计分析。数值模拟采用开放性边界条件，将 L 车道和 R 车道入口处 6 个元胞设定为发车区，模拟车辆进入道路，定义 $p_{in} = 1$ 为单位时间步内车辆进入道路系统的概率，即当条件满足时，车辆即从发出区（元胞1，2，…，$v_{max}+1$）进入L车道和R车道；给定出车率$p_{out}=1$，表示只要满足出车条件，车辆就离开道路系统。设定某一车辆在第6000时间步发生事故。

一、各车道车流量演化分析

当$p_{in}=0.3$、0.5，$L_B=4$时，采集$T_d=0$分钟（无事故车辆）、5分钟、10分钟、15分钟时的数据，绘制图6-3和图6-4曲线，可得事故车辆上游区域车流量呈现以下演化特征。

（1）特征一：从图6-3可得，当$p_{in}=0.3$、$T_d>0$时，事故车辆对道路交通流产生影响，L车道和R车道车流量随着T_d增加而降低，并形成波谷，车流量波谷持续时间较短，当事故处理完毕后，道路车流量会出现明显短时增加，且大于无事故车辆情形下车流量，这是由于事故车辆引发车辆聚集而造成车流量短时增加，车流量恢复正常时间随着T_d的增加而增加。随着时间的推移，车流量逐渐恢复正常。

（2）特征二：从图6-3可得，当$p_{in}=0.5$、$T_d>0$时，事故车辆导致道路车流量短时内大幅下降，降速较图6-2情形更快，两车道车流量降幅相近，车流量波谷持续时间较长且随T_d增加而增加，当事故处理完毕后，车流量需要较长时间才能恢复正常。

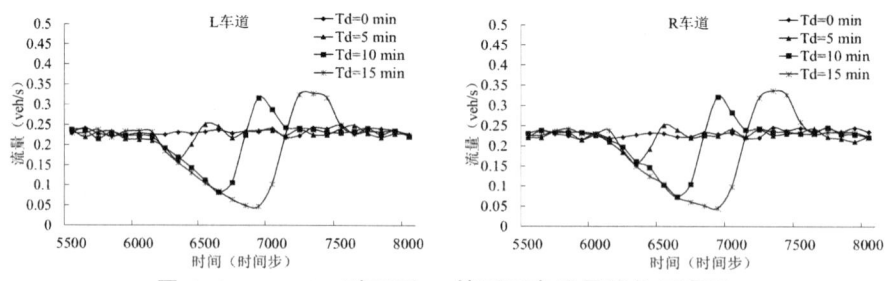

图6-3　$p_{in}=0.3$时不同T_d情形下车流量演化示意图

第六章 事故车辆影响下的城市道路交通流仿真与演化

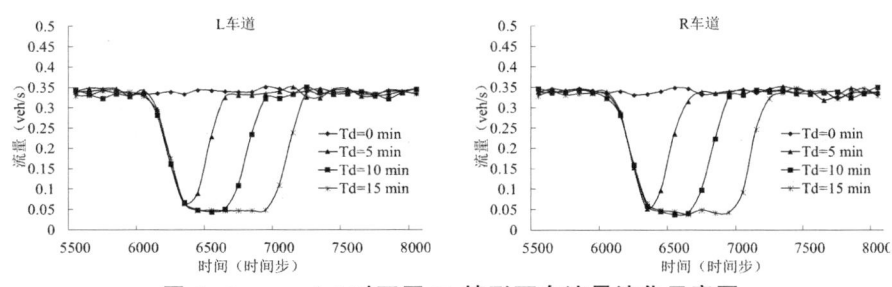

图 6-4　$p_{in} = 0.5$ 时不同 T_d 情形下车流量演化示意图

二、道路时空图

为了更清楚地描述和分析事故车辆对道路交通流影响和演化规律，绘制各车道时空图如图 6-5 和图 6-6 所示。

当 $p_{in} = 0.3$ 时［见图 6-5(a) 和图 6-5(b)］，L 车道和 R 车道事故车辆上游均会形成短时聚集带，瓶颈效应显现，但由于道路中车辆较少，事故车辆对车流产生的扰动较小，当事故车辆处理完毕后，聚集带在较短时间内逐步消散，未对上游交通产生大范围影响。

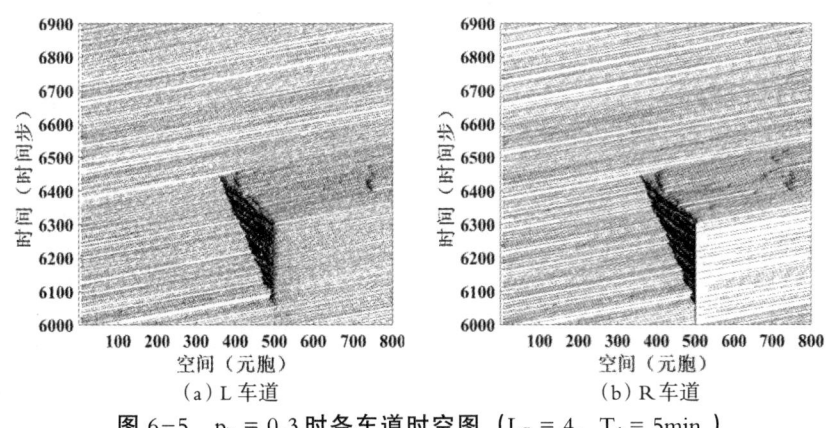

(a) L 车道　　　　　　　　　(b) R 车道

图 6-5　$p_{in} = 0.3$ 时各车道时空图（$L_B = 4$，$T_d = 5$min）

在 $p_{in} = 0.5$ 时［见图 6-6(a) 和图 6-6 (b)］，事故车辆对车辆阻碍效应凸显，瓶颈效应显著，L 车道和 R 车道车辆在事故车辆上游形成较长拥堵带，且拥堵带向上游迅速传递，影响范围较大，在事故车辆下游形成车辆稀疏带。当事故处理完毕后，拥堵带需较长时间才能完全消散。

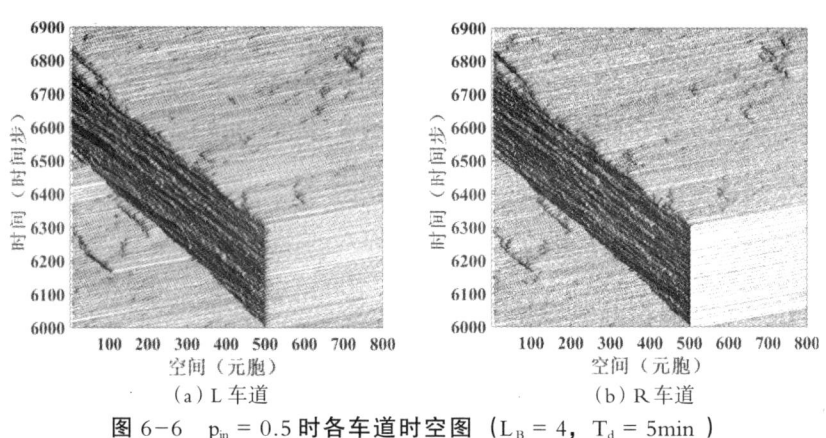

图 6-6　$p_{in} = 0.5$ 时各车道时空图（$L_B = 4$，$T_d = 5min$）

三、车辆平均速度演化分析

绘制 $p_{in} = 0.3$、0.5，$L_B = 4$ 时不同 T_d 情形下事故车辆上游区域车辆平均速度曲线如图 6-7 和图 6-8 所示。从图中可得，不同 T_d 情形下各车道车辆平均速度呈现以下演化特征。

（1）特征一：当 $p_{in} = 0.3$ 时，不同 T_d 对 L 车道和 R 车道车辆平均速度产生影响，车辆平均速度存在明显波谷，且波谷值随着 T_d 的增加而降低，波谷持续时间随着 T_d 的增加而增加；当 T_d 增加至 15 分钟时，车辆平均速度波谷值已经低于 10 千米/小时，道路交通处于严重拥堵状态。

（2）特征二：当 $p_{in} = 0.5$ 时，不同 T_d（$T_d \geqslant 5$）对 L 车道和 R 车道车辆平均速度产生明显影响，车辆平均速度存在明显的波谷，且不同 T_d（$T_d \geqslant 5$）情形下波谷值相近，但波谷持续时间随着 T_d 的增加而增加；$T_d \geqslant 5$ 时车

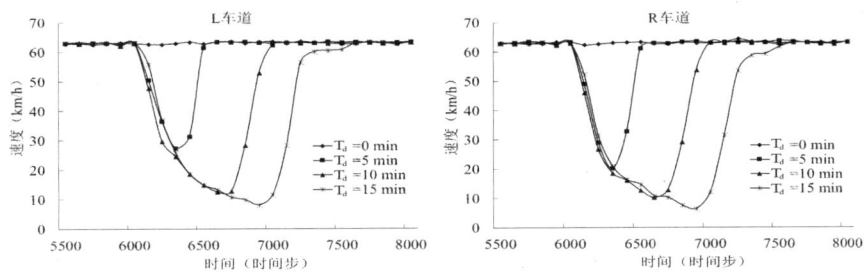

图 6-7　$p_{in} = 0.3$ 时不同 T_d 情形下车辆平均速度演化示意图

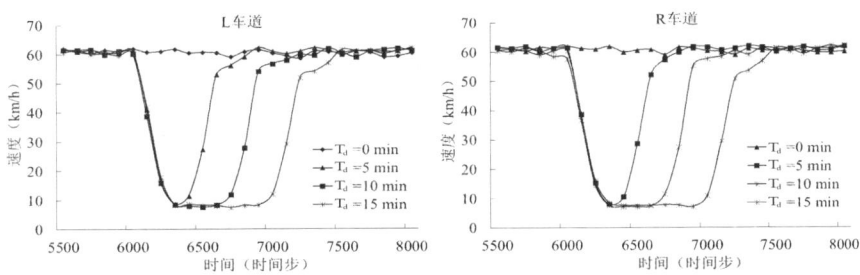

图 6-8　$p_{in} = 0.5$ 时不同 T_d 情形下车辆平均速度演化示意图

辆平均速度波谷值均低于 10 千米/小时，道路交通处于严重拥堵状态。

四、车流平均密度演化分析

绘制 $p_{in} = 0.3$、0.5，$L_B = 4$ 时不同 T_d 情形下事故车辆上游区域车流平均密度曲线如图 6-9 和图 6-10 所示。从图中可得，不同 T_d 情形下各车道车流平均密度呈现以下演化特征。

（1）特征一：当道路上车辆较少（$p_{in} = 0.5$）且 $T_d \geqslant 5$ 时，各车道车流平均密度随着 T_d 的增加而增加，并最终达到波峰，波峰值存在显著差异，波峰持续时间随着 T_d 的增加而增加，且车流平均密度恢复正常时间也随之增加。

（2）特征二：随着道路上车辆的增多（$p_{in} = 0.5$）且 $T_d \geqslant 5$ 时，车流平均密度存在明显波峰，且不同 T_d 情形下波峰值相近，但波峰持续时间随着 T_d 的增加而增加；不同 T_d 情形下车流平均密度波峰值接近 90veh/km，且两车道车流平均密度相近。

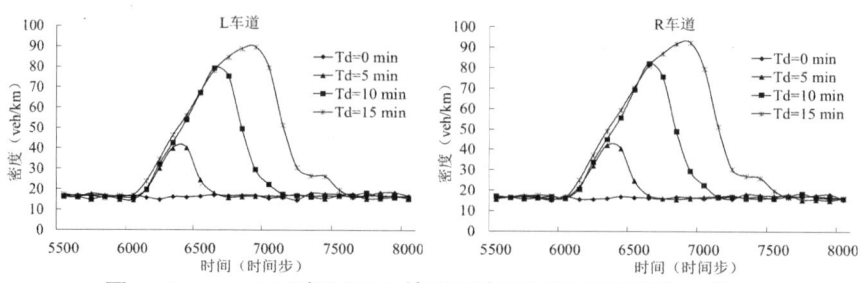

图 6-9　$p_{in} = 0.3$ 时不同 T_d 情形下车流平均密度演化示意图

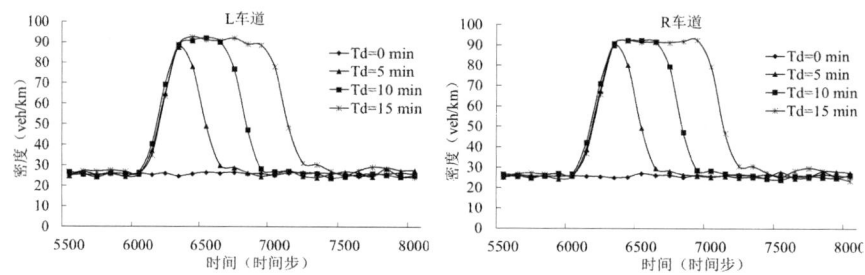

图 6-10　$p_{in} = 0.5$ 时不同 T_d 情形下车流平均密度演化示意图

第四节　本章小结

（1）通过数值模拟和分析可知事故车辆会诱发交通瓶颈，对道路交通流产生显著影响。给定冲突区域长度情形下事故持续时间对城市道路平均车流量、车辆平均速度和车流平均密度影响存在差异，道路平均车流量、车流平均密度随着事故持续时间的增加而增加，车辆平均速度则随之减小。

（2）不同进车率情形下事故车辆对道路交通流影响存在差异。当道路上车辆较少（$p_{in} = 0.3$），且事故持续时间 $T_d \geq 15$ 分钟时，车辆平均速度波谷值低于 10 千米/小时，此时道路交通处于严重拥堵状态；当道路中车辆较多（$p_{in} = 0.5$）、事故持续时间 $T_d \geq 5$ 分钟时，道路交通即处于严重拥堵状态。

（3）通过以上分析可知，当车辆发生故障或者事故时，驾驶人应力争在尽可能短的时间内将事故车辆移除，同时排队车辆应尽量避免抢道，有序排队通过事故区域，最大限度地降低事故车辆对城市道路交通的影响。

（4）本章分析了道路基本路段环境下事故车辆对道路交通的影响，未来可进一步研究道路交通网络环境下事故车辆对道路交通的影响。

第七章 总 结

第一节 主要工作总结

现实中，驾驶人驾驶行为对道路交通流有着显著干扰。本书在对我国城市道路交通中高架桥入口处抢道行为、出租车停靠行为、清洁车作业行为和新手驾驶行为四种典型驾驶行为特征分析的基础上，采用元胞自动机理论，构建四种驾驶行为影响下的城市道路交通流模型，并进行仿真模拟，分析城市道路交通流演化规律。本书第二章研究了高架桥入口处抢道行为影响下的城市道路交通流演化规律。第三章研究了出租车停靠行为影响下的城市道路交通流演化规律。第二、第三章均研究了驾驶行为影响下的固定交通瓶颈问题及对城市交通流的影响和演化规律。现实中某些特定车辆驾驶人驾驶行为会诱发移动交通瓶颈，第四、第五章分别研究由清洁车作业行为和新手驾驶行为诱发的移动交通瓶颈问题及对城市交通流影响和演化规律。

本书结果将为城市交通管理部门规范驾驶人行为，优化交通管控，缓解交通拥堵，提高道路通行效率提供理论支持和决策依据。具体而言，本书成果和创新点可以归纳为以下五点。

一、建立高架桥入口处驾驶人抢道行为影响下的城市道路交通流模型并分析交通流演化规律

针对城市道路高架桥入口处驾驶人忽略安全的抢道行为影响下的固定交通瓶颈问题：

首先，考虑城市交通中未明确将道路划分为超车道和行车道的现实，提出三车道环境下左道优先规则。

其次，针对高架桥入口处驾驶人忽略安全的强制换道行为，构建包含理性强制换道规则、抢道区右车道主动抢道规则和中间车道被动抢道规则的元胞自动机三车道交通流模型。本部分研究一方面克服了 Pedersen 等和 Karim 等的三车道元胞自动机交通流模型中将车道划分为超车道和行车道的限制；另一方面相比 Pedersen 等和 Karim 等的模型中考虑安全的换道规则，提出了更能体现复杂城市交通环境中驾驶人忽略安全的非理性强制换道规则，即抢道规则。同时运用计算机进行仿真模拟，分析道路进车率 p_{in}、抢道区域长度 L_C 和右车道上桥车辆混合率 pm 可变时驾驶人抢道行为对城市道路交通流的影响和演化规律。

最后，通过对实测数据的分析验证了理论模型的有效性。

通过分析可得以下具体结果。

第一，高架桥入口处抢道行为加剧了高架桥入口处的瓶颈效应，在高架桥入口上游和下游区域分别形成车辆聚集带和稀疏带的时空特征。

第二，当车流达到饱和时，车流量从小到大依次为 M 车道、L 车道和 R 车道，车辆延误随着 pm 的增加而增加。

第三，当 L_C 增加至一定程度时，车流量、车辆平均速度和车辆延误不再随着 L_C 的增加而明显变化。

第四，R车道驾驶人抢道频率要明显大于M车道驾驶人抢道频率。

整体而言，虽然R车道车辆抢道行为提高了本车道车流量，但对L车道和M车道交通流产生了更大的影响，使得道路整体交通状况恶化。

二、建立出租车停靠行为影响下的城市道路交通流模型并分析交通流演化规律

针对现实城市交通中出租车随意停靠和定点停靠行为诱发的固定交通瓶颈问题，提炼出租车两种停靠行为及驾驶人驾驶行为特征，建立了出租车随意停靠规则、定点停靠规则、出租车换道规则、出租车更新规则和普通车辆被停靠出租车阻碍时的强制换道规则，以此构建两种停靠行为影响下的元胞自动机交通流模型。上述模型，突破已有考虑车辆停靠行为的城市道路交通流演化相关研究中车辆（如公交车）到达车站必须停靠的限制（Zhao等），分别针对我国城市出租车常见的随意停靠情形和定点停靠情形，建立适用性更强的无站点按需随意停靠规则和固定站点按需定点停靠规则。同时运用计算机进行仿真模拟，分析进车率p_{in}、出租车停靠持续时间T_0和出租车混合率pm1可变时，出租车两种停靠行为对道路交通流的影响和演化规律。

通过分析可得以下具体结果。

第一，两种停靠行为都会诱发交通瓶颈，但存在差异，出租车随意停靠行为会诱发"多个、位置随机、短时"的交通瓶颈；而定点停靠行为则诱发"单个、位置固定、长时"的交通瓶颈，存在明显的走停波。

第二，饱和车流量随着出租车混合率pm1的增加而降低，且两种停靠行为情形下R车道车流量下降幅度要大于L车道。

第三，车辆受到的延误随着出租车停靠持续时间T_0的增加而增加，随意停靠情形下车流平均密度随之降低、定点停靠情形下车流平均密度

随之增加。

第四，当道路车流处于低密度时，出租车随意停靠行为导致的车辆延误要大于出租车定点停靠情形，尤其是对 R 车道；当道路车流处于高密度时，出租车定点停靠行为对交通流影响更大。

三、建立清洁车作业行为影响下的城市道路交通流模型并分析交通流演化规律

针对以往"移动瓶颈"研究中宏观模型不能体现个体车辆微观行为、实测研究受客观因素影响存在数据不完整情形以及微观仿真研究多针对高速公路环境的不足，围绕城市清洁车作业行为诱发的移动交通瓶颈问题，建立体现清洁车慢速、占用路面作业行为的更新规则、普通车辆换道规则和普通车辆被作业清洁车阻碍时的强制换道规则，同时针对城市常见的两车道和三车道交通环境，构建元胞自动机交通流模型。一方面，以往混合交通流研究中慢车换道规则和更新规则不适用于清洁车作业时的换道和更新情形；另一方面，相比 Pedersen 等和 Karim 等针对高速公路三车道环境下均质交通流的研究，本部分研究构建了能充分体现更为复杂的城市单向三车道环境下的混合交通流模型。同时运用计算机进行仿真模拟，分析进车率 p_{in} 和清洁车作业速度 v_c 可变时清洁车作业行为对道路交通流的影响和演化规律。通过实测数据验证了理论模型的有效性。

通过分析可得出以下具体结果。

第一，两种道路交通环境下清洁车作业行为都会诱发移动交通瓶颈，会在清洁车上游和下游分别形成移动车辆聚集带和车辆稀疏带；并且两车道车辆聚集带长度、持续时间较三车道情形下车辆聚集带更长，随着清洁车作业速度 v_c 的增加，车辆聚集带密度逐渐降低，移动瓶颈效应减弱。

第二，当道路车流处于低密度时，两种道路环境下交通流演化无明

显差异;当道路车流处于高密度时,两车道情形下清洁车作业行为对道路交通的影响要大于三车道情形,三车道环境下清洁车位于 L 车道对道路交通流整体的影响要略高于清洁车位于 M 车道情形,且不同情形下各车道交通流演化存在差异。

四、建立新手驾驶行为影响下的城市道路交通流模型并分析交通流演化规律

针对城市交通中新手"低速、跟车间距大、换道犹豫、加速慢"的驾驶行为诱发的移动交通瓶颈问题,在分析新手驾驶行为特征基础上,建立了新手驾驶车辆换道规则、新手驾驶车辆更新规则和普通车辆被新手驾驶车辆阻碍时的强制换道规则,以此构建交通流模型。该模型充分体现了新手慢速行驶、跟车间距大、换道犹豫和加速慢的行为特征,弥补了 Jia 等和 Li 等提出的混合交通流模型中仅考虑车辆差异未考虑驾驶人异质性的不足。同时运用计算机仿真模拟,分析新手驾驶车辆混合率 p_m、新手驾驶车辆加速率 p_a 和新手驾驶车辆最大速度 v_l 可变时新手驾驶行为对道路交通流的影响和演化规律。

通过分析可得出以下具体结果。

第一,新手驾驶行为会诱发明显的移动瓶颈,当道路中有多辆新手驾驶车辆时,道路呈现车辆聚集带与车辆稀疏带相间的时空特征;随着新手驾驶车辆加速率 p_a 和最大行驶速度 v_l 的增加,新手驾驶车辆诱发的瓶颈效应减弱,道路车流分布更为均匀。

第二,新手驾驶车辆最大行驶速度对道路交通产生影响。给定新手驾驶车辆混合率,随着新手驾驶车辆最大行驶速度 v_l 的增加,道路车流量随之增加。

第三,新手加速率 p_a 对道路交通流的影响更为关键,较小的新手驾

驶车辆加速率 p_a 阻碍了更多车辆进入道路，凸显了新手驾驶车辆的"塞子"效应。

五、建立事故车辆影响下的城市道路交通流模型并分析交通流演化规律

通过数值模拟和分析可知事故车辆会诱发交通瓶颈，对道路交通流产生显著影响。给定冲突区域长度情形下事故持续时间对城市道路平均车流量、车辆平均速度和车流平均密度影响存在差异，道路平均车流量、车流平均密度随着事故持续时间的增加而增加，车辆平均速度则随之减小。不同进车率情形下事故车辆对道路交通流影响存在差异。当道路上车辆较少（$p_{in}=0.3$），且事故持续时间 $T_d \geqslant 15$ 分钟时，车辆平均速度波谷值低于 10 千米/小时，此时道路交通处于严重拥堵状态；当道路中车辆较多（$p_{in}=0.5$）、事故持续时间 $T_d \geqslant 5$ 分钟时，道路交通即处于严重拥堵状态。通过以上分析可知，当车辆发生故障或者事故时，驾驶人应力争在尽可能短的时间内将事故车辆移除，同时排队车辆应尽量避免抢道，有序排队通过事故区域，最大限度地降低事故车辆对城市道路交通的影响。

本书第六章分析了道路基本路段环境下事故车辆对道路交通的影响，未来可进一步研究道路交通网络环境下事故车辆对道路交通的影响。

第二节　未来研究展望

研究虽然取得了一些有意义的结果，但仍然存在一些尚未解决的问题需要进一步研究，展望如下。

（1）进一步研究交通路网环境下的城市交通流演化规律。本书针对城市基本路段两车道和三车道交通环境展开相关研究，未来可扩展至道路网络环境下，分析驾驶人驾驶行为对区域交通的影响及交通流演化规律。

（2）进一步研究混合交通环境下的城市交通流演化规律。我国现实交通是由大量机动车、非机动车、行人等构成的混合交通环境，进一步研究工作可以分析多种交通参与者混合情形下，驾驶人驾驶行为对城市道路交通流的影响及演化规律。

（3）进一步研究多种驾驶行为共同作用下的城市交通流演化规律。本书仅对高架桥入口处抢道行为、出租车停靠行为、城市清洁车作业行为和新手驾驶行为各自单独对城市道路交通流的影响，未来可以考虑至少两种或者多种驾驶行为影响下的城市道路交通流演化规律。

（4）进一步研究基于大数据的驾驶人驾驶行为影响下的城市道路交通流演化规律。本书仅对现实交通中几种典型的驾驶行为进行研究，未来可以针对更多类型的驾驶人驾驶行为，运用设备和技术手段收集驾驶行为特征信息，通过数据挖掘技术和算法分析不同类型驾驶人驾驶行为与城市交通流演化规律的内在关联性。

参考文献

[1] 搜狐汽车.2018年上半年我国机动车保有量达3.19亿辆[EB/OL].http：∥www.sohu.com/a/242018775_687386.

[2] 高德交通.2017年度中国主要城市交通分析报告[EB/OL].http：∥report.amap.com/download_city.do.

[3] Kinzer J P. Application of the theory of probability to problem of highway traffic[J]. Proc Inst Traffic Eng, 1933（5）：118-124.

[4] Adams W F. Road traffic considered as a random series[J]. Journal of the Ice, 1936, 4（1）：121-130.

[5] Greenshields B D. Shapiro D, Ericksen E L. Traffic performance at urban street intersections[J]. Traffic quarterly, 1946, 1（3）：254-267.

[6] Lighthill M J, Whitham G B.Onkinematic waves Ⅱ. a theory of traffic flow on long crowded roads.[J]. Proceedings of the Royal Society of London. Series A, Mathematical and Physical Sciences, 1955, 229（1178）：317-345.

[7] Richards P I.Shock waves on the highway[J]. Operation Research, 1956（1）：42-51.

[8] Payne H J.Models of freeway traffic and control[J]. Mathematical Models of Public Systems, 1971（28）：51-61.

[9] Payne H J. FREFLO: a macroscopic simulation model for freeway traffic [J]. Transportation Research Record, 1979 (722): 68-77.

[10] Ross P. Traffic dynamics[J]. Transportation Research Part B, 1988 (22): 421-435.

[11] Michalopoulos, Yi P, Lyrintzis A S.Continuum modeling of traffic dynamics for congested freeways [J]. Transportation Research Part B, 1993 (27): 315-332.

[12] Daganzo C F. Requiem for second-order fluid approximations of traffic flow [J]. Transportation Research Part B, 1995, 29 (4): 277-286.

[13] Jiang R, Wu Q S, Zhu Z J.A new continuum model for traffic flow and numerical tests [J]. Transportation Research Part B, 2002, 36(5): 405-419.

[14] Kerner B S, Konhäuser P.Cluster effect in initially homogeneous traffic flow[J]. Physical Review E Statistical Physics Plasmas Fluids & Related Interdisciplinary Topics, 1993, 48 (4): 2335-2338.

[15] Kerner B S, Konhäuser P.Structure and paramaters of clusters in traffic flow[J]. Physical Review E Statistical Physics Plasmas Fluids & Related Interdisciplinary Topics, 1994, 50 (4): 54-83.

[16] Prigogine I, Herman R, Schechter R S.Kinetic theory of vehicular traffic [M]. IEEE Systems, Man, and Cybernetics Society, 1972, 2(2): 295-308.

[17] Paveri-Fontana S L.On Boltzmann-like treatments for traffic flow a critical review of the basic model and an alternative proposal for dilute traffic analysis [J]. Transportion Research, 1975, 9 (4): 225-235.

[18] Reuschel A.Vehicle movements in a platoon [J]. Oesterreichisches

Ingenieur-Archir, 1950 (4): 193-215.

[19] Pipes L A. An operational analysis of traffic dynamics [J]. Journal Applied Physics, 1953 (24): 274-281.

[20] Chandler R E, Herman R, Montroll E W. Traffic dynamics studies in car following [J]. Operation Research, 1958, 6 (2): 165-184.

[21] Newell G F.Nonlinear effects in the dynamics of car following[J]. Operation Research, 1961, 9 (2): 209-229.

[22] Bando M, Hasebe K, Nakayma A, et al. Dynamical model of traffic congestion and numerical simulation [J]. Physical Review E, 1995, 51 (2): 1035-1042.

[23] Bando M, Hasebe K, Nakanishi K, et al.Analysis of optimal velocity model with explicit delay [J]. Physical Review E, 1998, 58(5): 5429-5435.

[24] Helbing D, Tilch B.Generalized force model of traffic dynamics [J]. Physical Review E, 1998, 58 (1): 133-138.

[25] Zhao X M, Gao Z Y. A new car-following model full velocity and acceleration difference model [J]. The European Physical Journal B, 2005, 47 (1): 145-150.

[26] Sasoh A.Impact of unstready disturbance on multi-lane traffic flow [J]. Journal of the Physical Society of Japan, 2002, 71 (3): 989-996.

[27] 陈漩, 高自友, 赵小梅等. 反馈控制双车道跟驰模型研究 [J]. 物理学报, 2007, 56 (4): 2024-2029.

[28] Kerner B S. Empirical macroscopic teatures of spatial-temporal traffic patterns at highway bottlenecks [J]. Physical Review E, 2002, 65 (4): 145-154.

[29] Lee H Y, Lee H W, Kim D.Origin of synchronized traffic flow on highways and its dynamic phase transition [J]. Physical Review Letters, 1998, 81 (5): 1130-1133.

[30] Helbing D, Hennecke A, Treiber M.Phase diagram of traffic states in the presence of inhomogeneities [J]. Physical Review Letters, 1998, 82 (21): 4260-4263.

[31] Helbing D, Treiber M.Gas-kinetic-based traffic model explaining observed hysteretic phase transition [J]. Physical Review Letters, 1998, 81 (14): 3042-3045.

[32] Berg P, Woods A.On-ramp simulations and solitary waves of a car-following model[J]. Physical Review E, 2001, 64 (3): 1283-1290.

[33] Jiang R, Jia B, Wu Q S.The stochastic randomization effect in the on-ramp system: single lane main road and two lane road situations [J]. Journal of Physics A, 2003, 36 (47): 11713-11723.

[34] Tadaki S, Nishinari K, Kikuchi M, et al.Observation of congested two-lane traffic caused by a tunnel [J]. Journal of the Physical Society of Japan, 2002, 71 (9): 2326-2334.

[35] Tadaki S, Nishinari K, Kikuchi M, et al.Analysis of congested flow at the upper stream of a tunnel [J]. Physica A: Statistical Mechanics and its Applications, 2002, 315 (1): 156-162.

[36] Ruskin H J, Wang R.Modeling traffic flow at an urban unsignalized intersection [C]. ICCS'02 Proceedings of the International Conference on Computational Science-Part I. London, 2002: 381-390.

[37] Wang R, Ruskin H J.Modeling traffic flow at a multilane intersection [C]. Proceedings of International Cofference on Computational

Science and Its Applications.Canada，2003（5）：577-586.

[38] Brockfeld E，Barlovic A，Schadschneider A，et al. Optimizing traffic lights in a cellular automaton model for city traffic [J]. Physical Review E，2001，64（5）：056132.

[39] Takemoto M，Kosaka H，Noda M.What causes dangerous driving behaviors when entering a non-signalized intersection?[C]. Processing of IEEE ITSC, Montreal，2007（6）：914-919.

[40] Li X B，Jiang R，Wu Q S.Cellular automata model simulating traffic flow at an uncontrolled T-shaped intersection [J]. International Journal of Modern Physics B，2004，18（17-19）：2703-2707.

[41] Fouladvand E M，Zeinab S，Shaebani R M. Characteristics of vehicular traffic flow at a roundabout[J]. Physical Review E，2004，70（4）：7-14.

[42] Oketch T G. New modeling approach for mixed-traffic streams with nonmotorized vehicles[J]. Transportation Research Record，2000（4）：61-69.

[43] 贾宁，马寿峰.自行车干扰下机动车交通流的元胞自动机模型[J]. 系统工程理论与实践，2010，30（7）：1333-1339.

[44] 郑容森，谭惠丽，孔令江等. 元胞自动机双车道人车混合交通流模型的研究[J]. 系统工程学报，2006，21（3）：273-279.

[45] 赵韩涛，毛宏燕.有应急车辆影响的多车道交通流元胞自动机模型[J]. 物理学报，2013，62（6）：060501-1-060501-8.

[46] Minderhoud M M，Zuurbier F.Empirical data on driving behaviour in stop-and-gotraffic [C]. In Proc of 2004 IEEE Intelligent Vehicles Symposium, Boston，2004（10）：676-681.

[47] Jia B，Jiang R，Wu Q S.The traffic bottleneck effects caused by

the lane closing in the cellular automata model [J]. International Journal of Modern Physics C, 2011, 14 (10): 1295-1303.

[48] 王永明. 基于元胞自动机的道路交通堵塞仿真研究 [J]. 系统仿真学报, 2010, 22 (9): 2149-2154.

[49] 盛鹏, 赵树龙, 王俊峰等. 基于元胞自动机模型的道路突发瓶颈现象研究 [J]. 物理学报, 2010, 59 (6): 3832-3840.

[50] 马军平, 徐寅峰, 姬浩等. 新老交规下考虑黄灯驾驶行为的城市交叉口微观仿真 [J]. 系统工程学报, 2015, 30 (3): 394-405.

[51] 吴腾宇, 徐寅峰, 张珩. 驾驶者行为选择对十字路口通行能力的影响 [J]. 运筹与管理, 2015, 4 (4): 141-147.

[52] Li X G, Gao Z Y, Jia B, et al. Deceleration in advance in the Nagel-Schrechedberg traffic flow model [J]. Physica A, 2009, 388 (5): 2501-2060.

[53] 张发, 宣慧玉, 赵巧霞. 换道行为对交通流宏观特性的影响 [J]. 系统工程学报, 2009, 24 (6): 754-758.

[54] Bowman L A, Tumquist M A. Service frequency, schedule reliability and passenger wait times at transit stops [J]. Transportation Research Part A, 1981, 15 (6): 465-471.

[55] Gibson J, Baeza I, Willumsen L. Bus-stops, congestion and congested bus-stops [J]. Traffic Engineering & Control, 1989, 30(6): 291-296.

[56] Reebu Z K, Arasan T. Influence of bus stops on flow characteristics of mixed traffic [J]. Journal of Transportation Engineering, 2005, 131 (8): 640-643.

[57] Alonso B, Moura J L, Ibeas A, et al. Analytical model for

calibrating delay at congested bus stops [J]. Transportation Planning and Technology, 2013, 36（6）: 520-528.

[58] Wong S C, Yang H, Yeung W S, et al.Delay at signal-controlled intersection with bus stop upstream [J]. Journal of Transportation Engineering, 1998, 124（3）: 229-234.

[59] Fetter W W. Effect of far-side and side-street bus stops on the saturation flow rate of signalized intersection [D]. Carolina: North Carolina State University, 2007.

[60] Zhao X M, Jia B, Gao Z Y. A new approach for modelling mixed traffic flow with motorized vehicles and non-motorized vehicles based on cellular automaton model [J]. Physics, 2007（1）: 1-20.

[61] 钱勇生,汪海龙,王春雷.考虑公交港湾式停靠的多速混合城市交通流元胞自动机模型研究 [J]. 物理学报, 2008, 57（4）: 2115-2121.

[62] 孙有信,汪海龙,钱勇生等.周期边界下公交影响的双车道多速元胞自动机模型 [J]. 系统工程理论与实践, 2008（4）: 172-176.

[63] Yang X B, Huan M, Gao Z Y.Car delay model near bus stops with mixed traffic flow [J]. Journal of Applied Mathematics, 2013（4）: 1-7.

[64] Yousif S.On-street parking: effects on traffic congestion [J]. Traffic Engineering & Control, 1999, 40（9）: 424-427.

[65] Portilla A I, Orena B A, Berodia J L M, et al.Using M/M/∞ queueing model in on-street parking maneuvers[J]. Journal of Transportation Engineering, 2009, 135（8）: 527-535.

[66] Cao J, Vesileios N, Menendez M. On-street parking near intersections: effects on traffic [C]. Transport Research Conference, 2013（3）: 1-15.

[67] Guo H W, Gao Z Y, Zhao X M. Study on traffic behaviour of non-motorized vehicle under the influence of curbparking [J]. Journal of Transportation Systems Engineering and Information Technology 2011, 11 (2): 79-84.

[68] 梅振宇, 陈峻, 王炜. 设置路内停车对路段交通流形成的延误模型 [J]. 哈尔滨工业大学学报, 2009, 41 (2): 164-168.

[69] 陈峻, 梅振宇, 王炜. 混合交通流条件下基于路内停车设置的路段车速阻滞模型 [J]. 土木工程学报, 2007, 40 (9): 95-100.

[70] Gazis D C, Herman R. The moving and 'phantom' bottleneck [J]. Transportation Science, 1992, 26 (3): 223-229.

[71] Newell, G F. A moving bottleneck [J]. Transportation Research Part B: Methodological, 1998, 32 (8): 531-537.

[72] Lebacque J P, Lesort, J B, Giorgi F. Introducing buses into first order macroscopic traffic flow models [C]. Transportation Research Record, Washington, DC: Transportation Research Board, 1998: 70-79.

[73] Giorgi F, Leclercq L, Lesort J B. A traffic flow model for urban traffic analysis: Extensions of the LWR model for urban and environmental applications [C]. Proceedings of the 15th International Symposium on Transportation and Traffic Theory, University of South Australia in Adelaide, Austral, 2002: 393-415.

[74] Daganzo, C F, Laval J A. On the numerical treatment of moving bottlenecks [J]. Transportation Research Part B: Methodological, 2005, 39 (1): 31-46.

[75] Munoz J C, Daganzo C F. Moving Bottlenecks a theory grounded on experimental observation [C]. Proc 15th ISTTT, Adelaide, Australia:

Pergamon, 2002: 441-462.

[76] Daganzo C F. A behavioral theory of multi-lane traffic flow part I: long homogeneous freeway sections [J]. Transportation Research Part B: Methodological, 2002, 36 (2): 131-158.

[77] Leclercq L, Chanut S, Lesort J B. Moving bottlenecks in the LWR model: a unified theory [C]. Proceedings of the TRB 83rd Annual Meeting Washington, DC: Transportation Research Board, 2004: 3-13.

[78] Daganzo, C F, Laval J A. Moving bottlenecks: a numerical method that converges in flows [J]. Transportation Research Part B: Methodological, 2005, 39 (9): 855-863.

[79] Laval J A. A macroscopic theory of two-lane rural roads [J]. Transportation Research Part B: Methodological, 2006, 40 (10): 937-944.

[80] Laval J A. Effects of geometric design on freeway capacity: Impacts of truck lane restrictions [J]. Transportation Research Part B: Methodological, 2009, 43 (6): 720-728.

[81] 陈永恒, 王新慧, 曲昭伟等. 基于移动瓶颈交通波理论的上坡路段货车对客车干扰建模 [J]. 吉林大学学报（工学版）, 2014, 44 (5): 1290-1295.

[82] 高学辉, 王刚, 刘艳忠等. 基于移动瓶颈理论的高速公路重载货车影响效应研究 [J]. 山东科技大学学报（自然科学版）, 2010, 29 (3): 100-104.

[83] 林航飞, 付强, 张红军. 基于移动瓶颈理论的高速公路货车影响对策 [J]. 同济大学学报（自然科学版）, 2007, 35 (9): 1209-1213.

[84] 梁国华, 程国柱, 王春艳等. 高速公路大型车混入率与交通流稳定性关系 [J]. 长安大学学报（自然科学版）, 2014, 34(4): 120-126.

[85] Fang Y, Chen J Z, Peng Z Y. The effect of moving bottlenecks on a two-lane traffic flow [J]. Chin. Phys. B, 2013, 22 (10): 108902-1-108902-8.

[86] Jia B, Jiang R, Gao Z Y, et al.The effect of mixed vehicles on traffic flow in two lane cellular automata model [J]. International Journal of Modern Physics C, 2005, 16 (10): 1617-1626.

[87] Jia B, Jiang R, Wu Q S, et al.Honk effect in the two-lane cellular automaton model for traffic flow [J]. Physica A: Statistical Mechanics and its Applications, 2005, 348 (3): 544-552.

[88] Li X G, Jia B, Gao Z Y, et al.A realistic two-lane cellular automata traffic model considering aggressive lane-changing behavior of fast vehicle [J]. Physica A, 2006, 367 (7): 479-486.

[89] Chopard B, Droz M.Cellular automata modeling of physical systems [M].Cambridge: Cambridge University Press, 2005.

[90] Cuilk I I K, Hurd L P, Yu S.Computation theoretic aspects of cellular automata [J]. Physica D Nonlinear Phenomena, 1990, 45 (1-3): 357-378.

[91] 谢惠民.非线性科学丛书：复杂性与动力系统 [M].上海：上海科技教育出版社，1994.

[92] 李才伟.元胞自动机及复杂系统的时空演化模拟 [D].华中理工大学，博士学位论文，1997.

[93] 周成虎，孙战利，谢一春.地理元胞自动机研究 [M].北京：科技出版社，2000.

[94] Cremer M, Ludwig J.A fast simulation model for traffic flow on the basis of Boolean operations [J]. Mathematics & Computers in Simulation,

1986, 28（86）: 297-303.

[95] Nagel K, Schreckenberg M. A cellular automaton model for freeway traffic [J]. Journal de Physique I, 1992（2）: 2221-2229.

[96] Takayasu T, Takayasu H. 1/f noise in a traffic model [J]. Fractals, 1993, 1(4): 860-866.

[97] Schadschneider A, Schreckenberg M. Traffic flow models with 'slow-to-start' rules [J]. Annalen Der Physik, 1997, 509（7）: 541-551.

[98] Benjamin S C, Johnson N F, Hui P M. Cellular automata models of traffic flow along a highway containing a junction [J]. Journal of Physics A Mathematical & General, 1996, 29（12）: 3119-3127.

[99] Barlovic R, Santen L, Schreckenburg. Metastable states in cellular automata for traffic flow [J]. Physics of Condensed Matter, 1998, 5(3): 793-800.

[100] Jiang R, Wu Q S. Cellular automata models for synchronized traffic flow [J]. Journal of Physics A, 2003, 36（2）: 381-390.

[101] Richert M, Nagel K, Schreckenberg M, et al. Two lane traffic simulations using cellular automata [J]. Physica A Statistical Mechanics & Its Applications, 1995, 231（4）: 534-550.

[102] Chowdhury D, Wolf D E, Schreckenberg M. Particle hopping models for two-lane traffic with two kinds of vehicles: effects of lane changing rules [J]. Physica A Statistical Mechanics & Its Applications, 1997, 235（3-4）: 417-439.

[103] Wagner P, Nagel K, Wolf D E. Realistic multi-lane traffic rulse for cellular automata [J]. Physica A Statistical Mechanics & Its Applications, 1997, 234（3-4）: 687-698.

[104] Nagel K, Wolf D E, Wagner P, et al.Two-lane traffic rules for cellulat automata: a systematic approach [J]. Physical Review E Statistical Physics Plasmas Fluids & Related Interdisciplinary Topics, 1998, 58(2): 1425-1437.

[105] Knospe W, Santen L, Schadschneider A, et al.Disorder effects in cellulat automata for two-lane traffic[J]. Physica A Statistical Mechanics & Its Applications, 1999, 265(3): 614-633.

[106] Knospe W, Santen L, Schadschneider A, et al.A realistic two-lane model for high-way traffic [J]. Journal of Physics A: Mathematical and General, 2002, 35(15): 3369-3388.

[107] Meng J P, Dai S Q, Dong L Y, et al.Cellular automaton model for mixed traffic flow with motorcycles[J]. Physica A Statistical Mechanics & Its Applications, 2007, 380(1): 470-480.

[108] Kerner B S, Klenov S L. Spatial-temporal patterns in heterogeneous traffic flow with a variety of driver behavioural characteristics and vehicle parameters [J]. Journal of Physics A: Mathematical and General, 2004, 37(37): 8753-8788.

[109] Simon P, Gutowitz H A.Cellular automaton model for bidirectional traffic [J]. Physical review E, 1998, 57(2): 2441-2444.

[110] Lee H W, Popkov V, Kim D.Two-way traffic flow Exactly solvable model of traffic jam [J]. Journal of Physics A Mathematical & General 1997, 30(24): 8497-8513.

[111] Fouladvand M E, Lee H W.Exactly solvable two-way traffic model with ordered sequential update [J]. Physical Review E, 1999, 60(6): 6465-6479.

[112] Pedersen M M, Ruhoff P T. Entry ramps in the Nagel-Schreckenberg model [J]. Physical Review E, 2002, 65(2): 056705-1-056705-9.

[113] Karim D A, Moussa N. Numerical simulations of a three-lane traffic model using cellular automata [J]. Chinese Journal of Physics, 2003, 41(6): 671-681.

[114] 吴大艳, 谭惠丽, 孔令江, 刘慕仁. 三车道元胞自动机交通流模型研究 [J]. 系统工程学报, 2005, 20(4): 393-397.

[115] Kong L P, Li X G, William H KLam.Traffic dynamics around weavingsection influenced by accident: cellular automata approach [J]. International Journal of Modern Physics C, 2015, 26(3): 7-14.

[116] 王迎, 苏洁, 侯静. 城市出租车合理拥有量确定方法研究 [J]. 重庆交通大学学报（自然科学版）, 2014, 33(2): 131-134.

[117] 边扬, 王炜, 陆建等. 城市出租车出行方式分担率预测方法研究 [J]. 交通运输系统工程与信息, 2006, 6(2): 95-100.

[118] 徐寅峰, 王刊良, 丁建华. 限制图上的局内出租车调度与竞争算法 [J]. 系统工程学报, 1999, 14(4): 361-365.

[119] 慕晨, 宣慧玉. 基于多策略搜索的出租车服务仿真模型 [J]. 系统管理学报, 2009, 18(3): 355-360.

[120] 姚仲敏, 龙昭鹏, 李强. 考虑城市堵车信息的出租车调度系统 [J]. 交通运输系统工程与信息, 2013, 13(4): 42-46.

[121] 慕晨, 宣慧玉, 张发等. 巡游型出租车运营系统仿真 [J]. 系统工程理论与实践, 2009, 29(11): 183-192.

[122] 王永明, 周磊山, 吕永波. 基于弹性安全换道间距的元胞自动机交通流模型 [J]. 系统仿真学报, 2008, 20(5): 1159-1162.

［123］ Li Xin, Li X G, Xiao Y, Jia B.Modeling mechanical restriction differences between car and heavy truck in two-lane cellular automata traffic flow mode[J]. Physica A: Statistical Mechanics and its Applications, 2016 (45): 49-62.